우리 시대 베이비부머가 사는 법

오십의 인사이트

오십의 인사이트

우리 시대 베이비부머가 사는 법— 세대 연결자, 5060 전환기 수업

초판 1쇄 발행 2024년 4월 10일

지은이	남경아
펴낸이	이영선
책임편집	김선정
편집	이일규 김선정 김문정 김종훈 이민재 이현정
디자인	김회량 위수연
독자본부	김일신 손미경 정혜영 김연수 김민수 박정래 김인환

펴낸곳 서해문집 | 출판등록 1989년 3월 16일(제406-2005-000047호)
주소 경기도 파주시 광인사길 217(파주출판도시)
전화 (031)955-7470 | 팩스 (031)955-7469
홈페이지 www.booksea.co.kr | 이메일 shmj21@hanmail.net

ISBN 979-11-92988-50-4 03330

우리 시대 베이비부머가 사는 법

오십의
인사이트

세대 연결자,

5060 전환기 수업

남경아 지음

서해문집

　　돌이켜 보면 이 모든 것의 시작은 외식 사업이었다. 30대
초반 나는 대학원에서 사회복지를 공부하고 저소득 주민의 자활
을 지원하는 현장에서 일했다. 서울관악지역자활센터의 중간관
리자로 저소득 주민의 소득 증대와 자립에 필요한 여러 일자리
사업을 추진했는데, 그중에서도 특히 외식 사업에 관심이 많았
다. 우리 기관에서 운영하던 외식 사업체는 주 업종이 단체 도시
락과 출장뷔페였는데, 전국 자활 외식 사업체 중에서 매출이 톱
을 기록할 만큼 꽤 건실한 주식회사였다. 내외부에서 필요한 자
원을 연계해 다양한 신메뉴를 개발하고 홈페이지와 홍보물을 제
작하고 새로운 고객과 영업처를 발굴하는 등 열심히 뛰어다녔다.
내 가방 속은 언제 어디서든 나눠줄 수 있는 홍보 전단지로 가득
했다.

　　놀랍게도 나는 영업 능력이 꽤 좋았다. 도시락 몇천 개, 웨딩

뷔페 몇백 인분 등 큰 계약을 겁도 없이 턱턱 성사했다. 옆에서 지켜본 기관장이 "알고 보니 영업의 귀재였네. 잘 모르는 사람들이 보면 돈독이 단단히 오른 줄 알겠어"라며 껄껄 웃기도 했다. 그렇다. 나는 돈독이 올라 있었다. 내가 열심히 뛴 만큼 매출이 쑥쑥 오르고 주민들이 보너스를 더 받아 가는 게 너무 신났다.

그런데 이런 흥은 그리 오래가지 않았다. 어찌 된 게 결산할 때마다 통장 잔액은 영 별로였다. '주문도 많고 고객들 반응도 좋은데 왜 이러지?' 이게 늘 딜레마였다. 아무래도 사회적 가치 실현이 기업의 중요 비전이다 보니 '무조건 질은 높게, 양은 많게' 같은 강박이 있었던 모양이다. 즉각적으로 나오는 고객 평판에 예민하다 보니 상품 단가에 맞춘 적절한 영업이익률 같은 개념은 뒷전으로 밀리기 일쑤였다. 많이 팔아도 남는 게 없는 장사를 하고 있었다.

한마디로 전문 경영이 미흡했다. 그런데 이는 내 영역을 넘어서는 일이었다. 당장 전문 경영인을 영입해야 했지만, 재정적 부담도 부담이거니와 마땅한 사람을 구하기가 쉽지 않았다. 이런 현상은 비단 특정 기관이나 사업만이 아니라 당시 많은 자활기업이 공통으로 겪는 어려움이기도 했다.

취약계층 일자리 지원사업의 한계를 느끼며 서서히 소진되어 갈 무렵 '해피시니어 프로젝트' 채용 공고를 보았다. 2006년 민간연구소를 표방하며 출범한 (재)희망제작소에서 전문직 퇴직자의 사회공헌 프로젝트를 시작한다는 내용이었다. 희망제작소라는 기관도, 전문직 퇴직자라는 대상도 모두 낯설었지만 한 가지 생각이 번뜩 스쳐 지나갔다. '경험과 전문성을 갖춘 퇴직자들을 내가 경험했던 외식업같이 사회적 가치를 지향하는 기업들과 연결하면 시너지 효과가 크지 않을까?' 생각하니 다시 가슴이 콩닥 콩닥 뛰었다. 그때 내 나이 서른여덟 살, 그렇게 나는 해피시니어 프로젝트로 중장년 사업과 첫 인연을 맺었다.

50~60대 다양한 경력의 퇴직자와 은퇴자를 상담하고 교육하는 일은 예상보다 훨씬 더 버거웠다. 무엇보다 그들의 희로애락을 공감하기가 어려웠다. 자활 사업에서 만났던 저소득 주민들과 상반된 계층의 사람들을 보며 적잖이 당황하기도 했다.

'좋은 직장에서 일할 만큼 했고, 먹고살 만큼 벌어놨을 것 같은 사람들이 왜 이렇게 불안해하고 안달일까? 상대적으로 부와 명예를 쌓고 살아온 이 사람들의 인생 2막까지 지원하는 게 시급한 문제인가?'

이런 생각도 여러 번 했다. 그런데 언제부터였을까? 아마도 40대 중반 그즈음부터였던 듯하다. 기존과는 확연히 다른 마음과 시선으로 스며들듯 자연스럽게 정책과 사람들이 다시 보였다. 무겁기만 했던 책임감에 말랑말랑한 공감이 보태졌고, 중장년 이슈 하나하나가 내 문제로 인지되기 시작했다.

인생 이모작, 생애전환, 노후 준비와 관련한 숱한 교육과 상담, 강의와 글쓰기를 해왔던 나 역시 전환기를 맞아 몸과 마음의 크고 작은 변화를 경험하고 있다. 미국은퇴자협회(AARP) 한 관계자는 생애전환 과정이 얼마나 어렵고 힘든지를 '서커스 공중그네 타는 것'으로 비유했다. 이 어마어마한 '전환'을 그동안 나는 숱한 중장년에게 본인이 원하든 원하지 않든 변화는 필연적이니 받아들여야 한다고 거침없이 이야기해왔다. 아뿔싸!

나의 전환기는 몸의 변화와 통증으로 시작됐다. 시작은 손가락이었다. 어느 날 자고 일어나니 양 손가락이 퉁퉁 부어 주먹을 쥘 수가 없었다. 손가락으로 시작한 통증은 슬금슬금 온몸으로 퍼졌다. 몸의 통증 앞에서 내가 얼마나 모순된 사람인지 직면했다. 고백하건대 나는 전형적 워커홀릭이었다. 좀 거창하게 말하면 나는 우리 사회 중장년 운동에 관한 소명 의식으로 가득했다. 중장년 세대가 지닌 경험과 자산이 초석이 되어 산적한 사회문제를 해결할 수 있다고 확신했기 때문이다. 오랜 시간 현장에서 만난 다양한 사례와 모델을 통해 그 가능성을 봤다. 신나고 보람 있었다. 그리고 그 결과로 나는 통증을 얻었다.

그러던 2021년 여름, 《경향신문》에서 오피니언 칼럼 연재 요청을 받았다. 처음에는 〈인생+〉라는 제목이 부담스러워 망설였다. 하지만 '선생님의 강점인 현장감을 살려, 당사자적 시각을 담은 중년의 일과 삶에 관해 담담하게 써달라'는 논설위원의 요청에 마음이 조금씩 움직였다. 한 번쯤은 소통하고 싶었던 주제를 세상에 내어놓고 독자의 반응을 지켜보는 일이 흥미로웠다. 칼럼 덕분에 다양한 기관 및 사람들과 연결됐고, 응원도 많이 받았다. 조금씩 욕심이 생겼다. 결국 한국 사회 중장년 활동의 여정과 공공정책의 발자취를 통합적으로 고찰할 필요가 있다는 생각에, 오랜 시간 현장에서 직접 발로 뛰며 경험하고 축적해온 콘텐츠를 버무려 이 책으로 엮게 됐다.

이 책에서 가장 먼저 하고 싶었던 이야기는 중장년 전환기에 관해 관점 변화가 시급하다는 점이다. 오늘날, 특히 중장년 세대에게는 생애주기상 완전히 '새로운 시절'이 등장했다고 봐야 한다. 이 새로운 시절에 해당하는 중장년 전환기는 부르는 이름과 연령 범위를 포함해 아직까지 명쾌하게 정리되지 않은 게 많지만, 이 시기를 별도로 구획하고 명명해야 하는 시기로 인지하는 사회적 분위기는 확산되고 있다.

그럼에도 여전히 우리 사회에서 중장년층을 바라보는 모순된 시선을 발견할 때가 종종 있다. 예를 들면 여전히 젊고 건강하고 능력 있음을 앞세워 중장년기를 청년기의 연속으로 인식한다거나 그 반대로 기존 노인정책의 연장선으로 통치려고 한다. 활기찬 노년, 액티브 시니어, 평생 현역, 젊은 몸을 향한 강박도 여전하다. 이는 모두 중장년의 새로운 정체성과 노년 인문학이 부재한 결과다. 그래서 나는 이 책을 통해 생애주기에 새롭게 등장한 '중장년 전환기'에 관한 질문을 던지고, 이 시기의 의미, 위기와 가능성, 전환기 삶에 필요한 것들은 무엇인지 탐구해보고자 한다.

약 20년 전 시민사회에서 출발한 중장년 사업은 한국 사회에서 새로운 정책 의제로 확고히 자리매김했다. 그러나 빠르게 대중성을 확보한 데 비해 아직까지 정책의 정당성을 입증하거나 사회적 합의를 완전히 끌어내지는 못했다. 중장년 정책의 현장 연구자이자 기획자로 살아온 사람으로서 시간의 두께만큼 공감, 애정, 연민, 안타까움, 좌절 등 복잡미묘한 감정이 쌓였다. 다시 처음으로 돌아가 왜 이 일을 시작했고, 무엇을 해왔고, 어디를 향하는지, 이 정책의 여정을 복기해보고 싶었다.

이 과정에서 난제가 또 하나 등장했는데 바로 자료가 없다는 점이었다. 중장년 현황·실태조사, 운영기관별 사업 평가, 중장년 욕구에 기반한 생애설계, 상담, 일자리와 같은 자료는 많았다. 그런데 공공기관과 민간기관의 중장년 사업을 통합적으로 분석하고 대안을 모색하기 위한 논의나 자료는 찾을 수 없었다. 그렇다면 이 전체 과정을 직간접적으로 경험하고 여기에 몸담아온 사람들을 통찰하는 일부터 시작해야 한다고 판단했다. 그래서 같은 경험을 했던 동료들과 스터디 하면서 중장년 사업의 역사를 활동 주체와 특성에 따라 1기부터 4기까지 총 네 개 기간으로 나누고, 기간별 특징과 의미를 정리했다. 부족하나마 지난 세

월 정책에서 얻은 값비싼 교훈을 통해 우리 사회 중장년 정책이 나아갈 방향도 담았다.

정책 지원과는 별개로 우리는 앞으로 각자도생하며 길어진 노년을 맞이할 가능성이 크다. 20년 가까이 각계각층의 중장년을 만났고 그들의 현실적 고민과 욕구를 직시했다. 개개인별 욕구와 지향은 조금씩 다르지만 대체로 많은 중장년의 바람은 '어떻게 하면 적당히 계속 벌면서, 의미 있는 일도 해가며 노후를 조금이나마 더 무탈하게 보낼 수 있을까?'로 요약할 수 있을 듯하다. '적당히'의 기준은 각각 다르겠지만, 오랫동안 의미 있는 일을 하며 적당히 벌고 잘 살기 위해서는 새로운 학습·경험·관계 맺기가 선행돼야 한다.

여기서 핵심은 '새롭다'인데, 이 단순하고 뻔해 보이는 말이 생각보다 쉽지 않다. 자신이 지금까지 유지해온 익숙한 방식, 습관, 사고를 바꿔야 하기 때문이다. 오십 이후의 삶을 수영으로 비유하자면, 실내 수영장에서만 수영하던 사람이 이제 거친 바다에서 살아남기 위한 생존 수영을 새롭게 익혀야 하는 것과 같다고나 할까? 스스로 헤쳐나갈 '야성'이 필요하다.

프랑스 정부에서 '정년 연장법'을 시행했을 때 반대 시위를 한 사람들은 놀랍게도 당사자인 노년층이었다.

'우리는 일할 만큼 했으니, 이제는 연금을 받으며 봉사활동 하고 인생을 더 여유 있게 살 권리가 있다. 왜 우리가 더 일해야

하는가!'

반대 시위를 하던 이들의 주장이다. 반면 우리 사회에서 희망 은퇴 연령은 73세로 조사됐다. 적어도 70대 초반까지는 일하고 싶고, 손발이 움직이는 한 일해야 한다는 게 우리의 보편적 정서 다. 노후 준비에서 여전히 '일, 돈, 집, 자식'은 하나의 덩어리로 얽혀 있다. 특히 주된 일자리에서 퇴직한 후 '일'에 관한 인식과 관점이 먼저 바뀌지 않으면 새로운 변화를 기대할 수 없음을 경 험적으로 알게 됐다. 그래서 고령화 시대 새로운 일의 개념, '앙 코르 커리어(Encore Career)'를 소개하고, 더 실질적이고 다양한 대안을 제시하고 싶었다.

이 책에 소개한 주요 사례는 내가 직간접적으로 참여하고 오 랫동안 지켜봐온 것들이다. 이런 사례들이 만들어지기까지 적 지 않은 시간과 노력이 필요했으며 성공적 경험만 있었던 것도 아니다. 성공과 실패 모두에서 진한 교훈을 얻을 수 있었다. 어 디서부터 어떻게 시작하고 준비해야 할지, 새로운 일과 삶을 준 비하는 중장년들에게 조금이나마 나침반 역할을 할 수 있기를 기대해본다.

과학과 의료기술이 발달해 평균수명은 연장됐다고 하지만, 존엄하게 품격을 지키며 노년의 삶을 사는 일과는 별개 문제다. 늙음과 성숙이 비례하는 것도 아니다. 오히려 삶이 길어진 만큼 누구나 1인 가구로 살게 될 시간이 분명히 생기고, 아무리 배우고 익혀도 빠른 디지털 변화 속도에 호흡을 맞출 수 없게 된다. 몸의 기능은 점점 떨어지고 가족이든 지인이든 누군가에게 돌봄을 받는 일은 피할 수 없다. 그래서 마치 생애전환기 건강검진을 하듯 누구와, 어디서, 어떤 모습으로 노년의 일상을 보낼지 미리 생각하는 일이 중요하다. 쏟아지는 각종 정보에 휘둘리지 않고 스스로 안목과 맷집을 키우려면 새로운 학습과 관계 맺음이 필수적이다.

어찌 됐건 우리 세대까지는 지금부터 관리만 잘한다면 제 수명을 지키며 아름답게 이 지구에서 삶을 마무리할 수 있다. 하지만 우리 자식과 손주 세대의 미래는 자신 있게 말하기 어렵다. 한림대학교 송호근 교수는 "베이비부머가 정신적으로 풍요로운 인생과 인간다운 사회를 만드는 데는 실패했음을 인정해야 한다. 재산을 축적하느라 사회적 공공재를 마련하는 데 소홀했다. 그 결과 복지제도는 빈약하고, 젊은 세대의 사회적 진입 비용을 한없이 올려놓았다"라고 일침했다.

다음 세대를 위해 기여하는 삶, 다음 세대에게 무엇을 남길 것인가 하는 문제는 중장년의 정체성에 관한 질문이자 생애전환기를 어떻게 살 것인가에 관한 실존적 물음이기도 하다.

고령화, 장수시대 모두 인류가 처음 접하기에 롤 모델이 별로 없다. 미래의 삶이 어떤 모습일지는 지금 이 거대한 변화에 몸을 맡긴 채 사는 사람들의 현재 모습에서 결정된다. 나 역시 당사자로 모순과 이중성을 안고 시행착오를 거듭하며 날마다 냉탕과 온탕을 오간다. 하지만 모든 답은 현장에 있다는 믿음으로, 거대 담론이 아닌 행동으로, 각자의 일상에서 지금 당장 할 수 있는 구체적 실천으로, 새로운 노년 모델을 만드는 데 조금이나마 보탬이 되고 싶었다. 내가 이 책을 쓰고자 용기를 낸 이유다.

책을 쓰면서 몇 차례 슬럼프가 올 때마다 전폭적으로 지지하고 격려해준 가족과 지인들이 있었기에 끝까지 완주할 수 있었다. 특히 지난 몇 달 동안 같이 공부하고 자료 수집과 정리를 도와준 이경희, 이정인에게 고마움을 전한다. 좋은 자료를 발견하면 친절한 해석까지 덧붙여 보내준 정혜윤도 있다. 이들과 함께하는 시간은 늘 흥이 났고 새로운 자극을 받을 수 있었다. 주위의 고마운 분들이 내가 지치지 않고 조금이나마 좋은 사람이 되도록 이끌어준다. 그러고 보면 좋은 사람들을 곁에 두는 것이 첫번째 노후 준비일지도 모르겠다.

'전환'의 새로고침

일, 배움, 관계에 대하여

3인 3색 '전환'의 삶

그들은 어떻게 전환을 이루었나

담대한 오십을 위하여

장수사회 준비, 상상력이 현실이 되게

새로운 시절
새로운 세대

그들은 누구인가

새로운

　시니어의

탄생

모든 세상 만물이 그러하듯, 시절도 탄생한다. '아동'이라는 개념이 어떻게 탄생했는지를 연구한 책 《아동의 탄생》에서 필리프 아리에스(Philippe Ariès)는 중세 사회에는 아동기에 관한 의식이 존재하지 않았고, 아이는 어머니나 유모가 끊임없이 염려하지 않아도 살아갈 수 있게 되자마자 곧장 어른의 세계에 합류했다고 밝혔다.[1] 그에 따르면 아동이 독자성을 띠기 시작한 때는 중세 말로, 그전까지 아동은 작은 성인으로 간주됐다. 17세기에 종교 교단을 중심으로 운영되던 교육기관들이 규율을 갖춘 학교로 제도화되면서 아동은 교육 대상으로서 부각됐다. 이후 아동교육에 관한 부모의 관심이 커지면서 가족과 학교는 어른의 세계에서 아동을 분리했고, 그들은 실존적 존재로 인식되기 시작했다.

아동기 탄생은 청소년기 탄생으로 이어진다. 청소년을 성인

새로운 시절, 새로운 세대

이 아니라 독립된 인격체로 봐야 한다는 주장은 루소 등을 통해 간간이 제기돼오다가, 1904년 청소년 연구의 아버지라고 불리는 스탠리 홀(G. Stanley Hall)이 《청소년 심리학》이라는 책에서 11세부터 19세까지를 가리켜 처음으로 '청소년기(Adolescence)'라고 명명한 후 청소년기가 대상화되기 시작한다. 그는 청소년기의 특징으로 독일 희극에서 인용한 '질풍노도(Sturm und Drang)'를 꼽았는데, 이는 지금도 가장 흔하게 쓰이는 청소년기에 관한 설명이다. 결국 산업혁명 이후 한 세기에 걸쳐 사회, 경제, 인구구조가 변동하며 노동시장 진입과 결혼이 20대로 늦어지면서 아동기와 성인기 사이에 상당히 긴 새로운 시기가 생겼다. 이 시기가 '청소년기'라고 새롭게 불리면서 공교육 체제를 비롯해 새로운 생애주기에 대응하는 사회문화적 시스템이 구축됐다. 이렇듯 생애주기에서 그 생애를 구성하는 세대 간 구분은 자연적 시대 구분이 아니고, 시대의 변화에 따라 달라질 수 있는 일종의 사회적 협약과 같다.

그리고 이제 우리 사회는 또 한 번 세대 변화의 기로에 서 있다. 그 시작은 길어진 인생이다. 삶이 정말 길어졌다. 매일 이를 자각하고 살지는 않지만 가끔 한 번씩 '숫자'가 정신을 번쩍 들게 한다. 관련된 키워드 몇 개만 검색해도 흥미로운 통계가 좌르르 펼쳐진다. 예를 들면 조선시대 왕들의 평균수명은 47.1세였는데, 조선 왕 스물일곱 명 중 환갑을 맞이한 왕은 단 다섯 명뿐이며, 50대까지 살다 죽은 왕도 여덟 명에 불과했다고 한다. 평균수명이 50~60대였던 시절에는 60세까지 살아 있는 일 자체가 대단했기에 경축하는 의미로 회갑연이라는 잔치를 성대히 벌이는 게 당연했다. 하지만 평균수명이 훌쩍 늘어난 지금, 예순은 청춘이다.

장수사회, 길어진 생애 시간표

2015년 2월 미국 시사주간지 《타임》은 놀랄 만한 표지로 전 세계의 눈길을 사로잡았다. 갓난아기 사진 옆으로 붙은 표지 기사의 제목은 "이 아기는 142세까지 살 수 있다(This baby could live to be 142 years old)"[2]였다. 미국 텍사스 대학이 쥐 실험에서 확인한 연구 결과를 토대로 현대판 불로초를 개발 중이라는 소식과 함께 현재 인간의 평균 기대수명인 80년보다 1.77배 더 오래 살 수 있는 날이 머지않았다고 했다.

'기대수명'은 올해 태어난 아이가 앞으로 생존하리라 기대되는 평균 생존 연수를 뜻한다. 2022년 유엔(UN)이 발표한 〈세계 인구전망 2022〉 보고서에 따르면, 1950년 46.5세에 불과했던 세계 평균 기대수명은 2021년에 71세로 늘어났다. 같은 해 한국의 기대수명이 남녀 평균 83.6세임을 감안하면, 한국 사회가

장수사회로 접어든 사실은 의심할 여지가 없다.

길어진 생애 시간표만큼 중요한 것은 건강한 생애 시간이다. 국가는 건강한 생애 시간을 '건강수명'이라는 이름으로 통계를 내고 관리하는데, '얼마나 오래 사는가'보다 '얼마나 건강하게 오래 사는가'를 알려주는 지표다. 통계청에서는 건강수명에 관해 다음과 같이 밝혔다.

기대수명이 양적 측면에서 건강 수준을 대표하는 지표라면, 건강수명은 건강의 질적 측면을 보여주는 지표다. 기대수명의 증가와 함께 건강수명도 꾸준히 늘어나고 있다. 한국인의 건강수명은 2000년 67.4세에서 2019년 73.1세로 5.7년 정도 늘어났다. 건강수명 연장은 한국인의 삶의 질이 양적 측면뿐만 아니라 질적 측면에서도 향상되고 있음을 보여준다.[3]

세계 최장수 국가 일본에서는 한때 '백세시대 나이계산법'이 유행했는데, 원래 나이에 0.7을 곱하는 계산식이다. 예를 들어 지금의 나이 60세가 과거 42세와 신체적·정신적 수준이 비슷하다는 뜻인데, 그만큼 건강수명이 길어졌다는 의미다. 기대수명과 건강수명이 길어졌으니 기존 관습대로 생애를 구분 짓기 어려워졌음은 당연하다. 특히 50대 이후부터를 모두 노년의 시간으로 보기에는 무리가 있다. 그들은 너무 젊고 건강하다.

　사실 65세 이상을 노인으로 규정한 것은 1800년대 말 독일로 거슬러 올라간다. 1889년 독일 비스마르크 수상이 세계 최초로 연금보험을 도입하면서 연금 개시 연령을 70세로 정했다. 하지만 당시 기대수명은 50세도 안 됐다. 당연히 실효성 문제가 제기됐고 1916년에 대상 연령을 65세로 낮췄다. 이후 유엔이 1950년대부터 고령지표를 산출하면서 65세 이상을 기준으로 쓰기 시작했다.

　우리나라에서도 노인복지법상 노인 연령 기준은 65세인데, 1981년에 제정된 이후 조정된 적 없이 40년 동안 유지되고 있다. 1980년 한국 남녀 평균수명은 65.69세였다. 2021년에는 83.6세가 됐다. 남은 기대수명이 5년 미만인 65세와 남은 기대수명이 20년인 65세의 삶과 생활이 같을 리 없지만, 우리는 그들을 모두 '노인'이라고 부른다. 이것이 노년기가 길어지면서, 노인이라고 부르기엔 젊고 여전히 일과 배움을 욕망하는 중장년기가 부상하고, 노인 연령 기준을 올려야 한다는 논의가 시작된 배경이다.

　　　중장년 전환기,
　　　새로운 시작의 문

　학계에서는 이미 1970년대부터 노인 연령 기준에 의문을 제기했다. 비슷한 시기에 태어나 같은 시기에 생애주기 단계를 거치면서 비슷한 역사적·사회적·문화적 경험을 하게 되는 개인들의 집단을 '출생 코호트'라고 한다. 이 개념을 학문적으로 정립한 노먼 라이더(Norman Ryder)는 노인 연령 측정에 새로운 이론을 제기했다.

그는 이미 1975년에 노인 연령 기준을 태어난 시점이 아니라 죽기까지 남은 기간 즉, 기대여명을 기준으로 재설정할 것을 제안했다. "나이에 관한 우리의 관심사가 노화와 의존의 정도에 있다면 나이를 측정하는 기준은 출생 후 경과한 연수가 아니라 사망까지 남은 연수로 간주하는 것이 합리적"이라는 뜻이다.[4] 그로부터 이어진 관련 연구들은 노인 연령 기준을 기대여명 15년이 되는 시점으로 제안하는 추세다.[5]

장수사회에 접어든 까닭은 산업과 사회가 발전하며 생활이 풍요로워지고, 의료기술의 획기적 발전과 체계적으로 구축된 보건 의료체계 덕이다. 그리고 사회는 더 빠르게 달라져 산업화 사회, 정보화 사회를 거쳐 4차 산업혁명이 거론되는 시기에 이르렀다. 사회 변화가 빨라지면서 배움은 평생에 걸친 과업이 됐다.

빠르게 변화하는 사회를 따라가지 못하는 생애 단계에 관한 인식과 제도는 또 다른 문화 지체, 세대 지체 현상을 빚어낸다. 대졸자의 취업 나이는 1998년 약 25세에서 2018년에는 31세가 됐다. 취업 연령은 늦어졌는데 은퇴 연령은 오히려 앞당겨졌다.

한국 노동자가 주된 일자리에서 퇴직하는 연령은 2012년 기준 027

53세였지만 2022년에는 49.3세로 3.7세 빨라졌다. 은퇴 이후의

시간이 더욱 길어졌다.

아주 오래전이라면 인생은 그렇게 1막으로 끝났을 터다. 하

지만 아동기와 청소년기에 학습하고 준비해 청춘을 바쳤던 주

된 일자리에서 은퇴했는데, 아직 인생은 한참이고 나는 한창이

다. 앞서 걸어왔던 만큼 시간이 남은 지금, 이제는 인생 1막, 2막

을 넘어 '인생 다모작' 준비가 필요한 시점이다.

이는 개인만이 아니라 사회 역시 마찬가지다. '인구 쓰나미'라

고까지 불리는 저출산·고령화 현상이 대한민국을 덮친 지 20년

이 넘었다. 인구가 감소하지 않고 한 국가가 유지되는 데 필요한

수준의 출산율(대체출산율)인 2.1명보다 낮은 출산율을 처음 기

록한 해가 1984년이다. 이 점을 감안하면 우리나라에서는 이미

40년 전부터 저출산·고령화 현상이 시작됐다고 말할 수 있다.

저출산·고령화의 파고는 일자리도 덮쳤다. 은퇴 연령은 앞

당겨졌으나 노동시장에서 취업자 평균연령은 갈수록 높아져서

2022년 한국 취업자의 평균연령이 46.8세, 2030년에는 50세를

넘어서리라 예측한다. 하지만 은퇴자 증가 속도보다 학령인구

감소 속도가 더 빠르다. 이는 두 가지를 의미한다. 하나는 노동

시장에서 중장년 세대가 중추를 이루어간다는 뜻이고, 다른 하

나는 베이비붐 세대가 은퇴한 이후에는 지금의 일본처럼 구인

새로운 시절, 새로운 세대

난이 심각한 시대가 올 수 있으며 사회 전반의 활력이 떨어질 수 있다는 뜻이다.

개인과 사회의 필요가 만나 더 이상 미룰 수 없는 때가 왔다. 이제 '중장년기'를 제대로 논의해야 한다. 노먼 라이더 같은 외국 학자들은 달라질 사회구조를 예측하고 꽤 오래전부터 100세의 절반쯤에 해당하는 50~60세 시기를 '제3연령기', '세 번째 장', '앙코르 단계', '제2성인기' 등으로 지칭하면서, 개인이 새로운 성장과 성취를 추구해야 할 시기로 규정해왔다.

새롭게 탄생하는 중장년기의 핵심은 중장년이라는 나이보다 그 시기의 특성이 '전환기'라는 데 있다. 전환은 '다른 방향이나 상태로 바뀌거나 바꾼다'는 의미다. 전환기를 앞둔 우리 앞에 두 개의 문이 있다. 미처 준비하지 못한 채 환경 변화에 따라 의도하지 않게 바뀌는 소극적 전환의 문, 그리고 환경 변화에 적극적으로 대응해 준비하고 의도에 따라 바뀌나가는 적극적 전환의 문.

'중장년 전환기'를 새롭게 호명한 까닭은 적극적 전환의 문으로 들어서기 위함이다. 과거 인생을 마무리하는 단계로서 중장년이 아니라 새롭게 다가온 인생 후반부 삶을 차분히 준비하고, 아무런 준비 없이 세월에 이끌려 맞이하는 나이듦이 아니라 스스로 시간성을 경험하고 채워가며 다양한 노년기 삶의 모델을 제시할 수 있는 능동적·적극적 개념으로서 전환기를 의미한다.

생애주기와
연령 규범의 재정립

오래전 공자는 15세를 지학(志學), 30세를 이립(而立), 40세를 불혹(不惑), 50세를 지천명(知天命), 60세를 이순(耳順), 70세를 종심(從心)이라고 일컬었는데, 이는 나이에 맞게 행동하라는 연령 규범처럼 여전히 작용한다.

그 나이대에 적합한 행동이나 역할에 관한 사회적 합의를 '연령 규범'이라고 한다. 연령 규범은 다시, 생애에 단계가 있고 그 단계는 세대를 이어 반복되어 나타난다는 '생애주기'로 연결되고 확장된다. 생애주기가 제 이름을 갖고 지금의 꼴을 갖추기 시작한 때는 1950년대 발달심리학자 에릭슨의 '생애발달이론'에서부터다. 에릭슨은 산업사회에서 사람들이 살아가는 상황을 반영하여, 생애를 영아기-유아기-아동전기-아동기-청소년기-성인초기-중장년기-노년기 8단계로 유형화하고 단계마다 해결하고 넘어가야 할 발달 과업이 있다고 했다. 그리고 그는 중장년기의 가장 큰 발달 과업으로 '생산성'을 꼽았는데 다음 세대를 생산하고 가치를 전수하는 단계를 말한다. 다음 세대에게 조금 더 관심을 두고 긍정적 영향을 미치는 것, 과도한 자기중심과 자기 몰입을 넘어 타인과 사회에 관심과 책임을 다하는 것으로 요약할 수 있다.

실제로 꽤나 오랜 기간 중장년은 성인에서 노인이 되는 브리지 단계로서만 기능하는 듯했다. 그들은 노인으로서 '돌봄'이 필요하지도, 청년으로서 '교육'이 필요하지도 않았고, 일자리에서 은퇴함이 자연스러운 단계처럼 여겨졌으며, 소비시장이든 정책 수요시장에서든 주목받지 못하는 사각지대에 머물렀다. 그러던 그들이 1990년대를 넘어가며 갑자기 주목받기 시작한다. 기대수명이 남녀 평균 70세를 넘기면서 연령별 활동과 특징이 달라졌기 때문이다.

그리고 꽤 오래전부터 사람들은 깨닫기 시작했다. "이 중장년 세대, 지금까지와는 좀 다른데?!" 그러면서 '신중년'이라는 새로운 말이 쓰이기 시작했다.

'신중년'에서 '50플러스 세대'까지, 호칭의 연대기

놀랍게도 처음 '신중년'이라고 불리기 시작한 세대는 1935년생부터다. 《한국일보》는 1990년 세대별 기획시리즈를 연재하면서 45~55세 중장년을 '신중년 세대'라고 처음 호명한다. 당시 기사에서 신중년 세대는 곧 '4·19 세대'를 의미했으며 1935년생부터 1945년생까지를 한국의 근대화·산업화·민주화에 기여한, 기존과는 달리 한국 사회에서 중추 역할을 하는 중장

년 세대라는 의미에서 신중년 세대라고 명명했다.[6]

4·19 혁명이라는 정치 활동을 중심으로 규정됐던 신중년 세대에 관심을 기울인 분야는 정치나 공공 영역이 아닌 소비시장이었다. 신한종합연구소는 1994년 10월, 다가올 밀레니엄에 대비하며 21세기 소비시장에 관한 전망을 담은 생활 패러다임 전망서 《트렌드 21》을 발표한다. 《트렌드 21》에서는 2000년대로 넘어가면서 기존 생산지향 사회가 소비지향 사회로 변화하리라 전망하고 그 주역으로 40~50대 신중년 세대를 꼽았다. 신중년 세대는 생활이 풍요롭고(Riches), 정신적으로 성숙하며(Ripeness), 시간적 여유(Rest)가 있어 21세기 소비생활 패턴인 3R에 적합한 세대라고 했다.

이런 논의는 다음 해인 1995년에 〈신중년 소비시장의 부상〉[7]이라는 논문으로 이어져 신중년 세대는 더 정교하게 규정됐다. 50대를 중심으로 한 신중년 세대는 전체 인구의 20퍼센트를 상회하며 다수를 차지한다. 취업률이 높아 경제적으로 부유할 뿐만 아니라 자식에게 의지하지 않는 독립성을 갖췄으며, 자신의 건강을 위해 금전과 시간 투자를 아끼지 않는 기존과는 다른 '신세대 중년'으로 규정한다. 특히 신중년을 '인생의 전환기'로 규정한다는 점이 주목할 만한데, "인생의 본격적 전환이 50세 전후로 이뤄진다는 점에 주목해" 50대를 신중년의 중심으로 설정했다. 그리고 이들이 "양적으로나 질적으로 강력한 파워를 지닌 새로운 집단으로 태동하고 있다"고 봤다. 중장년 세대에 관한 새로운 속성들이 발견되고 신중년이라고 새롭게 호명하기까지, 신중년의 탄생은 중장년 전환기 탄생의 예고편인 셈이다.

신중년 세대의 생애주기 폭이 대폭 넓어진 때는 본격적으로 장수사회에 접어든 2010년 이후다. 이때부터 기대수명이 늘어나면서 1990년대 4050을 넘어 6075를 신중년이라고 불러야 한다는 주장이 나오기 시작했다. 노인 연령 기준이 65세인 점을 감안할 때 사실상 초기 노인 인구를 신중년으로 본 셈이다. 2013년에《조선일보》는 신중년을 이렇게 설명한다.

50대 중년, 60~70대 노년이란 공식은 깨졌다. '더 건강하고 똑똑해진' 6075(만 60~75세)를 우리는 주위에서 일상적으로 접하고 있다. 전통적 할아버지, 할머니 호칭으로는 담을 수 없는 신(新)중년 세대가 등장했다.[8]

신중년으로 불리는 이들은 기존에 통용되던 나이에 관한 인상과 연령 규범을 벗어난다. 이들은 나이에 비해 젊고 건강하다. 주된 일자리에서 퇴직한 후에도 공부하며 미래를 준비하고 새로운 일에 종사한다. 스스로도 자신을 노인이라고 생각하지 않는다. 아래는 앞선《조선일보》시리즈 기사 중 일부다.

고려대 안산병원에서 2002년과 2012년에 건강검진을 받은 신중년(6075를 의미) 1488명의 건강 기록을 전수 조사해본 결과, 이들은 10년 전 같은 나이대의 중년보다 확실히 체력도 좋고 체질도 개선됐다. 신중년은 10년 전보다 악력(손아귀 힘)은 4.7퍼센트 늘었다. 육체노동자에게 아주 중요한 요소인 악력이 4.7퍼센트 늘었다는 것은 신중년이 7년 정도 젊어졌다는 의미다. (…) 한국방송통신대의 신중년 등록 학생 수는 6년 만에 3배(2007년 976명→2013년 3073명)로 늘었다. 반면 같은 기간 전체 학생 수는 14퍼센트 줄었다. 신중년은 주관적으로도 자기 나이를 훨씬 젊게 보고 있다. 본지와 삼성생명이 신중년 500명을 설문조사 한 결과, 신중년 10명 중 9명(91.6퍼센트)은 자신의 나이를 실제 나이보다 어리다고 생각했는데, 그 정도가 평균 7.3세였다.

호칭은 대상을 규정하고 대상의 변화는 새로운 호칭을 불러온다. 우리 사회에서 처음으로 신중년이 언급된 이후 30년이 넘어선 지금, 중장년에 관한 호칭은 신중년을 넘어 실버 세대, 액티브 시니어, 50플러스 세대, 오팔 세대 등 더욱 다양해졌다. 신중년에 관한 논의 또한 정치권과 소비시장을 넘어 정책의 대상으로, 새로운 삶의 트렌드와 달라진 사회 패러다임으로 더 넓어지고 깊어졌다. 한국언론진흥재단이 운영하는 뉴스 아카이브 사이트 빅

카인즈(bigkids.or.kr)에 따르면, 2010년부터 2023년 7월까지 거론된 중장년에 관한 뉴스는 3만 건이 넘는다. 신중년과 50플러스를 합치면 4만 건을 훌쩍 뛰어넘는다. 새로운 중년을 향한 사회적 관심이 폭발적으로 증가하고 있음을 알 수 있다.

하늘의 뜻을 알게 된다는 50대를 가리키는 '지천명'이 공자가 살던 기원전 유교 문화에 기반했다면, 에릭슨의 생애 단계는 지금으로부터 70년 전인 1950년대 미국 산업사회 절정기 사람들의 삶의 모습을 반영했다. 그러한 기준으로 지금의 연령 기준을 보는 것은 적절할까? 오늘날 중장년의 모습이 그러한가? 지천명의 나이지만 배움은 중단되지 않았고 오히려 삶의 지속성이 강조된다. 이제는 에릭슨이 중장년기의 덕목으로 꼽았던 '베풂과 전수' 외에도 새로운 도전과 준비를 보태야 한다. 그동안 살아온 인생과는 또 다른 삶의 현장에 뛰어들거나 뛰어들기 위해 준비하는 때가 됐다.

새로운 시절이 도래하면서 나이듦에 관한 사회적 인식도 달라졌다. 나이듦은 더 이상 뒷방 늙은이처럼 생활 일선에서 뒤로 물러남을 의미하지 않는다. 평생직장의 개념이 사라졌듯 은퇴의 개념도 점점 사라지고 있다. 뭔가를 해야 한다는 강박보다는 뭔가를 하고 싶다는 소망이 50대 이상에서 진작부터 나타나고 있었다. 이들은 뒷방 늙은이가 되기를 거부한다.

변화는 시작됐다. 지금의 중장년은 욕망하고 욕구하며, 지금까지와는 다른 삶을 꿈꾸고 실천한다. 중장년 전환기는 나이듦에 관한 새로운 패러다임을 제시하고, 앞으로 이를 증명해나가는 새로운 중장년의 역할 모델들로 구체화된다.

참고   **중장년을 부르는 다양한 호칭**

✦ **중장년** 중년과 장년을 합한 중장년은 통상 40~60세를 가리키는 용어 중 가장 일반적으로 통용되나 정확한 연령 기준은 없다. 다만 통계청에서는 '중·장년층 행정통계'를 발표하는데 그 기준 연령을 만 40세부터 64세까지로 하며, 언론에서는 40~50대, 50~60대, 40~60대로 다양하게 사용한다.

✦ **베이비부머(Baby Boomer)** 출생률이 급상승해 폭발적으로 아이가 많아진 시기에 태어난 인구 집단을 의미한다. 전 세계 모든 국가에서 전후에 이런 세대가 나타나는데 한국에서는 한국전쟁 이후, 미국과 일본 등은 세계대전 이후 세대를 가리킨다. 한국 베이비부머는 산업화·민주화 등을 경험하면서 한국 사회의 압축적 성장을 겪어온 세대로 1차 베이비부머(1955~1963년생), 2차 베이비부머(1968~1974년생)로 구분되며, 총 1688만 명가량 된다.

✦ **신중년** 1990년대 들어 달라진 중장년의 특징을 부각해 언론과 학계에서 사용하던 용어로, 2017년 '신중년 인생 3모작 기반 구축 계획'이 발표되면서 정책 용어로 자리 잡았다. 이 계획에서 신중년은 생산가능 연령대지만, 정년제도와 기업문화 등 노동 시장의 영향으로 생산 활동에 어려움을 겪는 '5060' 세대를 가리킨다.

✦ **50플러스** 유럽과 미국에서 베이비부머를 중심으로 한 새로운 중장년을 설명하고 그에 맞춘 정책을 수립하면서 50플러스 세대라는 용어를 사용하기 시작했다. 한국에서는 2015년 '서울시 베이비부머 응원 종합계획'에 따라 '50플러스캠퍼스' 조성계획이 발표된 이후 서울시의 새로운 정책명으로 사용되며 확산됐다.

✦ **액티브 시니어** 1975년 미국 시카고 대학교의 노화 연구자 버니스 뉴가튼 교수가 제시한 개념이다. 그는 달라진 노인 세대의 특성을 네 가지 유형으로 나눠 설명하는데, 액티브 시니어는 은퇴 이후에도 사회 활동과 여가, 소비를 활발하게 즐기며 능동적으로 생활하는 55세부터 75세를 가리켰으나 지금은 상황에 따라 연령 구분이 다르게 적용된다.

✦ **오팔 세대** '오팔'에는 중의적 의미가 있다. 먼저 OPAL은 'Old

People with Active Lives'의 약자로 2002년 일본에서 처음 소개 됐는데, 고령화 사회의 주축으로 떠오른 액티브 시니어를 지칭 하며 사용됐다. 한국에서는 여기에 더해 베이비부머를 대표하는 '58년생 개띠'의 '58'과 발음이 같아 베이비부머를 가리키는 새 로운 용어로 사용됐다.

✦**욜드 세대** 일본에서 액티브 시니어 등 젊은 노인(Young Old)을 줄여 '욜드(YOLD)'라고 부르면서 전 세계적으로 확산됐다. 영국 《이코노미스트》는 2019년 12월 특집호에서 만 65~75세 욜드의 전성시대가 도래할 것이라고 전망했으며, 건강하고 부유하며 고 학력에 인구 규모가 크다는 점을 특징으로 꼽았다.

새로운 시절, 새로운 세대

중장년 전환기,
  세 가지
정체성

02

지난 20년 동안 중장년 세대를 가리키는 호칭의 연대기를 훑어보면, 누가 어떤 목적으로 호명하느냐에 따라 포착한 지점들이 서로 다르며 이는 크게 세 가지로 나뉜다. 첫째는 부유한 소비자, 둘째는 새로운 일자리를 찾는 정책 대상자, 셋째는 새롭게 인생을 설계하기 위해 배우고 고민하는 교육 대상자. 하지만 사실 이 셋 모두는 하나로 수렴된다. 그들은 '전환기'에 접어들었고, 전환할 조건과 의지를 갖췄으며, 전환을 준비하고 있다.

소비시장의 주류,
'액티브 시니어'

첫 번째는 주 소비층으로서 중장년이다. 기업경제연구소 등 금융권 보고서에서 자주 언급된다. 중장년에게 처음 주목하기 시작한 곳도 소비시장이었다. 중장년 세대는 한국 인구구조 집단 중 가장 규모가 크며, 한국 경제 성장을 이끌어온 베이비부머가 중장년에 진입하면서 실버시장이 성장하기 시작한다. 이들은 '가난한 비주류'였던 고령자를 '부유한 주류'로 진입하게 한 첫 중장년 세대로, 실버시장을 중심으로 소비시장의 성장을 이끌 '경제적으로 안정된 주 소비자'로 분석되고 정의됐다.

2012년 삼성경제연구소는 "기존 실버 세대보다 높은 경제력을 지닌 거대 인구 집단인 베이비부머가 실버층에 진입하면 국내 실버산업은 빠르게 성장할 전망"이라면서 "은퇴 세대가 '부유하고 활동적이며 건강하게 장수하는' 소비그룹으로 변모"하고 있다고 설명했다.[9]

이를 가장 적극적으로 반영한 명명이 '액티브 시니어'다. 하나은행, 라이나생명 등 금융권에서 나온 보고서나 관련 논문, 언론 기사에서 액티브 시니어를 소비와 연계한 설명이 많다. 정년퇴직 이후 시간적·경제적 여유를 기반으로 사회 활동에 적극적으로 참여하는 5060을 액티브 시니어라고 정의하면서, 이전 중장년 세대와 구별되는 특징으로 소비를 꼽았다. 상대적으로 풍족한 자산과 소득을 바탕으로 자신에게 투자를 아끼지 않고, 가격보다는 품질을 중요하게 여긴다고 했다. 구글에 액티브 시니어를 검색하면 '신나는 인생 2막! 액티브 시니어 등장', '액티브 시니어 마케팅 대상으로 주목하라', '액티브 시니어 소비시장의 중심이 되다', '소비시장 새로운 큰손, 액티브 시니어가 뜨고 있다', '액티브 시니어 새로운 트렌드 리더가 되다'와 같은 제목들이 먼저 눈에 띈다.

이처럼 액티브 시니어는 부유한 주류로서 면모가 강조되는데, 오팔 세대도 이와 비슷하다. '오팔 세대, 소비층의 새로운 보석으로', '인생 2막 새로운 소비층으로 떠오른 오팔 세대', '오팔 세대 팬덤을 잡아라' 등 오팔 세대를 검색하면 나오는 제목들이다. 실제로 한 온라인 쇼핑몰의 매출을 비교해보니 5060 고객의 매출이 전년 대비 40퍼센트 늘었고, 2016년보다는 두 배 이상 늘었다는 식의 기사[10]들이 오팔 세대를 어떻게 보는지를 알려준다. 이러한 인식은 세계적 경향성이 더해지면서 강화됐는데, 전 세계적으로 5060 세대가 보유한 토지, 부동산, 주식 등 자산 규모가 전 연령대 중 가장 높고, 특히 이러한 경향성은 시간이 지나면서 더욱 강화되고 있다는 분석 결과들이 나오기 시작했다.

글로벌데이터인포그래픽 기업 '비주얼 캐피털리스트(Visual Capitalist)'가 미국 중앙은행인 연방준비제도 자료에 근거해 2020년 작성한 〈증가하는 세대 간 부의 격차(The Growing Generational Wealth Gap)〉에 따르면, 지난 30년 동안 베이비부머 등 노년층이 젊은 세대보다 훨씬 더 빠른 속도로 부를 축적해서 노년층은 점점 더 빠르게 부자가 되어가는 반면, 젊은 층은 어느 때보다 더 늦게 부를 축적하는 것으로 나타났다. 특히 2001년과

2019년을 비교해보니 70세 이상 연령대의 자산 비중은 20퍼센트에서 26퍼센트로, 55~59세는 35퍼센트에서 약 50퍼센트로 증가했다. 2020년 말 기준으로 베이비붐 세대(1946~1964, 조사 시점 56~74세)가 미국 가계 자산의 절반 이상을 보유하고 있는데, 바로 이후 세대인 X세대(1965~1980, 조사 시점 40~55세)의 두 배가량에 이른다.[11]

이는 안정된 경제력으로 남다름을 보여준 중장년 세대가 20여 년이 지나 노인 세대에 진입하면서 나온 결과다. 2000년대에 베이비부머가 중장년에 진입하면서 중장년 연령대의 자산 규모와 소비시장에 끼치는 영향력이 확대됐다. 그리고 그들이 노인 세대에 진입하면서 그 특징들은 고스란히 노인 세대로도 확대되는 추세다.

일이 하고 싶은, 할 수 있는, 해야 하는 '신중년'

두 번째는 정책 대상자로서 중장년, 즉 '신중년'이다. 베이비부머의 존재감은 소비시장에서만 빛을 발하지 않았다. 한국의 베이비부머는 1차(1955~1963년생)와 2차(1968~1974년생)로 구분되는데, 베이비부머 총 인구 규모는 1700만 명에 이르러 이미 2017년에 유소년 인구를 초월했다. 그들이 거쳐가는 자리마다 흔적이 깊게 남았고, 거대한 인구 집단의 생애주기 이동에 사회는 대응책을 마련하며 뒤따라갔다. 한국에서 중장년이 부상한 시점도 베이비부머가 중장년기에 진입한 시점과 딱 맞아떨어진다.

2010년 1차 베이비부머가 은퇴 연령에 도달하기 시작하면서 대규모 인구 집단이 은퇴를 맞이하게 됐다. 법정 정년은 60세인데, 실제 주된 일자리에서 퇴직하는 나이는 49세다. 근로자가 일을 완전히 그만두고 경제활동에서 물러나는 나이를 '실질 은퇴 연령(effective age of labour market exit)'이라고 하는데, 경제협력개발기구(OECD) 평균 실질 은퇴 연령은 65세인 반면 우리나라는 72.3세로 OECD 국가 중 1위다.[12] 주된 일자리에서 퇴직하고 나서 실제 일을 그만두기까지 약 20년은 불안정한 저임금 노동시장에 진입해 대체 일자리로 전환되는 시기이며, 서서히 은퇴가 이뤄지는 과정기인 셈이다. 실질 은퇴 연령이 다른 나라보다 늦고 60세 이후에도 일하는 인구가 계속 늘어난다는 사실은 그만큼 은퇴 및 경제적 노후 준비가 부족한 상황임을 알 수 있다.

여기서 잠깐, 앞에서 살펴보았듯 중장년 세대는 '부자 주류' 세대 아닌가? 맞다. 베이비부머를 중심으로 한 중장년층은 재산이 가장 많은 세대다. 하지만 "가장 부자면서 가난한 세대다."[13] 왜냐하면 자산의 80퍼센트 이상이 부동산에 묶여 있고, 한국 사회 특성상 부동산은 처분을 꺼리거나 처분이 어려운 자산이기 때문이다.

중앙대학교 마강래 교수의 분석에 따르면 은퇴 후 부부를 기준으로 필요한 생활비는 월 240만 원가량이고 최소 생활비는 176만 원인데, 은퇴 후 부부 생활비 현황을 보면 상위 그룹이 135만 원, 중위 그룹은 98만 원, 하위 그룹은 79만 원 등으로 최소 생활비조차 확보하지 못하고 있는 실정이다. 전체 자산이 아니라 월 생활비를 기준으로 보면 생활비가 부족해서 은퇴 이후에도 계속 일해야 한다.

하지만 그게 전부는 아니다. '손발이 움직이는 한 일해야 한다'는 강한 사회적 인식도 여기에 한몫한다. 중장년 중 자발적 은퇴는 2021년 기준 2.2퍼센트에 불과하고 그들 중 89.5퍼센트는 '건강이 허락하는 한' 일을 계속하고 싶어 한다. 일을 원하는 이유로는 당연히 소득이 58.1퍼센트로 가장 큰 비중을 차지하지만 건강과 자기 발전, 여가 시간 등의 이유도 35.5퍼센트에 이른다.[14]

2023년 초 프랑스에서는 정부에서 발표한 '정년 2년 연장'에 반대하여 많은 국민이 시위에 참여하고 대대적으로 총파업이 벌어졌다. 프랑스의 정년 2년 연장안은 기존 퇴직 연령인 62세를 64세로 2년 늦추면서 퇴직 이후 바로 개시되는 연금 수령도 덩달아 2년을 늦추는 내용이었다. 대신 연금수령액은 높이기로 했다. 한마디로 2년 더 일하고 연금도 2년 늦게 받는 대신 조금 더 챙겨준다는 내용인데, 프랑스 국민들은 "죽을 때까지 일하긴 싫다"라며 크게 반발했다.

연금 개혁과 맞물려 있어 다소 복잡하지만 우리와는 정서가 참 다르다. 20여 년 전 교사 정년을 만 65세에서 62세로 단축했을 때 교사들은 거세게 반발했다. 지금도 우리 사회의 보편적 정서는 업종 상관없이 모두가 정년 연장을 바란다. 서구권에서 '왜 우리가 더 일해야 하는가? 일할 만큼 했으니 이제 정부 연금을 받으며 여행하고 자원봉사 하면서 편하게 지내고 싶다'고 하는 인식과 대조적이다. 한국 중장년 세대 중 상당수는 노후 준비 정도와 상관없이 평균 73세까지는 어떤 형태로는 '일'을 하기를 원한다.

이는 사회적 필요와도 맞물린다. 일본의 베이비부머는 단카이 세대라고 불리는데, 2007년부터 단카이 세대가 대거 은퇴하기 시작하면서 일본 기업들은 고용 부족 때문에 크게 골치를 앓는다. '2007년 문제'라는 키워드가 생겼을 정도다. 곧 한국에 닥칠 상황이다. 한국의 2차 베이비부머 인구는 약 635만 명인데 이들의 은퇴 시기에 맞춰 경제활동을 시작할 예비 경제활동인구는 418만 명이다. 약 200만 명의 빈자리가 나게 되는 셈이다. 일자리 고령화는 이미 진행 중이다. 2022년 우리나라 취업자의 평균연령은 46.8세로 추정한다.

이에 정부는 2010년부터 주된 일자리에서 은퇴한 후에도 계속 일할 수 있는 여건 만들기를 중심으로 다양한 중장년 정책을 쏟아냈고, 기관마다 산발적으로 운영되던 정책들은 2017년 '신중년 인생 3모작 기반구축 계획'이라는 종합 지원 정책으로 귀결된다. 이 계획에서 기존 5060대 중장년, 고령자를 묶어 처음으로 '신중년'을 정책 용어로 사용한다. 주된 일자리 퇴직 후 교육을 통해 재취업한 뒤에 사회공헌 일자리로 마무리하는 인생 3모작 설계를 단계별로 지원한다는 계획이다. 이어서 고용노동부도 '신중년 일자리 확충방안'을 발표하고, '저출산·고령사회 기본계획'에서도 일자리 정책과 연계하여 중장년을 '신중년'으로 호명한다.

먹고사니즘 그 이상을 플러스하다, '50플러스 세대'

신중년 대상 정책들은 중장년에게 일할 기회를 제공하는 데 주력하지만 이게 다가 아니다. 정책의 궁극적 목표는 나이 들어서 새롭게 인생 설계안을 만들어가도록 돕는 데 있다. 대다수 중장년에게 일은 필수조건이지만 일을 하는 까닭이 꼭 먹고사니즘에만 국한되지는 않는다. 이는 중장년이 어느 정도 경제적 기반을 갖추고 있기 때문이기도 한데, 핵심은 '경제력'에만 있지 않다. 경제적 능력만이 아니라 그 경제력을 기반으로 한 소비력과 자신을 위한 투자, 배움을 향한 갈망과 이를 실현할 생활 여력이 기존과 다른 중장년을 만들어냈다.

이 새로운 중장년 세대는 그 남다름을 입증하듯, 정책의 대상이 되길 기다리는 대신에 당사자 기반의 운동으로 세대의 힘을 키웠고 변화를 창출해냈다. 이들을 가리키는 대표적 용어가 '50플러스 세대'다.

단어에서 짐작하듯, '50플러스'는 우리보다 먼저 고령사회에 진입한 유럽과 미국 등에서 사용되던 용어다. 2000년대에 들어서면서 유럽과 미국을 중심으로 정년 연장과 폐지를 추구하는 고용정책을 수립하기 시작한다. 이 과정에서 50세 이상을 주요 정책 대상으로 규정하면서 '50플러스'가 고유의 의미를 지닌 정책명으로 사용되기 시작했다. 독일의 '이니셔티브50플러스(Initiative 50plus)', '전망50플러스(Perspective 50plus)', 영국의 '뉴딜50플러스(New Deal 50plus)' 등이 바로 그것이다. 또 이들 국가에서는 50플러스 세대가 사회 변화에 기여할 수 있는 계층으로 인식되면서 이미 50플러스 세대를 지원하는 다양한 기관과 단체가 만들어져 활발한 활동을 펼치고 있었다.

국내에서는 서울시가 이러한 시대 흐름에 발맞춰 새로운 어젠다로 중장년 정책을 본격화하기 시작했다. 2012년 '서울인생이모작지원센터'를 시작으로 2016년 '서울시50플러스재단'으로 중장년 지원 플랫폼을 구축했다.

이처럼 50플러스라는 정책명은 달라진 세대와 변화된 정책 특징을 반영했다. 단순한 지원정책이 아니라 중장년들이 새로운 인생을 함께 설계할 수 있는 플랫폼을 제공하는 방식으로 정책 흐름이 변화했다. 우리보다 10~20년 앞서서 고령화를 경험한 일본이 시니어 비즈니스나 실버산업에 주력했다면, 새로운 50플러스 정책은 '생애 재설계'를 중심으로 교육과 일자리가 자연스럽게 선순환하는 구조를 지향한다. 그리고 단순히 일자리를 제공하는 톱다운 방식을 지양하고, 중장년 스스로 새로운 삶을 만들어나갈 수 있게 촉진하는 당사자 운동 방식을 지향한다. 이제는 한 발 더 나아가야 한다. 중장년의 새로운 나이듦 모델을 제시하고 좀 더 포괄적이고 담대한 정책으로 새롭게 변주돼야 한다.

"삶의 아침 프로그램에 따라
오후의 삶을 살 수는 없다"

지나온 삶의 경험이 지혜가 되어 나이가 위신이 되던 시대는 지났다. 수명 연장은 고령을 아주 흔하게 만들었다. 지혜가 쌓이는 속도보다 달라진 시대와 사회에 적응하기 위해 배워야 할 것들이 더 빠르게 쏟아지는 사회다. 카를 융의 말처럼 우리는 "삶의 아침 프로그램에 따라 오후의 삶을 살아갈 수는 없다. 왜냐하면 아침에 위대했던 것이 저녁에는 거의 그렇지 않을 것이며, 아침에는 진실이었던 것이 저녁에는 거짓말이 돼 있을 것"이기 때문이다.

삶의 아침 프로그램이 유효하지 않은 저녁이 온다면 우리는 새로운 프로그램을 만들면 된다. 한참 남은 저녁을 다시 낮처럼 역동적으로 살아가기 위해 준비하는 시기, 새롭게 탄생한 50플러스 세대를 위한 시간표를 짜야 한다.

백세시대에는 전 생애에 걸쳐 새로운 일과 삶, 관계에 변화가 필요하다. 특히 변화한 환경, 새롭게 달라진 세대적 특성 등 변화를 겪고 만들어온 중장년 개개인에게는 새로운 인생 지도와 앞으로 생을 채워갈 시간표가 필요하다. 그렇다, 우리는 '전환기'를 말하고자 이렇게 긴 시간을 거슬러 올라왔다. 중장년을 새롭게 주목하기 시작한 순간부터, 그들에게서 새로운 속성을 찾아내 새로운 이름을 부여하며 만들어온 새로운 중장년 패러다임은 한 단어로 귀결될 수밖에 없다. 바로 '전환'이다. 달라진 중장년의 속성은 '전환'으로 귀결되고, 새로 탄생한 시기는 중장년기가 아니라 '중장년 전환기'다.

중장년 전환기는 청소년기를 닮았다. 사회적 변화에 따라 생성된 생애주기의 새로운 단계일 뿐 아니라, 변화 욕구를 강하게 느끼고 변화를 강요받는 환경에 놓였다는 점에서 같다. 이들은 불안하고 회의하고 방황하며 탐색한다. 청소년기는 배움으로써 사회에 나갈 준비를 한다. 방황하고 탐색하면서 자신에게 맞는 미래를 그려나간다. 중장년기 또한 그렇다. 주된 일자리를 중심으로 구성해온 삶의 책이 마지막 장에 이르러, 새로운 책을 써내려갈 준비가 필요하다.

하지만 중장년 전환기와 청소년기에도 차이는 분명히 있다. 유시주 작가는 그 차이를 등산에 비유해 설명했다. 청소년기가 역량을 쌓고 획득하는 상향 전환기라면, 중장년은 삶의 우선순위를 재평가해 잘 내려오기 위한 하향 전환기라는 것이다. 그렇기에 중장년 전환기는 치열한 고민 못지않게 스스로 중심을 잘 잡고 양질의 사회적 관계에 주력해야 한다고 충고한다.

브루킹스연구소 수석연구원이자 저명한 언론인 조너선 라우시(Jonathan Rauch)가 과학적 연구와 사실에 근거해 행복과 나이 듦에 관해서 쓴 책《인생은 왜 50부터 반등하는가》에서 강조하는 것도 '함께'다. 인생의 전환기로서 중장년기에 주목한 그는 "변화란 쉽지 않고 중년의 불안은 더 높을 수 있기 때문에 중장년 전환기에는 '공동체'라는 방향성이 있다"고 했다. 실제로 그가 사례로 드는 미국의 중장년 활동들을 보면 함께 인생을 재창조하는 일에 주력한다.

세계 최대 회원 수와 로비력을 자랑하는 미국은퇴자협회가 2012년 개설한 '인생 재창조(Life Reimagined)' 프로그램은 전환기를 앞둔 중장년에게 불안을 덜어줄 수 있는 충분한 정보를 제공하는 것이 목적이다. 미국은퇴자협회의 앤 마리 킬 갤런은 인생 재창조 프로그램을 "어떤 상황에서든 전화로 도움을 요청할 수 있는 절친한 친구와 같은 존재"라고 말한다.[15] 또한 미국 비영리단체 '전환네트워크'도 중장년 대상으로 교육과 세미나 등을 제공하고 '전환동지회'를 운영하는 등 서로 배우고 함께 돕는 모델을 다양하게 제시한다.

한국에서도 중장년 정책이 확산하고 있지만 아직까지는 절대적으로 일자리 지원에 집중돼 있다. 일자리가 개인적으로 대처하기 어렵다는 점에서 이러한 정책은 꼭 필요하지만 이것만으로는 부족하다. 일자리뿐 아니라 '전환기 갭이어(Gap year)'에 관한 제도적 기반을 마련해 당사자 스스로 충분히 탐색하고 설계할 수 있게 다각적으로 지원해야 한다. 특히 한국은 나이듦에 대한 공포나 혐오가 강력하기 때문에 노화에 관한 과도한 불안을 함께 다스리며 전환을 준비할 수 있도록 돕는 일도 매우 중요하다. 중장년 세대가 새롭게 스스로를 인식해 치열한 모색과 고민을 거쳐 전환을 이뤄내고, 이러한 모습들이 새로운 중장년 모델로 확산한다면 한국은 중장년 세대를 통해 사회혁신을 이룰 수 있다.

부정되어야 할 것은 나이듦이 아니라 노년기에 관한 상이다. 중장년기는 새로운 인생 지도를 설계하기 위한 전환기이고, 생

의 일몰기로 불렸던 60세는 전환으로 열린 새로운 인생을 살아

가기 시작하는 또 다른 시기다.

중장년
담론·정책의
연대기

2006~2024

태동에서

　　새로운

물결까지

20년의 시간

"어디에 가야 중장년들의 목소리를 제대로 들을 수 있나요?" 2015년 1월 1일, 서울시는 전국 최초로 '인생이모작지원과'를 신설했다. 같은 해 4월, 민간 전문가로 구성된 '인생이모작지원단'이 생겼고 나는 그 단장으로 서울시청에서 근무를 시작했다. 어느 날 인생이모작지원과 과장님이 내게 이런 질문을 하셨다. 짧지만 많은 의미가 함축된 결코 가볍지 않은 질문이었다.

오랫동안 중장년층은 통계적 집단으로만 존재했다. 한국 사회에서 약 30퍼센트를 차지하는 최대 규모 인구 집단이지만, 복지 대상자를 제외하면 중장년 다수는 정부, 지자체, 시민사회 그 어디에서도 주목받지 못하는 관심 밖 대상이었다. 중장년 인구의 절반밖에 안 되지만 노인·청년 사업은 작은 것 하나하나까지 사회적 이슈가 되고, 가끔 말 한마디 잘못해 땀을 뻘뻘 흘리며 노인·청년 단체를 찾아가 백배사죄하는 정치인들을 심심찮게

볼 수 있는 모습과는 대조적이다.

중장년층의 목소리를 대변할 공신력 있는 조직은 전무했다. 통계적으로는 유의미하나 관련 조직이 없다는 것은 그만큼 중장년 정책의 필요성에 관해 사회적 공감대가 부족했다는 증거다. 서울시가 2012년부터 인생이모작 사업을 시범적으로 펼쳤지만 규모나 내용에 한계가 있었기에 전체 중장년을 대변하기는 어려웠다. 사정이 이렇다 보니 서울시의 새로운 중장년 정책 마스터플랜을 세워야 할 담당 부서 과장으로서는 어려움을 토로할 수밖에 없었다.

강산이 변할 만큼 시간이 흐르고 그로부터 다시 10여 년이 지난 지금, 중장년 사업은 정치인들이 내세우는 핫한 공약으로 전국에 확산돼 한국 사회의 새로운 정책 어젠다로 자리매김했다. 지자체마다 조례와 공간을 별도로 만들었고 중장년을 대변할 공공기관과 민간기관들도 생겼다. 2015년 '어디에 가야 제대로 된 중장년들의 목소리를 들을 수 있냐'며 어려움을 토로하던 때를 떠올리니 격세지감을 느낀다.

중장년 정책은 우리 사회에
어떤 변화와 임팩트를 만들었을까?

국내 중장년 운동이 시작된 지 19년이자 제도화 13년째를 맞는 지금, 중장년 정책은 우리 사회와 개인에게 어떤 변화와 임팩트를 만들었을까? 양적 성과는 분명 있었다. 하지만 공공기관 편중, 특정 계층 쏠림, 중복과 누락 등을 볼 때 질적 성장을 이루었는지는 의문이다. 무엇보다 중장년 정책이 무엇인지에 관해 동상이몽이 지속되고 있어 현장은 여전히 혼란스럽다.

가슴 한편 답답함을 꾹 누른 채 바쁜 일상에 쫓겨 지내다가 결정적으로 불씨가 확 올라오게 된 데는 코로나19 영향이 컸다. 전대미문의 팬데믹을 거치며 뒤통수를 한 대 맞은 것처럼 분명하게 인지하게 된 점은 우리가 매우 불확실한 미래를 앞두고 초고령사회, 장수사회를 맞이했다는 사실이었다. 누구도 피할 수 없는 이 분명한 명제 앞에서 지속 가능한 정책이란 무엇인지 되물을 수밖에 없었다. 사회 전체적으로 대전환이 필요한 현실에서 모두의 미래를 위한 중장년 정책으로 재구성하는 일이 시급하다고 판단했다. 이럴 때일수록 초심으로 돌아가 차분하게 전체 과정을 복기하면서 혹여 놓친 것은 없었는지 생각해보는 것이 도움이 될 수 있다. 현장에서 일하다 보면 가끔 좌표를 잃은 기분이 들 때가 있었다. 마치 거대한 숲 한가운데 서서 빽빽한 나무만 바라보는 기분이랄까? 다시 숲 전체를 본다는 마음으로 눈을 크게 뜨고 시야를 넓혀 중장년 정책과 사업의 긴 여정을 핵심 이슈를 중심으로 살펴보려 한다.

한국 중장년 사업과
제도화의 역사

한국 사회 중장년 사업의 20년 역사를 크게 활동 주체
와 이정표가 될 만한 활동 특성에 따라 태동기인 1기부터 '새로
운 물결'이라고 할 수 있는 4기까지 네 시기로 분류했다.[16]

✦ 1기는 2006년 희망제작소 '해피시니어' 사업을 시작으로 베
이비부머 은퇴를 앞두고 정책적 고민이 쏟아지던 2010년까지
로 '중장년 활동 태동기'다.

✦ 2기는 국가가 본격적으로 정책적 대응을 시작한 2011년부터,
서울시에서 최초로 인생이모작 시범사업을 거쳐 50플러스 정책
마스터플랜을 수립한 2015년까지로 '공공정책 시작기'다.

✦ 3기는 서울시50플러스재단과 캠퍼스가 본격적으로 가동된
2016년부터, 정부 최초 신중년 종합계획이라 할 수 있는 '신중년
인생 3모작 기반구축 계획'이 발표되고, 지자체 중심으로 중장년
정책이 전국적으로 확산된 2022년까지로 '공공정책 확장기'다.

✦ 마지막으로 코로나19를 거치면서 중장년 활동 영역에서 의

미 있는 새로운 변화가 감지되기 시작한 2022년 이후를 4기 '새

로운 물결'로 구분했다.

태동기

2006-2010

시민사회, 최초로
오십 이후를 주목하다

02

　사실 우리 사회에서 정치적·경제적으로 중장년 세대가 주목받기 시작한 때는 2010년 전후다. 2010년을 기준으로 베이비붐 세대의 시작인 1955년생이 만 55세가 되어 상당수 은퇴를 시작하거나 앞두고 있었기 때문이다. 베이비부머 문제가 이들이 은퇴를 시작하는 시점에야 제기됐다는 점에서 이미 너무 늦었다고 볼 수 있다.

　왜 한국 베이비붐 세대는 오랫동안 주목받지 못했을까? 이는 한국 베이비붐 세대가 존재한 기간이 다른 국가보다 길기 때문이다. 합계출산율이 3.0 이상이었던 연령층이 1955년부터 1974년까지 20년이나 지속돼 일본 단카이 세대(1947~1949년생)와 비교해도 장기간 존재했으므로 차별성이 부각되기 어려웠다.[17] 결과적으로 한국에서 은퇴는 20년에 걸쳐 이뤄지는 '과정'이 됐다. 가장 이른 나이에 퇴직해서 가장 늦은 나이까지 일하는 사회로 약

23년 동안은 저임금 불안정 노동시장에서 버텨나가야 한다.

2010년 이전 정부의 중장년층 대책이란 사실상 거의 없다고 해도 과언이 아니다. 2003년부터 매년 고령자 통계를 발표하면서 50~64세를 준고령자로 정의하고 별도 통계만 내는 수준이었다. 일부 고용 지원정책을 운영했지만 규모와 내용은 매우 제한적이었다. 1955년생이 실제 은퇴하기 시작한 2010년 즈음부터 중앙정부는 베이비부머의 은퇴를 사회문제로 인지하고 보건복지부와 고용노동부를 중심으로 대책 마련에 들어갔다. 저출산과 고령화에 따른 사회적·경제적 잠재 문제에 대처하기 위해 제1차 저출산·고령사회 기본계획에 해당하는 '새로마지 플랜 2010'이 발표된 시기도 이때다. 각 부처 사업들을 종합하다 보니 사업 가짓수는 130여 개에 이르나, 중장년에 특화된 새로운 내용이라고 보기는 어려웠다.

아무도 가보지 않은 길, 희망제작소 '해피시니어'의 도전

우리 사회에서 처음 시작된 중장년 활동은 2006년 희망제작소의 '해피시니어' 사업이다. 그 이전에도 일부 단발성 프로그램은 있었지만, 한국 사회 중장년의 새로운 사회공헌 활동 모델이라는 중장기 비전을 세우고 연구부터 실행까지 체계적으로 추진한 것은 해피시니어 사업이 국내 최초였다. 희망제작소는 2006년에 출범한 민간연구소다. 시민과 함께 사회창안, 지역재생, 지방자치, 풀뿌리 민주주의, 사회적경제, 시니어 사회참여 등 사회혁신 어젠다를 발굴하고 구체적 대안을 모색하는 사업을 시작했다. 특히 전문직 퇴직자의 사회공헌 활동이라는, 당시로서는 생경한 어젠다를 새로운 도전 분야로 선언해 주목받았다. 희망제작소에서 중장년에 주목하게 된 배경을 당시 박원순 상임이사는 이렇게 밝혔다.

> 루거 로이케(Rudger Reuke)를 만난 건 2004년이었다. 당시 나는 프리드리히 에베르트(Friedrich Ebert) 재단의 초청으로 독일을 여행하고 있었다. 루거 로이케는 35년간 정부기관인 독일개발원조기구(DED)에 근무하다 은퇴 후 해외원조 민간단체 저먼워치(German Watch)에서 일을 시작했다. 정부 연금을 받고 있으므로 이 단체에서는 1유로만 받고 일을 하고, 그래서 자신을 스스로 '1유로 맨'이라고 부른다. 자신은 매일 출근해서 일할 곳이 있고, 세상을 위해 봉사할 수 있으며, 젊은이들과 함께할 수 있어 대만족이라고 행복해한다. 나는 이 '1유로 맨'에게서 매우 깊은 인상을 받았다. 그리고 내 친구들의 모습이 떠올랐다. 언젠가부터 내 학교 동창들은 매주 일요일 오전 열 시면 북한산 입구에서 모여 함께 등산하는 그룹을 만들었

다. 최근에는 회원이 너무 많아져 한 번에 모여 등산하기가 힘들어졌다고 한다. 아직 50대 초반인데 직장에서 밀려나 등산 다니는 친구들이 무척 많아진 것이다. 그때부터였다. 40대 중후반이면 회사에서 물러날 걱정을 해야 하고, 물러나면 할 일 없이 지내야 하는 한국 직장인의 삶을 바꿔야겠다는 생각이 구체화됐다. 한국 사회에서 새로운 신노년층 운동을 구상하게 됐다.

해피시니어 사업은 2006년 11월 희망제작소와 대한생명(현 한화생명)이 전략적 파트너십을 맺고 추진한 프로젝트였다. 협약과 동시에 양사는 공동으로 태스크포스(TF)를 발족했다. 한신대학교 홍선미 교수를 TF 단장으로 선임하고 대한생명에서는 사회공헌·홍보·전산·연구·고객 담당 부서의 차장, 과장, 대리급 5명이 참여했다. 기업이 기부금 외에도 인력까지 대거 지원한 것은 매우 드문 일로, 새로운 시니어 사업에 양사의 의지가 얼마나 컸는지 짐작할 수 있다.

해피시니어에서 주목했던 점은 두 가지였다. 첫째, 새로운 노년층으로 분류되는 중장년 세대가 쏟아져 나오고 있지만 마땅히 갈 곳도 할 일도 없다. 그렇다고 이들의 경험과 노하우를 그대로 사장하는 것은 커다란 사회적 손실이다. 둘째, 한국 사회 비영리단체(NPO)[18]는 2만 3천여 개로 양적·질적으로 성장했지만, 만성적인 재정의 어려움으로 인력이 부족하고 전문성을 갖춘 인재를 확보하기가 쉽지 않다. "이런 두 가지 상황을 결합해 시너지를 만들 수는 없을까?" 해피시니어는 이런 질문에서 출발했다. 정부나 시민사회에서 상대적으로 관심 밖 대상이었던 화이트칼라 계층 중장년 퇴직자 및 퇴직 예정자들의 경험과 지식을 NPO와 연결해 서로 시너지를 높임으로써, 고령화 사회의 새로운 활동 모델을 창출하는 것이 해피시니어의 과제였다.

의욕적으로 출발했지만 마땅히 도움받을 만한 기관이나 사례가 없었다. 무엇보다 "과연 비영리기관에서 일하려고 하는 전문직 퇴직자들이 얼마나 되겠냐", "이질적인 두 집단이 잘 어울릴 수 있을까?", "너무 이상적이고 무모한 도전 아니냐"라며 시작도 하기 전에 걱정과 우려가 쏟아졌다. 그야말로 아무도 가보지 않은 길, 무(無)에서 유(有)를 만들어야 하는 상황이었다. 묵직한 책임감으로 긴장이 몰려왔지만 긴 호흡으로 하나하나 만들어보자는 TF의 열정과 의지는 뜨거웠다.

가장 먼저 2007년 상반기에 프로젝트의 가설을 뒷받침해줄 연구[19]를 시작했다. 동시에 미국, 일본, 프랑스 3개국에 방문해 조사도 했고 국내 NPO 리더 워크숍, 포커스 그룹 인터뷰(FGI)도 진행했다. 연구 결과들은 이후 본격적으로 사업을 기획하는 데 중요한 토대가 되었고, 교육 콘텐츠로 활용됐다. 이런 과정을 거쳐 마침내 중장년 세대를 위한 국내 최초의 사회공헌 활동 입

중장년 담론·정책의 연대기

문 과정 '행복설계 아카데미'가 시작됐다.

2007년 9월에 개설한 '행복설계 아카데미' 1기는 40명 모집에 150여 명이 넘게 신청했다. 모집이 안 되면 어쩌나 노심초사하며 짓던 한숨이 행복한 비명으로 바뀌었던 그날이 생생하다. '적정한 기회만 주어진다면 60퍼센트 이상이 사회공헌 일자리에 참여할 의향이 있다'는 연구 결과가 허황되지 않았음을 입증한 셈이다.

행복설계 아카데미는 기본 120시간 과정으로 설계됐다. 40시간은 특강과 워크숍으로, 80시간은 실습으로 구성돼 있다. 실습은 개인별로 상담한 뒤 원하는 분야 NPO로 매칭돼 2~3주에 걸쳐 진행됐다. 사실 중장년 모집보다 기관 섭외가 더 어려웠다. 우리 사회에서 나이듦을 대하는 높은 벽은 NPO라고 다르지 않았다. 오히려 일당백으로 일해야 하는 NPO에서는 더 주저할 수밖에 없었다. 초기 1~2년은 고전했지만 직접 경험한 NPO들 사이에서 좋은 평가가 입소문 나면서 점점 수월하게 진행됐다.

행복설계 아카데미는 2007년부터 2014년까지 총 19기에 걸쳐 수료생 700여 명을 배출했다. 수료생의 절반가량이 지역 풀뿌리단체, 사회적기업, 국제구호단체, 복지기관 등 다양한 제3섹터 조직에서 대표, 상근활동가, 전문위원, 자원활동가로 일하며 새로운 삶의 모델을 보여줬다. 또한 수료생들은 혁신적 아이디어와 추진력을 앞세워 13개 사회적경제 조직, 비영리민간단체를 설립했다. 시니어 재능나눔 플랫폼 '사회공헌 사업단 렛츠(LET'S)', 국내 최초 장애인 전문 사진관 '바라봄 사진관', 다문화 가정을 지원하는 '평택 다문화 사랑회', 공공벽화 사업으로 지역과 함께하는 '한마음 공공미술단', 마이크로크레디트와 소기업 컨설팅을 전문으로 하는 '희망도레미', 대학생 인재를 양성하는 '아름다운 서당', 새내기 직장인에게 온라인 상담을 하는 '시니어멘토', 서로 배움을 주고받는 '지혜로운 학교' 등 각자의 욕구와 전문성을 살린 창업·창직 모델은 이후 소개할 '앙코르 커리어'의 가능성을 보여주기에 충분했다.

해피시니어가 보여준
가능성

행복설계 아카데미는 이후 공무원, 교사, 공기업 등 지역별·대상별 맞춤형 버전으로 확대됐다. 퇴직 전 미리 준비하자는 취지에서 직장인 버전으로 '퇴근 후 렛츠'도 새롭게 선보였다. 또한 중장년 세대의 활동 무대가 될 비영리단체를 활성화하고 더 많은 시민이 쉽게 참여할 수 있도록 'NPO 경영학교', 'NPO 시민기자단', 'NPO 정보센터' 등 굵직한 프로젝트를 동시다발적으로 추진했다.

무엇보다 고령화 시대 시니어들의 다양한 사회공헌 활동 모델을 보여줌으로써 우리 사회에 긍정적 나이듦과 다양한 인생 모델을 널리 알릴 필요가 있었다. 그래서 2008년부터 '인생 후반전을 사회공헌 활동으로 엮어낸 사람들'을 격려하고 지지하고자 '해피시니어 어워즈'[20]를 열어 시상했다. 5년 동안 수상자 총 열세 명을 선정했으며, 이들이 다양한 영역에서 펼치는 새로운 일과 활동 모델은 큰 영감을 주기에 충분했다.

해피시니어의 성과에 먼저 주목한 쪽은 기업연구소였다. 2008년 삼성경제연구소에서는 〈실업위기의 뇌관, 중고령자 고용불안 대책〉 연구보고서에서 전문경력 퇴직(실업)자를 위한 사회공헌 일자리가 중요한 대안이 될 수 있음을 제시했다. 해피시니어에서 주목했던 비영리기관 등 제3섹터는 사회공헌은 물론 적정 소득을 보장할 수 있는 일자리 창출의 거대한 보고로, 이미 미국에서는 15~65세 인구 1000명당 NPO 전일제 고용 인원이 43.5명이며 이는 총 고용 인원의 6.9퍼센트를 차지한다고 밝혔다. 이에 국내에서도 관점을 전환해야 하며 희망제작소의 행복설계 아카데미가 이미 성과를 내고 있다고 소개했다.

해피시니어 사업을 비교적 상세하게 기술한 이유는 이 사업이 이후 정부와 서울시의 사회공헌 일자리, 인생이모작 정책에 영감을 주었기 때문만은 아니다. 중장년 정책에 새로운 변화가 필요한 지금, 초기 중장년 사업 모델이 지향했던 철학과 가치, 사업 내용과 방식을 되돌아봄으로써 새롭게 통찰하는 데 도움이 될 수 있으리라 판단했기 때문이다.

해피시니어 사업은 뚜렷한 비전과 목표, 의지가 있는 주체들이 결합했을 때 얼마나 큰 파급력을 낼 수 있는지 보여줬다. 연구-교육-일자리-캠페인까지, 퇴직자-직장인-청년까지 전 영역과 전 세대를 아우르는 사업이었다. 해피시니어의 모든 연구와 교육, 실행 사업은 서로 정교하게 선순환하는 구조였다. 단적으로, 앞서 언급한 해피시니어 어워즈는 미국 현지 조사 중 방문했던 '앙코르닷오르그(Encore.org, 옛 시빅벤처스)'의 '목적상(Purpose Prize)'[21]에서 영감을 받아 탄생한 캠페인이었다. 중장년 이슈에서 출발했지만 이후에는 세대 공감 캠페인으로까지 사업 영역을 확장했다.

해피시니어는 기업과 민간단체 간 전략적 파트너십의 위력을 보여주며 국내 시니어 사회혁신 모델로 널리 소개됐다. 양사는 사업의 지속 가능성과 규모 있는 임팩트를 위해 '해피시니어 재단(가칭)' 설립으로 이른바 '두 번째 장'을 준비했다. 하지만 갑작스럽게 외부적 변수가 발생해 파트너십은 종료되고 원대한 꿈도 접을 수밖에 없었다. 희망제작소는 이후에도 시니어사회공헌센터를 통해 여러 노력을 기울였지만 힘 있게 지속되지 못했다. 하지만 세월이 흐른 지금까지도 우리 사회 곳곳에서 행복설계 아카데미 수료생들이 보여주는 다양한 인생 모델은 귀감이 되기에 충분하고 여전히 파급력이 있다.

시작기

2011-2015

고령화 사회의 대안으로
떠오르다

03

2007~2008년 사회적기업 육성법 제정·기본계획 수립으로 국내 사회적기업 지원정책이 본격화하면서 중장년 사업은 새로운 전기를 맞게 됐다. '(사)사회연대은행 함께만드는세상(이하 사회연대은행)'의 'KDB 시니어 브리지 사업'과 '(사)한국마이크로크레디트 신나는조합(이하 신나는조합)'의 '시니어 혁신 사회적기업가 발굴·육성 사업'은 이런 정책 흐름을 반영한 대표 사례다. 중장년 사회공헌 활동의 주요 무대로 떠오른 사회적경제와 연계하여 교육, 사회적경제 인턴십, 사회적경제 창업 지원으로 내용을 확대했다. 특히 사회연대은행의 'KDB 시니어 브리지 아카데미'는 2013년에 시작해서 2022년까지 10년 동안 수료생 총 848명을 배출했고, 현재까지도 사업이 진행 중이다. 수료생들의 네트워크는 이후 총동문회로 발전해 활발하게 활동하고 있다. 수료생들이 주축이 되어 설립한 단체도 33개에 이르며

318명이 참여하는 것으로 나타났다.[22]

희망제작소, 사회연대은행, 신나는조합 등 시민사회 중장년 사업 모델은 활동적 중장년층을 향한 사회적 관심을 이끌어내며 우리 사회 중장년 운동의 확장 가능성을 보여줬다. 추상적 가설에 머물러 있던 사회공헌 일자리 모델을 구체적으로 제시했고 시민사회를 비롯한 제3섹터가 대안이 될 수 있음을 알렸다. 기관과 참여자들 간 신뢰를 바탕으로 교육부터 일자리, 동문회 활동까지 새로운 노년 문화를 만들고자 노력했다. 당사자들에게도 기존에는 경험하지 못한 사회공헌 분야에 새롭게 눈을 뜨는 계기가 됐고, 고향, 학교, 직장의 테두리에서 벗어나 가치 공유를 바탕으로 새로운 관계망을 만들 수 있음을 느끼는 기회가 됐다. 단순 자원봉사와 사회공헌 활동을 넘어 중장년 당사자들의 경험과 역량을 활용해 사회적으로 유의미한 도전과 실험을 펼쳤다는 점에서 큰 의의가 있다.

하지만 한국 시민사회의 토대가 취약한 현실에서 이들 사업은 상당 부분 기업 후원에 의존할 수밖에 없었다. 프로그램 참여 인원은 연간 수십에서 수백 명 수준에 그쳐 다양한 경력과 계층의 중장년 세대를 포괄하기에는 한계가 있었고, 수료 이후 활동할 수 있는 장(場)도 절대적으로 부족했다. 결과적으로 사업의 지속성을 담보하기에는 한계가 있었다.

중앙정부에서
대응 시작

2010년 베이비붐 세대 퇴직이 본격화하면서 중앙정부는 바빠졌다. 범부처별 회의를 통해 '베이비붐 세대 퇴직 대비 고령사회 대책 보완 방안(2011. 10. 28.)'이 수립되면서 국가의 정책적 대응이 시작됐다고 볼 수 있다. 연이어 '베이비붐 세대를 위한 새로운 기회 창출 대책(2012. 7. 5.)'도 발표됐다. 하지만 이때까지 정부의 대응은 주된 일자리에서 더 오래 일할 수 있게 하는 고용 연장이 핵심이었고 규모 또한 작아서 가시적 성과는 미흡했다. 곧이어 저출산고령사회위원회의 소속이 보건복지부 장관에서 대통령 직속으로 격상된 것을 계기로 정부는 '2차 새로마지 플랜'을 수정·보완하여 '고령사회 보완계획(2012. 10. 16.)'을 수립했다. 기존 계획이 노인층을 대상으로 하는 내용이었다면, 신규로 추가된 사업은 주 대상이 베이비부머(장년층)였다. 장년층 지원정책이 국가 차원의 종합계획으로 발전된 첫 발표라 할 수 있다. '2차 새로마지 플랜' 보완 계획 중에는 퇴직 전문인력의 사회공헌 일자리 확대, 베이비부머 종합정보포털 구축·운영 등이 새롭게 제시됐다.

보건복지부와 고용노동부의 움직임도 빨라졌다. 보건복지부는 2010년 말 베이비부머 정책을 위한 전담 조직인 '베이비부머

기획단'을 신설했다. 이어서 '베이비부머 미래구상포럼'을 발족하여 2011년에 연속적으로 진행했다. 이 포럼의 결과는 '베이비붐 세대 은퇴 및 고령화에 따른 정책 수립 연구'에 담겼고 이는 보건복지부 중장년 사업의 시작점이 됐다. 그러나 정부의 이런 움직임에도 시민들의 체감도는 낮았다. 그나마 고용노동부가 시작한 '사회공헌 일자리 사업'이 주목을 끌었다.

고용노동부
'사회공헌 일자리 사업'

고용노동부는 2011년 사회공헌활동 지원사업을 시작하면서 사회공헌 일자리를 '비교적 적은 금전적 보상에도 불구하고 자기만족도와 성취감을 위해 참여하는 봉사적 성격의 활동(사회공헌 활동)'으로 정의했다. '사회공헌'을 봉사적 성격의 활동이라고 밝히며, 전문성과 경력을 활용하여 비영리 영역에 공익적 사회서비스를 제공하는 것이라고 덧붙였다(2012년 고용노동부 사회공헌 일자리 사업 운영지침).

2011년 일자리 지원으로 시작한 이 사업은 2013년 '사회공헌 일자리 사업'으로 명칭을 변경했고 퇴직 전문인력의 일자리 확대를 포함하면서 규모가 커졌다. 2015년 '사회공헌활동 지원사업'으로 사업명이 다시 변경됐고, 2017년 50대와 60대를 명시적으로 규정하기 위해 '신중년'이라는 개념을 제도화했다. 2019년에는 '신중년 사회공헌활동 지원사업'으로 변경하면서 사회봉사 유형인 '사회공헌 사업'과 소득보조형 사업인 '신중년 경력형 일자리 사업'으로 구분하여 운영 중이다(2019년 고용노동부 사업지침).

고용노동부의 사회공헌 일자리 사업은 그 자체를 생계형 일자리 지원이라고 보기는 어렵지만, 정부 중장년 정책의 관점 전환을 보여준 사례였다. 취약계층 중심의 공공 일자리에서 벗어나 생애전환기 중장년층 전체를 대상으로 했다는 점, 사회공헌 일자리 현장에서 직접 일을 해보면서 해당 분야 경험과 '업력'을 쌓을 수 있는 기회를 제공했다는 점이 높게 평가됐다. 실제로 이 경험을 디딤돌 삼아 당사자들이 새로 취업·창업하거나 1인 활동가로 성장한 사례들을 종종 볼 수 있다. 이렇게 긍정적 의의가 있음에도 사업 내용과 성과 면에서는 한계가 드러났다. 단적으로 사업 참여자 수가 2017년 4771명에서 2019년 9817명으로 약 두 배 증가했으나, 65세 이상 참여자가 50퍼센트 이상을 차지해 실질적 대상인 50~64세 중장년층의 참여율은 저조함을 확인할 수 있었다.

서울시, 전국 최초 공공정책으로
중장년 사업 시작

중장년 정책을 앞장서서 이끈 것은 서울시다. 현재 전국
지자체에서 운영하는 중장년 정책과 사업의 80퍼센트 이상은
서울시 모델을 벤치마킹해서 재구성했다고 해도 과언이 아니
다. 10여 년에 걸쳐 많은 우여곡절 끝에 만들어진 서울시 중장
년 사업을 살펴봐야 할 이유다. 서울시 중장년 정책은 앞서 언급
한 시민사회 주도 중장년 운동의 성과와 한계가 드러난 상황과
맞물려 있다. 특히 서울시에서 주목한 점은 두 가지였다.

첫째, 기존 중장년 정책의 효과성·실효성 제고가 시급했다.
정부 부처별로 중장년 관련 정책을 쏟아내고 있지만, 단순 일자
리 연계, 생계형 창업 지원에 그쳐 다양한 중장년 세대의 욕구를
충족하기에는 역부족이었다. 정책 패러다임을 전환할 필요가
있었다. 교육, 일자리, 정보가 순환하는 통합적 설계와 중장년
전용 온·오프라인 인프라 구축 필요성이 제기됐다.

둘째, 민간 영역의 사업은 다양한 대상을 포괄하고 보편적 서
비스를 제공하는 데 한계가 있을 수밖에 없다. 따라서 시민사회
성과를 계승하고 민·관 파트너십을 기반으로 중장년 운동이 도
약할 수 있도록 규모 있는 토대를 빠르게 구축할 필요가 있었다.

서울시는 '서울어르신종합계획(2012. 10. 30.)' 수립과 시행으

로 정책적 대응을 시작했다. 그 첫 단계로 중장년 당사자들의 체감도를 높이기 위해 2012년 2월 '서울인생이모작지원센터'를 설립했다. 서울인생이모작지원센터는 '신노년층을 위한 교육, 정보, 일자리, 문화 관련 복합 공간'으로 민간 위탁 공모 절차를 거쳐 민간기관이 운영을 맡았다. 국내 최초로 중장년 전용 공간을 기반으로 한 지원 정책이라는 점에서 크게 주목받았다. 하지만 민선 5기 시절 야심 차게 추진했던 서울시 인생이모작 사업은 가시적 효과와 효율성 측면에서 한계를 드러냈다. 그 이유는 몇 가지로 생각해볼 수 있다.

우선 행정 실행이 성급했다. 중장년 사업의 정체성에 관한 연구와 콘텐츠 개발을 하지 않은 채 서둘러 물리적 공간부터 구축한 것이 문제였다. 첫 단추를 잘못 끼운 격이랄까. 정책은 혁신적·통합적으로 구상한 큰 그림을 지향했지만, 행정조직 내 전담 부서가 없어서 제대로 준비하기 어려웠다. 결과적으로 시설 설치 기준, 운영 시스템, 인력 채용 등의 기준을 모두 기존 노인복지시설에 맞추다 보니 차별화를 기대할 수 없었다. 또 다른 원인은 민간위탁 사업의 한계다. 민간위탁 방식은 위탁 주체의 경험과 역량이 뛰어날 경우, 창의적 기획과 경영에 유리하고 또 상대적으로 행정 절차가 간편해 역동성을 발휘할 수 있다는 장점이 있다. 그러나 동시에 위탁 주체의 경험이 부족할 경우 정책 성공을 보장하기 힘들다는 위험도 안고 있다. 서울시가 인생이모작 사업을 시작할 당시 우리 사회는 정책으로서 중장년 지원사업을 수행할 민간의 경험과 역량이 충분치 않은 상황이었다. 이런 현실에서 서울시가 중장년 지원사업의 방향성과 전략에 관해 충분한 논의의 장과 기반을 마련하지 않고 위탁 주체를 선정함으로써 민·관 모두에 큰 부담을 안겼다.

2014년 4월 서울시는 이런 뼈아픈 경험을 교과서 삼아 획기적 대안을 담은 '서울시 베이비부머 응원 종합계획'을 발표했다. 교육, 일자리, 사회공헌, 건강과 여가를 핵심으로 한 통합지원 내용을 구체화했다. 무엇보다 그동안 당사자들이 간절하게 바랐던 전용 공간 조성에 관한 통 큰 계획이 포함됐다. '50플러스캠퍼스'와 '50플러스센터'라는 새로운 브랜드로 서울시 25개 자치구 전역에 중장년지원센터를 설치한다고 발표했다. 중장년 사업에 관한 서울시의 정책 의지가 얼마나 높았는지를 확인할 수 있는 대목이다.

서울시50플러스재단 설립,
그 고난의 여정[23]

2014년 '서울시 베이비부머 응원 종합계획'의 핵심은 '50플러스캠퍼스'와 '50플러스센터' 조성이었다. 이 종합계획에 신생 재단 설립은 없었다. 처음부터 신생 재단 설립을 전제한 것이 아님을 알 수 있다. 신생 재단의 필요성은 본격적으로 50플러스캠퍼스 운영을 검토하면서 전문가와 당사자들 사이에서 제기됐다. 정책의 통일성, 일관성, 지속성, 사업 규모 등을 종합적으로 고려할 때 기존 인생이모작지원센터 사례와 같은 민간위탁 방식보다 시 산하에 재단 형태의 전담 기구를 설립하는 쪽이 효과적이라고 판단했다.

　조금 더 구체적으로 '서울시50플러스재단'이 탄생하게 된 배경은 이런 이유였다. 고령화라는 거대한 흐름 속에서 50~100세 사이 인구를 단일한 정책 대상으로 설정하기 어렵고, 연령별로 특화한 전달 체계가 필요하다는 요구가 많았다. 무엇보다 현재의 50플러스 세대뿐만 아니라 앞으로 인생 전환기를 맞게 될 모든 세대를 위해서라도 공신력과 전문성을 갖춘 책임 있는 운영 주체가 필요하다는 공감대가 컸다.

　운영 측면에서 보더라도 50플러스캠퍼스마다 각각 운영 주체를 둘 경우 주체 역량에 따라 편차가 나타날 수 있고 정책의 일관성과 통일성을 담보하기 어렵다고 판단했다. 자치구에서 운영하게 될 50플러스센터도 '따로 또 같이' 하되, 공통 프로그램 개발, 종사자 교육, 평가시스템 등을 책임 있게 진행할 전담 조직이 필요했다. 일자리, 평생교육, 복지, 문화, 자원봉사 등을 담당하는 기존 서울시 산하 공공기관과 협력체계를 구축하고, 중앙정부 및 기업과 파트너십을 힘 있게 추진할 대표 기관이 필요했다.

   이를 위해 박원순 시장은 민선 6기 서울시장으로 재선된 후 2015년 1월 1일 자로 시 행정조직을 개편해 서울시 복지본부 내에 '인생이모작지원과'를 신설했다. 같은 해 4월에는 민간 전문가로 구성된 '인생이모작지원단'을 발족했다. 이렇게 기획 단계부터 민간 지원단을 꾸려 민과 관이 역할을 분담해 사업을 추진한 사례는 서울시에서도 매우 이례적이었다. 그 결과 신생 재단 설립 일정을 단축할 수 있었고, 인생이모작지원단에서 추진했던 연구와 콘텐츠가 50플러스캠퍼스를 빠르게 개관하고 활성화하는 데 밑바탕이 됐다. 서울시는 2014년 하반기부터 2015년에 걸쳐 신생 재단 및 50플러스캠퍼스 설립을 위한 타당성 연구, 욕구 조사, 콘텐츠 개발 등 단계별 연구[24]를 진행했다.

   그 밖에도 서울시는 각계각층의 의견을 반영하기 위해 전문가 회의(5회), 기업 및 출자·출연 기관과 자치구 간담회(12회), 콘퍼런스 및 공청회(2회, 1600명 참석), 찾아가는 정책설명회(5회), 전문가 의견 청취(30여 회) 등을 동시다발적으로 추진했다. 이 과정에서 수렴한 다양한 현장의 목소리는 이후 서울시 50플러스 세대 지원정책 수립과 실행 과정에서 나침반 역할을 했다. 50플러스 정책의 의미와 필요성에 관해서 〈50플러스재단 설립 타당성 검토 연구〉의 책임연구원이었던 한국보건사회연구원 정홍원 연구위원이 한 발언은 그 어떤 것보다 설득력이 있다.

이미 60·70대가 되신 노인분들도 계시는데 왜 50대인가. 제가 노인복지 문제를 오래 다루면서 느끼는 점은 문제 다 터지고, 이미 어려워지고, 그때 뭘 하겠다고 하는 것이 얼마나 늦은 건가 하는 것이지요. (…) 올라가는 것, '앞으로 우리가 이렇게 하면 잘 산다, 이렇게 하면 더 나아질 거다'라고 전제하는 게 그동안 정책이자 사업이었다면, 50플러스 사업은 인생의 정점에서 내려가는 것을 전제로 하는 사업입니다. 어떻게 안전하게 내려가고, 잘 내려가고, 내려가서 어떻게 잘 살 것이냐를 고민하는 것이죠. 그 부분이 지금까지 정책과는 굉장히 다릅니다. (…) 사실 이 50플러스 사업을 제일 먼저 치고 나간 것은 은행들이었습니다. (…) 그래서 '이 사업은 영리가 아닌 철저하게 공공의 관점에서 해야만 한다'고 제가 더 강하게 생각하게 된 겁니다. (…) 어찌 보면 이 사업은 일종의 예방주사 같은 것인데 '중병이 든 다음에 센 치료 약을 쓰자'가 아니라 '병이 들기 전에 예방주사를 잘 맞자'는 성격인데요, 사실 제약회사가 제일 투자를 안 하는 게 예방주사 백신입니다. (…) 그래서 저는 '이 영역만큼은 서울시가 공공성을 갖추고 강하게 할 필요가 있다'는 생각이 50플러스재단을 설립하는 출발점이자 가장 중요한 이유라고 생각하고요. (…) 두 번째는 50플러스 세대 인구가 매우 많다는 겁니다. 서울시만 해도 214만인데요, 전국적으로 600만 가까이 됩니다. 그런데

이 숫자가 당분간 안 줄어듭니다. 적어도 앞으로 한 세대 내지 한 세대 반 정도는 이 인구가 계속 유지될 것입니다. 그런 점에서 이 사업은 단기간 대응하고 끝낼 수 있는 사업이 아닙니다.

마침내 2016년 6월 1일 서울시50플러스재단이 출범했다. 재단이 직접 경영하는 1호 캠퍼스인 서울시50플러스 서부캠퍼스도 같은 해 5월부터 수강생을 모집했다. 민선 6기에 서울시 50플러스 정책이 본격적으로 출발을 알린 셈이다. 서울시50플러스재단을 설립하기까지 꼬박 2년 가까이 걸렸다. 참으로 지난한 논의와 협의의 시간이었다. 이 과정에서 여러 이해관계자와 갈등을 빚기도 했고 시의회 및 중앙정부와 조율하면서도 크게 어려움을 겪었다. 서울시의 강한 정책 의지, 50플러스 당사자들의 참여와 열정이 뒷받침되지 않았다면 결코 만들어낼 수 없는 결과였다.

확장기

2016-2022

국가 어젠다로 정착하다

04

2017년 5월에 출범한 문재인 정부는 공약이기도 했던 중장년 세대 지원을 위해 본격적으로 밑그림을 그리기 시작했다. 먼저 새 정부는 부처별로 조금씩 다르게 불렀던 5060 세대를 '신(新)중년'으로 통일했다. 정부가 밝힌 신중년은 주된 일자리에서 퇴직(50세 전후)하고 재취업 일자리 등에 종사하며 노후를 준비하는 과도기 세대(5060 세대)를 말한다. 그동안 55세 이상을 고령자, 65세 이상을 노인으로 칭해왔는데 이런 명칭이 '은퇴한 사람'이라는 부정적 이미지를 초래한다고 판단해, 고령자나 노인을 대신해 활력 있는 생활인이라는 긍정적 의미를 담은 정책 용어를 활용하고자 했다.

정부가 출범한 지 석 달째 되던 8월에는 고용노동부에서 '신중년 인생 3모작 기반구축 계획(2017. 8. 8.)'을 발표했는데, 중앙정부 차원에서 최초로 신중년 인생 설계 모델을 제시한 로드맵이라고 할 수 있다. 전체 인구의 4분의 1, 생산가능인구의 3분의 1을 차지하는 5060 신중년을 체계적으로 지원하기 위해 '주된 일자리→재취업 일자리→사회공헌 일자리'로 이어지는 '인생 3모작 기반 구축을 위한 종합계획'이었다.

기존 고령자와 구분해 활동적 중장년층을 새롭게 명명하고 자 했던 시도, 생계형 일자리뿐만 아니라 사무직 퇴직자들의 일 자리까지 누구도 소외되지 않게 통합적으로 지원하겠다는 의지 표명, 신중년의 전문성과 경력을 사회 전반에 적극적으로 활용 하겠다는 발상 전환 등 역대 정부와 비교해 진일보한 정책으로 판단돼 당사자들의 기대가 컸다.

> 새 정부의 요란한 발표,
> 그러나…

새 정부의 대선 공약이었던 신중년 정책 중 세간의 관 심이 집중된 것 중 하나는 '신중년 재충전 센터' 설치였다. 보건 복지부와 국민연금공단이 주축이 되어 지원하게 될 이 센터의 주 역할은 노후 준비와 일자리 지원이다. 생애 경력 설계 교육과 상담, 일자리 연계, 재무·건강·여가·대인관계 등 노후 준비 4대 영역을 지원하고 신중년들이 함께 정보를 나누고 교류할 수 있 는 커뮤니티 플랫폼을 구축하겠다는 내용이 핵심이었다. 이를 위해 중앙센터와 광역센터, 그 아래에 시·군·구 센터를 설치해 2022년까지 순차적으로 229곳으로 확대한다는 계획이었다. 중앙정부 최초로 신중년 맞춤형 전달 체계를 구축하겠다는 발표에 크게 주목받았다.

그러나 정책 의지는 화려한 선언이 아니라 예산과 조직으로 보여줘야 한다. 너무 기대가 컸던 탓일까? 요란한 발표에 비해 추진 속도는 매우 더뎠다. 중앙정부가 정책 리더십을 발휘해 중장기 비전과 로드맵을 잘 짜기를 진심으로 바랐지만 가시적 성과를 찾기 어려웠다. 특히 별도로 지원센터를 건립할 만큼 재정 여건이 충분하지 않은 많은 지자체에서 '신중년 재충전 센터' 설치를 기다렸는데 진전이 없자 큰 실망과 아쉬움을 토로했다. 그나마 2018년 고용노동부가 '신중년 일자리 확충방안'을 발표해 재취업 및 사회공헌 일자리를 확대하고 지원금액을 늘려 일부 공공 일자리 영역에서 숨통이 트이는 정도였다.

서울시50플러스사업의 특별함

2016년 6월 우여곡절 끝에 서울시50플러스재단과 캠퍼스가 문을 열었다. 근 10년 만에 신생 재단이 만들어진 데다 재단 명칭부터 독특해서 그랬는지, 50플러스재단 설립은 서울시 내부에서도 한동안 회자됐다. 후문에 따르면 "도대체 어떻게 준비했기에 이렇게 빨리 재단이 만들어졌냐"라며 궁금해하는 사람이 많았다고 한다. 행정 전문가들이 보기에는 1년 6개월 만에 뚝딱 만들었다고 생각할지 모르겠지만, 나에게는 그 어느 때보다 길고 지루했던 시간이었기에 만감이 교차했다.

전국 최초로 50플러스 정책의 포문을 열게 된 서울시와 50플러스재단은 특별히 세 가지 사업에 우선 방점을 두었다. 초기 서울시50플러스 정책의 주요 사업이자 방향으로도 볼 수 있다.

첫째, 서울시 50플러스 세대를 위한 온·오프라인 인프라를 구축하기 위해 노력했다. 서울시50플러스 정책의 전달 체계를 보면 50플러스 정책의 싱크탱크이자 네트워크 허브로 컨트롤 타워 역할을 담당하는 '50플러스재단', 재단이 직접 운영하는 광역 현장 단위인 '50플러스캠퍼스' 그리고 지역 풀뿌리 단위에 해당하는 자치구 '50플러스센터'로 구성된다.[25] 50플러스재단은 연구 활동으로 정책을 제안하고, 캠퍼스와 센터가 전문적으로 사업을 시행할 수 있도록 콘텐츠를 개발하고 지원한다. 오프라인 공간 외 국내 최대 50플러스 맞춤형 온라인 플랫폼 '50플러스포털'을 재정비하면서 명실공히 서울시 50플러스 세대를 위한 탄탄한 플랫폼과 아지트를 구축했다.

둘째, '상담-교육-일자리'까지 원스톱 맞춤형 서비스 체계를 만드는 데 집중했다. 전환기 50플러스 세대에게 꼭 필요한 일,

재무, 사회참여, 가족, 여가, 건강 등 분야에 동년배 컨설턴트를 배치하고 전문 상담 역량을 키워나갔다. 그리고 생애전환 교육, 일과 활동의 디딤돌이 되어줄 커뮤니티, 자원봉사, 사회공헌 일 자리, 취·창업 지원 등 캠퍼스와 센터에서 펼쳐지는 사업들이 유기적으로 연결되고 시너지를 낼 수 있는 원스톱 체계를 지향 했다.

셋째, 새로운 노년의 상, 사회적 자본으로서 50플러스 세대 의 가능성을 제시하고자 노력했다. 캠퍼스와 센터를 플랫폼 삼 아 모인 당사자들은 건강, 돌봄, 주거, 교육 등 다양한 분야에서 50플러스의 역할을 찾기 위해 크고 작은 도전과 실험을 펼쳤다. '50플러스인생학교', '50플러스 커뮤니티', '당사자연구', '시민제 안 교육과정', '자원봉사단', '보람일자리' 등의 활동 주체로 성장 했다.

이런 다각적 노력으로 서울시 50플러스 정책은 빠른 시간 내 새로운 정책 어젠다로 자리매김했고 국내 중장년 정책을 이끄 는 정책 리더십을 확보할 수 있었다.

그렇다면 기존 사업과 구별된 서울시 50플러스 정책의 특별 함은 무엇인지, 정책 준비 과정에서 주요하게 제기됐던 문제들 은 어느 정도 해결됐는지 등을 살펴보는 일도 의미가 있을 듯하 다. 서울시 50플러스 정책이 표준이 되어 전국으로 확산한 만큼 이런 질문들이 비단 서울시만의 고민은 아닐 것이기 때문이다.

50플러스, 관점의 전환을 보여준
새로운 개념

　서울시는 행정 용어로는 매우 드물게 영문과 숫자가 조합된, 그래서 많은 오해와 주목을 함께 받았던 '50플러스'라는 개념을 과감하게 사용했다. 특정 출생 연도를 기준으로 분류한 '베이비부머', 행정에서 가장 일반적으로 통용되던 '인생이모작'의 개념을 대신해 50플러스라는 새로운 개념을 제시했다. 전통적 가치관에서 하던 인생 재설계, 성공적 노후 준비 차원의 접근을 벗어나 혁신적 관점에서 새로운 모델을 지향하고자 했다. 동시에 백세시대에서 그 절반에 해당되는 50세 전후를 특정해 누구에게나 절대적으로 탐색할 시간이 필요하다는 지향을 드러냈다. 같은 이유에서 이미 서구에서도 기존 노인과 차별화된 새로운 중장년들을 위한 고용과 복지 사업에 50플러스라는 명칭을 사용하고 있었다.

　또 50플러스는 우리 사회에 짐이 되는 노년이 아니라 힘이 되는 성숙한 선배 시민이자 후기 청년으로서 새로운 생애주기를 정의한다. 이전에 없던 50플러스라는 새로운 세대 상을 정의하고 사회적 공감을 확산하면서 당사자 운동의 장을 열어주고자 했다. 바로 여기에서 서울시 50플러스 정책의 특별함과 혁신성을 엿볼 수 있다. 서울시에서 사용한 50플러스라는 용어는 이제 긍정적이고 미래지향적 느낌의 익숙한 일반명사가 되어 널리 사용되기 시작했다.

이와 관련해서 가장 많이 받는 질문이 있는데, "50플러스는 50세 이상만 참여할 수 있나요?", "60플러스는 없나요?" 등이다. 여기에는 이렇게 답변할 수 있다. 행정 특성상 조례에 50~64세로 명기돼 있지만, 활동 수당이 지급되는 일자리 사업을 제외하고는 엄격하게 적용하지 않았다. 그리고 연령만으로 무 자르듯 단순하게 구분할 수 없음을 강조하고 싶다. 누구나 나이 50이 되면 자연스럽게 한 번은 거쳐야 하는 과정으로서 50플러스, 사람마다 조금씩 시기는 다르겠지만 대체로 중장년 전환기에 해당되는 40대 후반에서 60대 중반 정도가 해당된다고 보면 되지 않을까?

왜 '공간'에 주목했을까?

새로운 중장년 정책의 특별함 중 하나는 '공간'이다. 공간은 당사자들이 자신의 욕구를 강하게 표출한 결과다. 서울시 조사에서 밝힌 중장년들의 욕구는 '불안하다', '더 일하고 싶다', '갈 곳이 없다' 이 세 가지로 요약됐다. 특히 많은 중장년이 이전 노인 세대와 다르게 아지트로 삼을 공간을 요구한 점은 중장년 스스로 '장소'에 사회적 가치를 부여했다고 볼 수 있다.

이런 요구는 전달 체계를 통해 정책에 고스란히 반영됐다. 서울시 25개 구 전역에 전용 공간을 조성하고 이 전체를 총괄할 공공 재단까지 만드는 방대한 계획은 행정에서도 전례를 찾기 힘든 특별한 사례다.

"연구 과정에서 신중년들을 만나 얘기 듣다 보면 이들에게 필요한 것은 '공간'이라고 생각했어요. 곳곳에 같이 어울릴 수 있는 공간이 만들어지고 그곳에서 새로운 일로 연결되는 아지트 같은 거죠." 직업능력개발원 손유미 박사는 중장년들의 공간에 관한 의미를 이렇게 설명했다.

미국의 사회학자 레이 올든버그(Ray Oldenburg)는 가정과 학교, 일터 밖에서 다양한 사람이 어울리는 비공식적 공공 생활이 중요하다고 했다. 사람들이 어울리려면 결국 그럴 만한 공간이 있어야 하는데 그는 이를 '제3의 장소'라고 정의했다. 요즘 현대인이 앓고 있는 공동체 상실이나 고독감의 원인도 이러한 제3의 장소가 쇠퇴하기 때문이라고 했다. "퇴직 후, 홀로 새로운 삶의 전환점에 섰을 때 관계의 단절은 예상했지만 정작 나를 힘들게 한 것은 '장소의 상실'이었다." 터무늬제작소 김수동 소장이 남긴 이 말은 중장년들에게 도서관과 카페를 넘어선 제3의 장소가 얼마나 큰 의미인지를 단적으로 보여준다.

한편 나는 공간이 어떻게 기획되고 운영되느냐에 따라 사람들 간 소통과 교류가 달라질 수 있음을 여러 차례 경험했다. 같은 중장년 시설이어도 지리적 위치에 따라 이용자 특성과 욕구는 다르다. 그럼에도 현재 전국 중장년 시설들은 기능과 구조가 거의 다 비슷하다. 유행을 좇듯 1층에는 카페가 필수고, 공유 사무실이나 공유 주방, 디지털실과 미디어실 등을 요리조리 구색 맞추듯 배치하는 느낌이다. 행정 절차상 콘텐츠를 개발하기도 전에 공간 설계가 먼저 진행되다 보니 활용도가 떨어지거나 외면당하는 공간도 많다. 지역 곳곳에 이런저런 공공시설이 많지만 청소년센터, 노인센터, 여성센터처럼 세대와 계층을 분리하는 데 초점을 맞춘 건축과 도시계획으로는 제3의 장소가 지향하는 '어울림'을 기대하기는 어렵다. 공간은 많아졌지만 활력은 부족하다는 목소리가 나오는 것도 이런 이유에서가 아닐까?

공간의 힘은 규모나 세련된 디자인이 아니라 활력에서 나온다. 활력을 만드는 것은 그 공간을 이용하는 사람들과 스토리다. 공간을 이용하는 사람들이 오랜 시간 손때 묻히며 하나하나 스토리를 만들어가는 과정에서 생명력이 싹튼다. 각종 매뉴얼이나 규제가 많아질수록 공간의 자율적 기능은 무뎌지고 말 그대로 '이용 시설'로 전락할 수 있다. 어디에 우선 가치를 두느냐에 따라 행정적 문제들의 해법을 찾을 수 있다. 10여 년 전부터 회자됐던 '공간이 운동한다'는 말은 여전히 유효하다. 다양한 사람이 모이고 소통하고 협력하는 플랫폼이 되는 공간의 힘 말이다. 지역에서 '○○지원센터'라는 이름으로 박제된 공간이 아니라, '따로 또 같이' 다양한 세대와 계층이 어울리는 공간을 만나고 싶다. 그리고 위아래 세대의 교두보 역할을 할 수 있는 중장년 시설이 주민들의 사랑방 같은 공간으로 새로운 모델을 보여주기를 희망한다.

영광과 시련 그리고
남은 과제들

양적 측면에서 서울시 50플러스 정책은 꽤 성과가 있었다. 이는 공식 통계에서도 확인할 수 있다. 전체 캠퍼스 이용자는 2016년 5만 2329명에서 2019년 35만 6915명으로 약 여섯 배 증가했다.[26] 통합 정보를 제공하는 50플러스포털 누적 방문 수는 2021년 기준 203만 9456명, 콘텐츠 생산 수 3만 3739건으로 나타났다.[27] 양적 수치는 중요한 평가지표다. 특히 공공기관에서는 더더욱 그러하다.

하지만 통계적 숫자 못지않게 중요한 포인트가 바로 활력이다. 코로나19 전까지 50플러스캠퍼스는 활력이 넘치는 공간이었다. 앞서 서울시 인생이모작센터 운영평가에서 나타난 두 가지 문제, '사람이 많이 오지 않는다', '와야 할 사람들이 오지 않는다'는 문제가 완전히 사라졌다. 당사자들에게 직관적으로 다

가갔던 브랜드 네이밍, 예를 들어 '50+학생회관', '50+서재' 등
친근하게 기획된 공간과 딱히 프로그램에 참여하지 않아도 언
제든 드나들 수 있는 공간으로, 당사자를 포함해 지역 주민들의
호응이 컸다. 캠퍼스를 아지트 삼은 커뮤니티의 성장과 활동도
돋보였다. 신노년 문화를 만들어갈 커뮤니티 발굴과 지원은 당
사자들의 역량을 키우는 큰 동력이 됐다. 제대로 판을 깔고 지
원하니 단기간에 시너지를 낼 수 있었다. 이런 성과를 인정받아
'OECD 선정 공공부문 혁신우수사례 선정(2017. 9.)', '대한민국
지방자치 정책대상 최우수상 수상(2017. 11.)', '50플러스 정책 분
야 전국지방자치단체 평가 종합 1위(2019. 2.)', 'WHO 서태평양
지역 제1회 혁신포럼 사회혁신사례 선정(2020. 9.)' 등 국내외에
서 여러 상을 받으며 혁신 정책으로 신선한 바람을 일으켰다.

정책 준비 단계에서 제기됐던 중복성 문제는 50플러스재단과
캠퍼스가 문을 연 이후 일부는 자연스럽게 해결됐다. 예를 들면
초기 준비 단계에서는 노인복지기관들의 반대가 심했다. 이전 인
생이모작지원센터 경험을 반추했을 때 대상자와 내용이 중복된
다는 주장이었다. 그러나 2016년 캠퍼스가 문을 연 후 1년간 이
용자 통계를 분석한 결과 90퍼센트 이상이 50~64세로 정책 대
상자가 참여했고, 기존 공공정책에서 상대적으로 참여율이 낮았
던 남성 비율이 50퍼센트 이상을 차지해 가장 활발하게 참여한
것으로 나타났다. 이로써 참여자의 연령과 대상, 내용 면에서 노

인복지와 중복성 문제는 비교적 깔끔하게 해결됐다.

기존 일자리·평생교육 기관과 일부 사업 및 대상자가 중복되는 일은 있을 수밖에 없었다. 특히 사업 초기에는 사람을 모으고 토대를 만드는 일을 우선하다 보니 교육사업이 큰 비중을 차지했다. 결과적으로 평생교육 기관의 프로그램과 중복되는 부분이 있었지만 정책의 목적, 기능, 내용, 우선순위가 서로 다르므로 단순 통계만으로 판단하기에는 무리가 있었다. 다만 기존 일자리 기관과 차별점은 비교적 명확했다. 취업 연계, 구인·구직 방식 지양, 새로운 일과 활동 모델을 발굴하고 확산하는 전략이었기 때문이다. 특히 다양한 민간 자원을 발굴해 '50플러스인턴십', '굿잡5060', '도시재생창업지원'같이 새로운 일자리 실험을 펼침으로써 좋은 평가를 많이 받았다.

그러나 여전히 '중산층만을 위한 정책인가?' 하는 물음은 남아 있다. 하지만 10년 전 상황을 돌아보면, 당시에는 취약계층을 위한 생계형 일자리나 복지정책이 이미 존재했기 때문에 상대적으로 중산층 5060 세대가 정책의 사각지대였다. 그래서 정책 초기에는 인식 전환과 함께 이들의 역량을 활용한 교육과 일자리에 집중했던 것이 사실이다. 그러나 공공정책으로 정당성을 확보하려면 더 다양한 소득계층에게 보편적으로 다가갈 수 있는 사업을 동시에 펼쳐야 한다. 이는 비단 서울시만의 문제는 아니며 앞으로 중장년 지원 기관들이 고민해야 할 중요한 과제다.

2022년 민선 8기가 시작된 후 서울시50플러스재단은 한 차례 큰 홍역을 치렀다. 서울시 투자·출연 기관 재정비 과정에서 중복성 등을 이유로 50플러스재단이 통폐합 대상 기관으로 거론됐기 때문이다. 2023년 6월 다시 존치하기로 결정되기까지 1년여 이상 당사자들과 기관 모두 크게 진통을 겪으며 진을 빼야만 했다.

이런 일들은 비단 특정 지역이나 정책에서만 벌어지는 것은 아니다. 하지만 '까마귀 날자 배 떨어진다'는 말처럼 유독 선거 후 수장이 바뀔 때 흔히 벌어지는 일이라 선입견과 오해가 덧붙게 된다. 이미 시민들에게 호응을 얻고 있는 정책을 축소할 수는 없고, 그렇다고 전 정권 혹은 전임 단체장이 만들어놓은 일을 키우자니 별로 안 내키고, 그러니 수장이 바뀔 때마다 새로운 브랜드를 다시 만들어서 하는 모습이 거듭된다. 현재 우리 정치 수준의 단면을 보여주는 듯한 장면이 펼쳐질 때면 씁쓸함이 몰려오기도 한다. 이런 고질적 문제를 타파할 힘은 결국 시민과 당사자에게서 나올 수밖에 없다. 모쪼록 설립 9년 차에 접어든 서울시50플러스재단과 캠퍼스가 공공 재단으로서 늘 혁신하는 모습을 보여주기를 바란다.

새로운 물결

2022-

미래의 체인지 메이커는
무엇이 될까?

05

2020년 봄, 어느 날 갑자기 세상이 멈췄다. 코로나19라는 인간의 탐욕이 낳은 바이러스로 우리는 전 지구적으로 '강제 멈춤'을 경험했다. 4년이 지난 지금, 언제 그런 시절이 있었냐는 듯 회귀하고 있지만 우리는 알고 있다. 앞으로 더 자주, 더 센 형태로 이런 재앙이 반복될 수 있다는 사실을.

전대미문의 이 집단 경험으로 우리는 몇 가지 공통된 인식을 갖게 됐다. 당연하다고 생각했던 일상이 결코 당연한 게 아니었다는 것, 공동체라는 거창한 말이 아니어도 우리 모두는 연결돼 있다는 것, 앞으로 삶에서는 가끔씩 스스로 '잠시 멈춤'의 시간을 보내야 한다는 것 등이다. 강제 멈춤이 새로운 전환의 계기를 제공했을까? 코로나 팬데믹 등을 거치면서 중장년 정책과 활동에도 새로운 물결이라고 일컬을 만한 의미 있는 움직임이 감지되기 시작했다.

잠시 멈춤 이후, 주체의 다양화와
당사자 연대

먼저 그동안 중장년 사업의 주체는 지자체를 중심으로 복지나 공공 영역이 주를 이뤘다. 그런데 팬데믹을 겪으며 마을, 청년, 여성, 주민운동 등 각자 영역에서 경험을 쌓아온 지역 단체들이 중장년 정책의 새로운 주체로 속속 등장했다. 지역 단체들에서는 공통적으로 젊은 신규 회원 유입은 정체된 데 반해, 오랫동안 활동해온 기존 회원들이 나이를 먹으면서 자연스럽게 중장년 당사자들이 관심을 두게 됐다고 한다. 또 다양한 세대를 연결하는 새로운 지역 운동의 방향으로 전환을 모색하며 그 핵심 주체로 중장년층을 주목하기 시작했다.

주체가 다양해지다 보니 내용도 깊어졌다. 새로운 주체들은 단순히 일자리, 교육 등 기능적 범주를 넘어 전환기 갭이어, 창의적 나이듦, 지역 활성화, 세대 연계와 같은 폭넓은 의제를 탐색한다. 이들이 펼칠 새로운 활동이 기대된다.

또 하나 반가운 사실은 서울을 중심으로 다양한 영역에서 활동을 펼치는 당사자 조직들이 '따로 또 같이'를 표방하며 협력과 연대를 위한 논의를 시작했다는 점이다. 개별 단체의 힘만으로는 사회적 영향력을 확대하기 어렵다고 판단했기 때문이다. 아직 시작 단계이기는 하나 당사자 연대 모임은 앞으로 중장년 정책의 체인지 메이커가 되리라 확신한다.

중장년 정책은 최근 4~5년 사이에 가장 빠르게 확산했다. 특히 지방정부에서 움직임이 빨라 2015년부터 2023년까지 16개 광역시와 도를 포함해 지자체 총 87곳에서 중장년 관련 조례 90개가 제정됐다. 이모작센터, 다모작센터, 50플러스센터 등 중장년 전용 공간도 전국 곳곳에서 볼 수 있다.

양적으로는 확대됐지만 지자체의 중장년 사업은 시험대에 올랐다고 볼 수 있다. 중장년 사업의 정체성 혼란, 중복 사업, 저변 확대 등 공통된 문제를 어떻게 풀어갈지 과제가 남았다. 이런 가운데 2023년 경기도 베이비부머 사업은 기존 다른 지자체와는 조금 다른 관점으로 출발해 주목을 끌었다. 경기도는 중장년 세대를 위한 '기회 사다리'를 선언하고 행정을 개편해 '베이비부머기회과'를 신설했다. 그리고 이 부서를 복지나 평생교육을 총괄하는 부서가 아니라 '사회적경제국'에 편제했다. 사회적경제국에 속한 청년 부서와 협력하여 청년부터 베이비부머까지 고르게 기회를 제공하고, 전 세대에 걸친 갭이어 사업을 본격화하겠다는 뜻이었다. 이외에도 지자체 다수가 지역 위기를 해결할 동력으로 중장년 세대를 주목하면서 중장년 관계인구 사업이 확대되는 추세다. 지역에서 청년과 중장년이 결합해 위기를 기회로 만드는 도전이 시작됐다.

중앙정부 차원의 대응에도 변화가 생겼다. 먼저 2022년 보건복지부가 '노후준비 지원법'을 개정했다. 개정된 법에 따라 시도별 광역 노후준비지원센터와 지역 노후준비지원센터가 설치될 예정이다. 현재는 시범사업이 진행 중인데 앞으로 추이가 주목된다.

2023년 5월에는 고용노동부가 문화체육관광부와 협업해 전국에 '중장년 청춘문화공간' 17곳을 열었다. 그동안 일자리 중심으로 추진해오던 사업 영역을 확대해 복합문화공간으로서 중장년들의 다양한 체험, 인문 교양, 커뮤니티 지원 등을 강화하겠다는 취지다.

주목할 만한 해외 동향도 있다. 중장년 사업 혁신 모델로 자주 언급되는 미국 앙코르닷오르그는 2022년 코제너레이트 (co-generate)라는 명칭으로 기관을 새롭게 브랜딩했다. 젊은 세대의 목소리를 대변할 수 있는 공동 경영자를 별도로 선임해서 기존 대표였던 마크 프리드먼(Marc Freedman)과 공동 경영 체계로 바꿨다. 변화하는 사회·정책 환경을 반영하여 모든 세대의 사회적 자본을 형성해 새롭게 어젠다를 세우겠다는 의지를 엿볼 수 있다. 이는 지금 중장년 정책에서 '새로운 물결'을 고민하는 우리 사회에도 시사하는 바가 크다.

조금 거창하게 중장년 운동의 '새로운 물결'이 오고 있다고 했지만 아직 그 파고는 미미하다. 어찌 보면 '새로운 물결을 만들자'는 의지가 반영된 표현일지도 모르겠다. 새롭게 나타나기 시작한 변화의 물결 위에서 어떻게 하면 파도를 잘 타면서 중장년 활동 4기의 좋은 변화를 만들어낼지 정부와 시민사회, 그리고 중장년 당사자들이 함께 답을 찾아야 할 시간이다.

협력적 파트너십이
핵심 열쇠

오늘날 우리 앞에 놓인 문제들은 너무 복잡하고 큰 데다 서로 연결돼 있기 때문에 하나의 기업이나 정부, 개별 단체의 힘으로는 해결하기 어렵다. 고령화 사회에 새로운 모델을 제시할 중장년 정책도 마찬가지다. 조금은 추상적일 수 있는 '협력적 파트너십'이라는 말을 대신해 한양대학교 신현상 교수는 '컬렉티브 임팩트(Collective Impact)' 개념을 소개했다.[28]

컬렉티브 임팩트는 다양한 이해관계자가 공동 어젠다 아래 상호 협력하며 사회문제를 해결하고 성과를 만들어낸다는 뜻이다. 신 교수는 스탠퍼드 대학교에서 발간하는 《스탠퍼드 소셜 이노베이션 리뷰》에서 가장 많은 조회수를 기록한 마크 크레이머(Mark Kramer)를 인용해 컬렉티브 임팩트의 다섯 가지 성공 조건을 설명했다. 첫째, 공동 어젠다에 맞춘 구조적 프로세스에 따라 프로젝트를 진행할 것, 둘째, 사전에 합의된 기준에 따라 임팩트를 측정·관리할 것, 셋째, 모든 이해관계자가 지속적으로 커뮤니케이션 할 것, 넷째, 모든 이해관계자가 상호 보완적으로 액티비티를 강화할 것, 다섯째, 풀타임으로 온전히 기여할 수 있는 중추 조직을 갖출 것 등이다. 특히 컬렉티브 임팩트의 성공 요건 중 놓치기 쉬운 것이 '오픈 커뮤니케이션'임을 강조했다.

이런 다섯 가지 조건을 모두 충족해 단기간 성과를 창출한 대표 사례로 '굿잡5060' 사업이 있다. 굿잡5060은 2018년 중장년 일자리 문제를 해결하고자 민간 섹터 현대자동차그룹이 소셜 섹터의 상상우리, 비영리 섹터의 서울시50플러스재단, 공공 섹터의 고용노동부와 함께 출범한 사업이다. 〈굿잡5060 5주년 성과보고서〉에서 신현상, 이호영 한양대학교 교수는 컬렉티브 임팩트에 기초해 굿잡5060을 다음과 같이 분석했다.

첫째, 굿잡5060은 '중장년 재취업 일자리 창출 및 매칭'이라는 공동의 비전과 목표가 명확했다. 둘째, 각 파트너 기관의 강점을 살리고 자원을 공유하여 시너지를 창출했다. 특히 고용 파트너인 기업들의 니즈를 반영한 교육 커리큘럼 개발 및 운영을 통해 중장년들의 취업 성공률을 높이는 선순환을 형성하는 등 상호 강화 활동을 촉진했다. 셋째, 네 개 기관과의 조율을 위해 민간 기업인 상상우리가 중추 기관이 되어 별도로 지원 전담 인력을 선발하고 파트너 간 코디네이션을 진행했다. 넷째, 현대자동차그룹, 서울시50플러스재단, 상상우리의 사업 담당자들이 매주 모여 현황 점검 및 향후 계획을 논의하는 등 지속적으로 의사소통을 했다. 마지막으로 독립적인 측정기관에 의뢰하여 모든 파트너가 동의하는 KPI(Key Performance Index)를 설정했고, 정기적인 임팩트 측정을 위해 각자가 수집할 수 있는 데이터를 정리하고 공유하는 등 평가와 측정 체계를 만들었다.

굿잡5060은 이와 같은 성과를 인정받아 2021년에 《스탠퍼드 소셜이노베이션 리뷰》에 단독 사례로 소개됐다.

나 역시 늘 파트너십이 가장 어려운 도전이었다. 흔히 공공조직의 칸막이 행정을 비판하지만 민간 조직이라고 크게 다르지 않았다. 그래서 컬렉티브 임팩트에서 제시한 다섯 가지 성공 요소가 매우 실효성 높게 다가왔다. 의지의 문제가 아니라, 파트너십이 제대로 작동할 수 있게 근본적 체계와 시스템 마련이 우선임을 확인한 셈이다.

중장기적으로 컬렉티브 임팩트가 제시하는 방법을 지향하되, 중장년 사업에 한해서는 우선 기관별·이해관계자별로 역할을 효율적으로 분담하는 교통정리가 필요하다. 먼저 중앙정부는 소득 보장, 건강, 일자리와 같이 보편적 복지와 지역 균형 관점에서 개별 프로그램보다는 정책의 전체 비전과 로드맵을 제시해야 한다. 상대적으로 지방정부는 중앙정부 정책과 연계하되 지역 특성을 살린 특화 모델을 발굴하고 확산하는 데 유리하다. 지방정부 간 협력도 중요해졌다. 인구구조 변화, 지역 소멸 등 위기에 대응하려면 수도권 중장년 세대의 귀촌, 커뮤니티 비즈니스, 관계인구와 같은 문제에 대도시와 지역이 공동 대응하는 방법이 효과적이기 때문이다. 마지막으로 공공 의존도가 높은 중장년 사업 구조를 혁신할 필요가 있다. 한국 사회는 가히 중간지원조 직 전성시대라고 할 수 있다. 긍정적 측면도 크지만 공공 조직의 한계도 명확하다. 세대와 성별, 지역을 뛰어넘고 계층을 넘나드 는 교량적 사회적 자본을 확충하는 일은 다양한 민간 생태계가 얼마나 활성화하느냐에 달려 있다고 해도 과언이 아니다.

지금까지 한국 중장년 운동이 공공정책으로 제도화하는 과정 은 위에서 아래로 추진되는 이른바 톱다운(Top-Down) 방식이 아 니었다. 어찌 보면 아래부터 시작해서 이를 정책으로 받아들이게 하고 퍼뜨린 보텀업(Bottom-Up)의 대표 사례가 아닐까 생각한다. 지금의 중장년 세대는 사회적·정책적으로 적극 발굴된 세대라고 할 수 있다. 정책 확산 속도가 빨랐던 만큼 여전히 만들어지고 있 고 진행 중인 사업이다. 혼란과 시행착오를 조금이라도 줄이려면 몸소 경험했던 사람들의 목소리가 더 필요하지 않을까.

정책과 제도를 살펴보는 일이 노후 준비와 무슨 큰 연관성이 있는지 의아할 수도 있다. 그렇지만 정치가 우리 삶과 무관하지 않듯이, 당사자로서 우리 노후와 연결된 정책과 제도에 무관심 한 태도는 시민으로서 권리를 포기하는 것과 다를 바 없다. 더불 어 장수시대에서 맨 앞줄에 서 있는 지금의 중장년 세대가 어떻 게 법과 제도를 만들고 보완해나가는가 하는 문제는 우리 자녀 세대에게까지 영향을 미친다는 사실을 인지했으면 한다.

'전환'의
새로고침

일, 배움, 관계에
대하여

쉼

새로운 이행의 준비

일찍이 문화심리학자 김정운 박사는 이렇게 개탄했다. "평균수명 연장은 어마어마한 혁명이다. 사회구조 변혁보다 더 무서운 일이다. 그런데 100년을 사는 것에 관해 이렇게 대책이 없을 수 있나. 우린 그동안 대학까지 16년 정도 공부한 것으로 60세까지 버텼다." 사실 교육, 고용, 제도 등 우리 사회 모든 시스템은 평균수명 70~80세를 전제로 설계됐다. 골든타임의 한복판에 서 있는 지금 전 분야에 걸친 혁명적 개혁이 시급하다.

초고령 사회 일본은 2007년 '일본 21세기 비전'을 선포하면서 '생애 2전직 4학습' 체계를 추진했다. 백세시대에 누구나 전혀 다른 직종으로 최소 두 번은 이직할 수 있음을 염두에 두고, 이직과 퇴직 사이에 충분히 학습할 수 있도록 국가가 보장한다. 우리나라에서도 '국민내일배움카드', '재취업지원서비스 제공 의무화' 등 직업 능력 개발 및 역량 개발 향상을 지원하는 정책을 시행하고 있다. 하지만 대상과 내용이 제한적이라 절대적으로 부족한 실정이다. 적어도 100세의 절반쯤 되는 생애전환기에 모든 국민이 두 번째 의무교육 과정을 이수하듯 전폭적으로 지원하는 정책이 마련돼야 한다. 다른 대안적 개념이 없는 가운데 '전환기 갭이어'에 주목하게 된 이유다.

새로운 이행, '갭이어' 담론의 시작

2022년 7월 민선 8기 지방자치단체장 임기가 시작됐다. 임기 시작을 앞두고 인수위원회별로 여러 공약 검토 결과가 쏟아졌는데, 나는 "김동연 경기도지사 청년 정책 1호는 '청년 갭이어'"라는 뉴스에 시선이 꽂혔다.

경기도지사 인수위원회 설명에 따르면 여러 청년 공약 가운데 '청년 갭이어 정책'이 가장 필요하며 "갭이어가 아직 우리나라에서는 생소한 제도지만, 사실상 쉴 틈을 만들고 그 기간에 스스로 무엇을 할 수 있는지 개발하는 시간을 보내는 개념이다"라고 설명했다. 또 "청년을 중심으로 먼저 시행하고 향후 다른 연령층으로 확대해 본인 삶을 설계하고 살아갈 수 있도록 검토하겠다"라고 했다. 여러 청년정책 중 갭이어를 가장 우선으로 발표한 점이 신선했지만, 한편으로는 우리 사회 갭이어 담론이 여전히 청년 중심으로만 머물고 있음을 확인했다. 중장년 전환기 갭이어에 관해 더 목소리를 내야 할 책임도 느꼈다.

공백의 시간을 뜻하는 '갭이어(gap year)'는 18세기 영국에서 귀족 자제들이 여행하며 세계를 돌아본 전통에서 시초를 찾을 수 있다. 이것은 부유층의 사치스러운 여행이었다기보다 전통적 대학 교육을 비판하고 넓은 세상을 보며 성숙한 인격을 갖추고자 시작됐다. 이후 대학 입학 전 또는 학교에 다니는 동안이나 졸업 후 사회 진출 전에 여행이나 자원봉사, 인턴십 등 자아를 발견하고 충전하는 시간을 보낸다는 뜻으로 서구 대학에 넓게 확대됐다.[29]

서울시 갭이어에 관한 연구[30]를 살펴보면 '휴식' 또는 '중단'으로 표현되지만, 실질적으로 이 과정에서 넓은 범위와 다양한 층위의 경험이 이루어질 수 있기 때문에 갭이어를 단순히 휴식으로만 해석한다면 의미를 파편적으로 이해하는 것임을 강조한다. 사실 국내에서는 갭이어를 주제로 한 연구 자체가 아직 많지 않은 가운데, 자유학기제 도입으로 먼저 시작됐다. 자유학기제는 2013년 처음 도입돼 2016년 모든 중학교에서 실시됐다. 한 학기(자유학기제) 또는 두 학기(자유학년제) 동안 교육과정을 다양한 체험활동 중심으로 운영하는 제도로, 2018년부터는 자유학기제를 두 개 학기로 확대해 운영하는 자유학년제로 정착됐다.

이후 지자체에서 청년 지원으로서 갭이어 개념에 주목하기

'전환'의 새로고침

시작했다. 서울시는 2018년부터 서울형 갭이어 프로젝트인 '청년인생설계학교'를 운영했다. 이후 전국 시도로 서서히 퍼져 각지자체의 특성과 성격에 맞게, 진로 설계를 기반으로 지역을 이해하고 더불어 살아가는 방법으로 조금씩 변주되며 운영됐다. 경기도는 도지사 청년 공약 1호답게 2023년 시범사업을 거쳐 2024년 규모와 내용을 대폭 확대한 '경기청년 갭이어 프로그램'을 본격적으로 추진한다고 알렸다.

민간기업에서도 갭이어 사업에 주목해 새로운 시도들이 나타나고 있다. 벤자민, 한국갭이어, 자유학교, 퇴사학교 등 여러 기업이 학생, 청년, 직장인, 시니어 등으로 대상을 넓히고 국내뿐만 아니라 해외로까지 사업 모델을 확장하고 있다.

중장년 전환을 위한 '그레이 갭이어'

우리 사회 갭이어 담론이 아직은 지자체가 중심이 되어 20대 청년 일부를 대상으로 하는 단편적 프로그램에 머무르고 있다면, 상대적으로 영미권에서는 갭이어를 인생 전환기 또는 이행기를 지칭하는 개념으로 폭넓게 사용하고 있다. 고등학교에서 대학교로 이행하는 기간뿐만 아니라 학교에서 사회로, 직장과 직장 사이에 탐색하는 시간으로, 한 개인의 전 생애주기에 걸쳐 다음 도약을 준비하는 재정비 기간으로 인식한다. 특히 새로운 생애주기가 대두함에 따라 중장년 세대의 갭이어에 관한 공감대가 확산돼 별도 개념까지 등장했다. 바로 '그레이 갭이어(Gray Gap Year)', '골든 갭이어(Golden Gap Year)'다.[31]

중년 세대의 갭이어에 관한 조사도 활발하다. 스탠다드차타드은행의 조사에 따르면 영국의 노동인구 중 40퍼센트는 갭이어를 꿈꾸며, 호주 시니어 인구 중 77퍼센트는 '좀 더 액티브'하고 '좀 더 와일드'한 갭이어를 계획한다고 한다. 특히 코로나19 팬데믹 경험이 그동안 상대적으로 덜 급해 보였던 갭이어 경험에 관한 인식을 바꾸는 데 결정적 계기가 됐다.

> 그레이 갭이어는 급진적 개념처럼 보일 수도 있다. 하지만 팬데믹 시절, 불과 1년도 안 되는 기간에 그동안 우리가 알고 있던 전통적 '일'에 관한 개념이 얼마나 드라마틱하게 변했나를 떠올려보라. 갭이어는 주 4일 근무(혹은 재택)를 하면서 다른 경험을 시도해보는 것일 수도 있다. 무조건 회사에서 경력을 채우는 것이 능사는 아니다. 새로운 세계 질서가 등장한 지금, 그레이 갭이어는 더 행복하고, 건강하고, 잘 살아갈 수 있는 삶으로 가는 황금 티켓이 될 수 있다.[32]

영미권에서 그레이 갭이어는 공간의 이동, 즉 다른 공간에서 살아보는 형태가 많다. 영국은 BBC,《가디언》등 주요 언론에서도 이런 흐름을 반영해 다양한 사례들을 소개한다. 2018년 BBC 보도에 따르면 갭이어란 일상의 경계를 벗어난 모든 종류의 여행과 경험을 뜻하며, 이것이 꼭 '비행기 티켓'이어야 하지는 않지만 실질적으로 많은 시니어가 원하는 갭이어 형태는 여행이라고 전했다. 다만 기존 시니어들이 크루즈 휴식을 선호했다면, 지금 베이비붐 세대는 배낭여행이나 캠핑카를 타고 전 세계를 다니며 여행과 봉사가 결합한 형식을 선호한다든지, 다양한 탐험, 현지 일 체험 등 적극적 방법으로 휴식하고 탐색하는 시간을 보낸다. 부부 또는 혼자, 때로는 손주와 함께하는 등 구성도 다양하다.

2022년《가디언》에서도 코로나 팬데믹으로 인한 격리 경험이 여행 수요를 더 폭발하게 만든 촉매가 됐다고 보도했다. 이는 여행사 인터뷰에서도 확인할 수 있는데, 중장년 갭이어 여행에 관한 문의가 급증하고 있고 수요가 높아 예약하기가 힘들 정도라고 한다. 여행 내용과 형식도 다채롭다. 예를 들면 태국 환경 운동가들과 함께 찾기 힘든 듀공(초식동물)을 추적하고, 이집트에서 고고학 발굴을 하고 해안에서 야생동물 사진 촬영 기술을 배우는 등의 활동이다. 미국의 한 시니어 부부는 남아공으로 갭이어 여행을 떠났는데, 남편은 원격으로 일하고 부인은 동물 단체를 포함한 다양한 기관에서 자원봉사 활동을 하는 식이다. 스

토리텔링, 소셜미디어 등 온라인 강좌를 수강하고 발리에서 생일 휴가를 보내며 서핑을 배웠다고 한다.[33]

이런 사회적 변화에 발맞춰 그레이 갭이어를 지원하는 여러 플랫폼과 비즈니스 모델도 많이 생겼다. 하우스시팅 정보 플랫폼 하우스시팅매거진(housesittingmagazine.com)이 대표적이다. 여기서 소개하는 하우스시팅 사이트 중 하나인 하우스케어러즈(www.housecarers.com)에서는 은퇴자들을 대상으로 한 소개 메뉴가 따로 있을 정도로 그레이 갭이어를 타깃으로 한 운영 전략이 눈에 띈다.

주택 보급률이 높은 미국에서는 장기 여행을 떠나는 데 큰 걸림돌이 되는 것이 의외로 반려동물 돌보기, 집수리, 식물·정원 가꾸기 등이라고 한다. 이 플랫폼에 회원으로 가입하면 집을 비우는 기간에 이런 일들을 대신해줄 사람과 연결해주는데, 은퇴자 연령대의 하우스시터가 가장 인기가 많다고 한다. 내 집을 맡길 만한 신뢰감, 오랜 노하우가 축적된 살림 능력이 이 세대에서 빛을 발하기 때문이다. 또 비슷한 욕구와 상황에 놓인 시니어들끼리 서로 집을 교환하며 장기 숙박 비용을 절감하는 사례도 볼 수 있다.

갭이어 정보와 컨설팅을 제공하는 기업들은 갭이어가 부유한 사람들만 누리는 듯하지만 자신의 상황에 맞게 계획을 잘 세우면 누구나 할 수 있다고 여러 사례를 제시한다. 샌프란시스코

어드바이저리 그룹(advisorygroupsf.com)에서는 3단계 프로세스로 준비하라고 조언한다.

> 1. 내가 가진 자원 파악하기(자산, 부채, 인적 자원 등)
> 2. 필요한 투자 금액을 계산하기(고정비용과 기회비용 모두 고려)
> 3. 갭이어 자금 조달 방법 결정하기(저축이 더 필요한지, 쉬는 동안 버는 돈이 있는지 등)

영미권 그레이 갭이어의 동향과 사례를 살펴봤지만 당연히 우리와 문화적·정서적 차이가 있기 때문에 그대로 적용할 필요도, 적용할 수도 없다. 하지만 생애전환기 갭이어에 관한 사회적 담론이 이미 활발하게 시작됐을 뿐만 아니라, 이를 지원하는 사회적 시스템과 사업이 다양한 방식으로 작동되고 있다는 점은 우리 사회에 시사하는 바가 크다.

명함 없는 일상, 중장년 갭이어를 허하라

"퇴직 후 3개월까지만 좋더라고요. 여행 다니고 쉬는 건 딱 그만큼이지 시간이 지나니깐 몸이 쑤셔 미치겠고 가족들 보기도 불편하고 점점 말이 없어지는 저 자신을 발견하게 돼요."

"오랫동안 우울증, 불면증 등으로 약에 의존해 살았어요. 마땅히 갈 곳도 만날 사람도 없어요."

"문화센터나 도서관 같은 데서 하는 강의를 정말 많이 쫓아다녔어요. 다 좋은 말이고 들을 땐 너무 좋지만 딱 거기까지더라고요."

그동안 이런 얘기를 숱하게 들어왔다. 자산, 소득, 경력과 크게 상관없었다. 조기퇴직이든 정년퇴직이든 비슷했다. 직장에서 은퇴한 사람뿐만 아니라 전업주부로 살아온 이도 마찬가지였다. 특히 오랫동안 아내, 어머니라는 가족 내 고정된 역할로, 자기 정체성은 생각할 틈 없이 살아온 여성들의 경우 더 막막함을 호소했다. 정도의 차이는 있지만 누구나 조금씩 불안, 우울, 무기력, 조급증, 좀 더 심하게는 화병 같은 것들을 안은 채 살고 있었다.

객관적 통계도 이러한 사실을 뒷받침한다. 건강보험심사평가원에 따르면 우울증이나 불안장애로 치료받은 적이 있는 50~60대 남성은 2017년 전국 약 16만 6578명에서 2021년 19만 2636명으로 16퍼센트 늘었다. 사별·이혼 등으로 홀로 사는 중장년 남성도 같은 기간 85만 5290명에서 115만 8164명까지 증가했다.[34]

꽤 심각한 사례도 여러 번 목격했다. 대체로 어느 날 갑자기 일방적으로 '당하는 퇴직'을 맞은 사람들이 그랬다. 이들이 겪은 상실, 좌절, 분노는 상상 이상이다. 전문 상담을 받고 명상하며

'전환'의 새로고침

그들 나름대로 이 위기를 극복하려 애쓰지만 옆에서 보기 딱할 정도로 후유증이 오래가는 경우도 있었다.

익숙하고 안정적이었던 조직에서 나오는 순간 일상생활에서 불편하고 당황스러운 일들과 직면하게 된다. 큰 조직에서 고위 직급으로 퇴직한 사람들일수록 독립적으로 할 수 있는 일들은 적고, 일상생활 스킬이 떨어지는 경우가 많았다. 고위직일수록 개인 이메일 계정이 없었고, 기차표나 비행기표는 물론이거니와 영화나 공연 티켓을 직접 예매해본 경험도 없다고 했다. 퇴직 후 한동안은 은행에 볼일 보러 갈 때도 여전히 정장 차림이 편하고, ATM 기기를 처음 사용해본다는 사람도 있었다.

현장에서 일하다 보면 이런 사례들은 일상다반사다. 50플러스캠퍼스의 '중년 남성 요리 교실'에 전설처럼 회자되던 얘기가 있다. 요리 수업인데도 첫 시간에 말쑥하게 양복을 입고 와 선생님을 놀라게 했다든지, 개인 준비물로 앞치마를 가져와야 한다고 했더니 앞치마 가져오는 게 쑥스럽고 불편해서 수강을 포기하는 사례 등이다.

희망제작소 '행복설계 아카데미'에서도 이런 일은 많았다. 떠오르는 일화 한 가지가 있는데, 수료식에서 일어난 일이었다. 수강생들이 자율적으로 수료식 때 입을 의상을 흰 상의에 청바지로 통일하자고 정했는데 예상 밖 복병이 있었다. 많은 남성이 청바지를 가지고 있지 않았다. 결국 단체로 '아름다운 가게'에 가서 청바지 쇼핑을 했다고 한다.

　이런 일이 이제 남의 얘기만은 아니었다. 2년 전 공기업에서 퇴사한 후 노트북을 샀는데 컴퓨터 환경을 세팅할 때부터 난관에 봉착했다. 나도 이런 일을 직접 하지 않은 지 꽤 됐던 까닭이다. 항상 미리 다 세팅된 환경에서 일해왔고, 혹여 문제가 생기더라도 바로 달려와줄 젊은 직원들이 늘 옆에 있었다. 요즘 신조어로 표현하면 현실 자각 타임, 이런 '현타'를 몇 번 맛봤다.

　청소년기 불안과 방황은 성장통으로 이해하지만 중장년 전환기의 불안과 방황은 배부른 소리로 치부되기도 하고 나잇값 못 한다거나 주책이라고 인식되기 쉬운데, 당사자들의 생생한 이야기를 들어보면 이게 얼마나 잘못된 편견인지 알 수 있다.

　정신분석가 카를 융은 중년기를 인생의 전환점이자 위기의 시기로 보고, 이 중년기를 어떻게 보내느냐에 따라 자신만의 고유한 성장을 이룰 수 있다고 말했다. 이행기를 주제로 다양한 글을 쓴 윌리엄 브리지스(William Bridges)는 "이행기는 새로운 성장을 위한 발판이다. 다음 장면을 준비하기 위해 무대의 막을 내리는 기간이다. 이 시기가 오면 무대 뒤에서 조용히 큐 사인을 기다리면서, 내 인생에 어떤 새로운 성장이 기다리는지 생각해봐야 한다"라고 말했다.[35] 무대 뒤에서 조용히 잠시 멈춘 채 새로운 큐 사인을 기다리는 시간, 이게 바로 전환기 갭이어다.

　전환기 갭이어는 사람에 따라 기간과 형태가 각기 다르다. 1년

이 될 수도 있고 이보다 길거나 짧을 수도 있다. 서울시 조사에 따르면 중장년 세대에게 필요한 갭이어 기간은 약 10개월이다. 욕구, 흥미, 환경에 따라 형태는 다양할 수 있지만 갭이어의 핵심은 '탐색'이다. 백세시대 새로운 생애주기를 제안한 희망제작소에서는 새로운 중년기를 '제2성인기'라 지칭하고 탐색의 중요성을 다음과 같이 설명했다.

> 제2성인기는 생애주기상 전환의 시기로 청소년기처럼 일정한 탐색 과정이 필요하다. 탐색은 다양한 학습과 체험, 새로운 인간관계를 통해 이루어진다. 이 과정에서 이들은 관점의 전복이나 확장을 경험하고, 가치관과 태도를 수정하거나 보완하며, 나아가서는 행동양식을 바꾸기도 한다. 또한 새로운 기회, 새로운 영역, 새로운 사람과 연결해주는 조력자를 만나고, 새로운 네트워크를 발견한다.[36]

전환기 갭이어와 관련해 핵심 내용 세 가지를 강조하고 싶다.

첫째, 탐색은 새로운 경험과 학습, 네트워크를 통해 만들어지는데 여기서 핵심은 '새롭다'에 있다. 기존의 학연, 혈연, 지연을 벗어나 이전과는 다른 방식과 내용의 새로운 학습, 경험, 관계를 말한다.

둘째, 조금 직관적으로 중장년 전환기는 '셀프 구조조정'을 하는 시간이라고 말할 수 있다. 구조조정의 핵심은 '덜어내는 것'이다. 각자 노년의 삶에 꼭 필요한 것이 무엇인지를 살핀 후 무엇을 덜어낼지를 먼저 결정하는 일이 중요하다. 덜어내야 그만큼 채울 공간과 여력이 생기기 때문이다.

마지막으로 노후 준비에 꼭 필요한 '일, 배움, 관계'에 관해 조금은 다른 시선으로 관점을 전환하고 확장하는 일이 중요하다. 이어지는 장에서 구체적으로 살펴보겠다.

결론적으로 요약하면 이제 생애전환기 중장년 세대에게 갭이어는 선택이 아닌 필수다. 갭이어가 어렵다면 갭 타임(Gap Time)이라도 보내기를 권한다. 최근 트렌드로 부상하는 '다른 지역에서 살아보기'라든가, 일과 휴가를 합친 워케이션 같은 경험도 도움이 될 수 있다. 당연히 이런 도전은 개인의 의지만으로 할 수 있는 일이 아니다. 지금까지는 중장년층의 전환 과정이 거의 전적으로 개인 각자의 몫이었다면, 생애전환기 건강검진을 의무화했듯이 이제부터라도 누구나 고르게 기회를 얻을 수 있게 중장년 갭이어를 정책적으로 적극 검토해야 한다.

이 모든 과정에서 놓치지 말아야 할 중요한 관점은 중장년 세대 안에서 볼 수 있는 이질성과 다양성이다. 청년 세대와 비교했을 때 중장년 세대는 경제적 여건 외에도 각자 생애 과정에서 이혼, 사별, 투병, 부모 돌봄, 자녀 문제 등 굵직굵직한 사건들과 마주할 때가 많다. 또 다른 관점으로 보면 중장년 세대 안에서도 완전히 극과 극의 모습이나 현상을 발견할 수 있다. 예를 들면 오늘날 중장년 세대의 디지털 문해력이 문제가 되기도 하지만, 한편으로는 아날로그와 디지털을 모두 섭렵한 중장년 세대 중에는 얼리어답터도 굉장히 많다. 중장년 고독사가 문제가 되지만, 한편에서는 왕성하게 활동하는 액티브 시니어를 볼 수 있다. 중장년 정책에서 학력, 경제력, 건강 상태, 활력 수준에 따른 다차원적 접근이 필요하다고 주문하는 까닭이다. 일자리와 교육 등에 치중하는 기능적 접근법을 넘어 정서·문화 요소까지 포함한 접근이 필요한 이유이기도 하다.

백세시대에 50플러스 세대는 살아온 만큼 시간이 남아 있다. 가볍게 꾸준히 조금씩 사부작거리며 쉬운 일부터 하나씩 해보는 것이 노후로 향하는 갭이어의 시작이자, 안전한 연착륙이 아닐까? 모든 중장년 세대에게 잠시 멈춤, 탐색할 시간을 허하라!

일

모든 것의 우선인 '일',
어떻게 할 것인가

02

우리 사회에서 '일자리'는 늘 뜨거운 감자다. 삶의 전환, 창의적 나이듦을 표방하며 새롭게 로드맵을 펼친 중장년 사업에서도 예외는 아니다. 소득과 노후 삶의 질이 반드시 정비례하지는 않지만 '일자리가 곧 복지'라는 인식이 보편화된 사회에서 반론을 펼치기는 쉽지 않다. 또한 평균 퇴직 연령이 49.3세(통계청, 2021년 5월 경제활동인구조사 고령층 부가조사 결과)라는 냉정한 현실을 돌아볼 때 어떤 형태로든 지속적으로 소득을 창출할 수 있는 '일'은 강조될 수밖에 없다.

"작년에 명퇴했는데 일자리 알아보려면 어디 가야 하니? 내 경력 살려서 할 수 있는 일은 없을까? 애들도 크고 다시 일하고 싶은데 너 일하는 곳에 가면 도움받을 수 있니?" 일상에서 지인들에게 이런 질문을 받는 일은 예사다. 중장년 지원기관을 찾는 사람들의 가장 큰 욕구와 기대는 일자리 지원이다. 꼭 풀타임 정규직이 아닐지라도 어떤 형태로든 새로운 일자리와 연결되기를 희망한다.

공공기관 일자리사업본부장으로 일했을 때 쓰디쓴 경험을 많이 했다. 중장년 지원기관에서 폐지 줍는 노인들을 포함한 저소득 취약계층 일자리 사업을 왜 하지 않느냐는 정치인들의 질타에 설명하느라 진을 빼기 일쑤였다. 각종 평가와 감사 때마다 취업 현황을 포함한 일자리 통계를 쥐어짜듯 긁어모으기에 바빴다. "일자리본부장을 하는 분은 전공이 뭐냐?"라는 중앙부처 고위 공무원의 질문을 받은 적도 있다. 글쎄, 뭘 전공해야 일자리 전문가인지, 일자리 전문가라고 속 시원한 해법을 가지고 있을는지 모르겠다. 하지만 오랜 시간 현장에서 만난 사람들의 모습을 타산지석·반면교사로 삼으며 경험적으로 알게 된 진한 교훈과 통찰이 있다.

뜨거운 감자, 일자리

학교 교육을 마친 대다수 사람이 일자리를 선택하는 중요한 기준은 경제적 보상이다. 그래서 이들에게 기존의 '일'이 지니는 의미를 조금 극단적으로 표현하면 '월급, 경쟁, 스트레스'로 요약할 수 있다. 하지만 퇴직 후 일을 선택하는 기준은 생각 이상으로 매우 다양했다. 첫 번째 일을 선택할 때 상대적으로 후순위 기준이었던 '흥미, 자기 계발, 사회공헌' 같은 가치가 전면으로 등장한다.[37] 재취업이든 창업이든 새롭게 찾은 일은 목적을 이윤 추구나 물질적 성공만으로 설명할 수 없다. 기존의 일은 곧 직장을 의미했으나 오십 이후의 일은 그보다 훨씬 많은 뜻을 내포한다. 따라서 앞서 정치인이 한 질타에 '당장 먹고사는 일이 급한 취약계층 일자리는 고용구조 및 제도 개선을 통해 국가가 해야 할 중요한 책임이며, 일을 통해 적정 소득뿐만 아니라 자기 성장과 공헌을 동시에 이루기를 희망하는 중장년 세대를 위해서 새로운 유형의 일 모델을 만드는 것도 중요하다는 점'을 강조하고 싶다.

기존 일자리와는 조금 다른 새로운 '일'을 담을 개념이 필요했다. 2007년 희망제작소 해피시니어에서는 이를 '사회공헌 일자리'라고 명명하고 사회공헌 일과 활동 모델을 발굴하고 확산하는 데 주력했다. 이후 사회공헌 일자리는 중장년층이 할 수 있는 새로운 일로 대기업 경제연구소에서도 주목하게 된다. 2008년 삼성경제연구소는 〈실업위기의 뇌관, 중고령자 고용불안 대책〉 보고서에서 중고령자의 일자리 문제 해법으로 다섯 가지를 제시했다. 그중 중고령자의 실무 지식과 직업 경력을 활용할 수 있는 사회공헌 일자리를 대안으로 강조하면서, 비영리기관 등 제3섹터가 사회공헌과 함께 적정한 소득을 보장할 수 있는 일자리를

'전환'의 새로고침

창출한다고 소개했다.

사회공헌 일자리는 이후 2011년 고용노동부가 제도화하면서 공식화됐다. 정부가 중장년의 새로운 일 모델로 사회공헌 일자리를 시도한 점은 반갑지만, 사회공헌 일자리에 관한 제한적 이해, 적합한 직종 발굴의 어려움, 한정된 예산과 단기 운영 등 공공 일자리로서 사회적 영향력을 넓히는 데는 한계가 있었다. 그래서 2015년 서울시 인생이모작지원단장으로 일하면서 앞으로 50플러스 정책을 통해 새롭게 펼칠 일자리 방향으로 '앙코르 커리어(Encore Career)'라는 개념을 인용했다. 2006년 미국 탐방 때 처음 알게 된 이 신박한 개념이 새로운 서울시 중장년 사업 모델과 가장 잘 부합하는 개념이라고 판단했기 때문이다.

'앙코르 커리어'의 등장

앙코르 커리어는 인생 후반 '지속적 수입'뿐만 아니라 '개인적 의미와 성취', '사회적 영향과 가치' 이 세 가지 모두를 만족하는 일자리를 의미한다. 앙코르 커리어는 미국 앙코르닷오르그의 설립자이자 CEO인 마크 프리드먼이 오랜 경험과 연구 끝에 주창한 개념이다. 그가 쓴 책《앙코르: '오래 일하며 사는' 희망의 인생설계》와《빅 시프트: 100세 시대 중년 이후 인생의 재구성》은 이미 한국에도 소개돼 많은 공감을 불러일으켰다.

앙코르닷오르그는 1997년에 설립된 비영리민간단체다. 미국 베이비붐 세대의 사회 활동을 촉진하는 앙코르 커리어 운동의 민간 싱크탱크이자 프로그램 인큐베이터 역할을 하는 사회혁신 단체다. 프리드먼은 중년과 노년 사이에 새롭게 앙코르 단계를 설정했다. 그는 이 단계에 진입하는 베이비붐 세대의 경험과 능력, 시간 그리고 그 외 모든 유무형 자원을 미래 세대를 위해 활용하는 일이 긴급하고 절실한 사회적 과제라고 강조했다. 실제로 2011년 조사에 따르면 900만 명에 이르는 44~70세 미국인이 앙코르 커리어 단계에 있으며, 약 3000만 명이 앙코르 커리어를 원하는 것으로 나타났다.

> 우리 시대의 한편에서는 운동, 채식 등을 권하며 평균수명을 늘려가지만, 다른 한편에서는 노인 문제가 나라 재정을 파탄으로 몰아간다며 경고한다. 장수의 역설을 해결해야 한다. 젊어서 벌고 나이 들면 자산으로 살아가는 은퇴 방식은 더는 안 된다. 오랫동안 의미 있는 일을 하는 노후가 새로운 키워드가 되고 있다. _마크 프리드먼

앙코르 커리어는 과학이나 이론이 아니다. 전 세계적으로 새로운 욕구와 특성을 지닌 중장년 세대의 '일'을 재정의하고 이에

'전환'의 새로고침

동의한 많은 사람이 반복적으로 이 개념을 사용함으로써 확산했다. 따라서 정형화된 틀이 있지 않으며 국가마다, 개인마다 개별적이고 상대적으로 작동하는 개념으로 봐야 한다. 당장 고소득과 고연봉으로 연결되지는 않더라도 인생 후반부에 적정 소득을 얻는 것과 함께 자아 성취, 사회 공익에도 도움이 되는 꽤 유용한 대안적 일자리로 확대되고 있다. 앙코르 커리어 개념과 모델은 우리 사회에 신선한 충격을 줬지만 동시에 몇 가지 질문을 던진다.

왜 지금 앙코르 커리어가 중장년의 새로운 '일'로 주목받는가?

첫째, 중장년 일자리 현실이 녹록지 않기 때문이다.

기본적으로 우리 사회는 손발이 움직이는 한 일해야 한다는 사회적 인식이 강하다. 이런 이유로 많은 사람이 노후 준비 정도와 상관없이 적어도 평균 73세까지는 어떤 형태로는 일하기를 원한다. 누구나 더 오래, 더 길게 일하기를 희망하지만 일자리 현실은 녹록지 않다. 이런 현실과 연결 지어 역설적으로 왜 지금 앙코르 커리어가 주목받는지 살펴보면, 그 첫 번째 이유는 중장년 일자리 문제에 획기적 대안이 별로 없기 때문이다. OECD 국가 중에서 평균 퇴직 연령이 49.3세로 가장 이르지만, 퇴직 후 재취업할 곳도 마땅찮고 막상 재취업하더라도 지속성을 담보하기 어렵다. 많은 자본과 리스크를 감당해야 하는 창업은 말할 것도 없다. 몇 가지 주요 통계만 살펴보더라도 중장년 일자리 현실을 또렷이 체감할 수 있다.

✦ 2013년 60세 정년을 법제화해 2016년에 정착됐지만 정년퇴직한 사람의 비율은 2016년 8.2퍼센트(35만 5000명)에서 2019년 7.1퍼센트(35만 명)로 오히려 떨어짐.[38]

✦ 주된 일자리에서 평균 근속 기간은 15년 2개월로 나타남(2021년 5월 경제활동인구조사 고령층 부가조사 결과/ 통계청).

✦ 재취업 일자리 현실을 살펴보면 고용의 질이 낮고 경력 활용이 미흡한 임시직·일용직, 생계형 자영업, 단순노무직종 등으로 몰리는 3다(多) 현상이 발생함. 45.6퍼센트는 임시직·일용직으로 나타남. 재취업 시 임금도 장기 근속자의 3분의 1 수준으로 하락함(2014 장년층 고용안정 및 자영업자 대책/ 관계부처 합동).

✦ 생계형 창업에서 50대 이상 고령자 비중은 56.7퍼센트로 지속 증가하고 있음. 이 중 3년 내 절반 이상인 60퍼센트가 폐업하는 것으로 나타남(2014 장년층 고용안정 및 자영업자 대책/ 관계부처 합동).

✦ 50대 이상 자영업자의 45퍼센트는 월평균 수입이 100만 원 미만임(2015 중·고령자 경제생활 및 노후준비 실태/ 국민연금연구원).

현장에서 지켜보니, 퇴직 후 새로운 일로 연결되는 경로는 다양했다. 개인의 사적 네트워크를 총동원해 중견기업이나 중소기업 등에 취업하는 사례가 가장 일반적이지만 공공기관 일자리지원센터를 통해 성공한 사례도 종종 볼 수 있다. 그 밖에 1인이나 공동으로 창업하는 형태, 정부나 지자체 창업 육성 프로그램에 참여한 후 실제 창업으로 이어진 사례, 새로운 아이디어로 신직업을 창출하는 창직 형태, 공공기관이나 민간기관의 인턴십 일자리 프로그램에 참여한 후 연결된 사례, 아예 처음부터 1인 사업자를 내거나 또는 명함만 만들고 프리랜서로 느슨하게 활동하는 사례 등 일반화해서 설명할 수 없을 만큼 다채롭다.

하지만 무엇을 선택하든 지속할 확률은 낮다. 재취업한 퇴직자들이 5~6년 사이에 최소 두세 번에서 많게는 네다섯 번 일자리를 옮겨 다니는 게 특별한 일은 아니다. 그 이유를 모두 일자리 현실로만 돌리기에는 애매하다. 여기에는 중장년들의 일에 관한 인식 변화와 욕구도 작용한다. 공공기관에서 진행하는 인턴십 프로그램에 참여한 후 해당 기업이 좋은 조건으로 취업을 제안해도 풀타임 근무를 망설이는 사람도 꽤 있었다. 정규직이나 풀타임 일자리보다 비정규직과 계약직 일자리를 선호하는 사람도 꽤 많다. 이런 상황들을 종합적으로 판단해볼 때 이제는 정말 기존 일자리에 관한 고정관념에서 벗어나 새로운 인식과 전략을 준비해야 할 시기라고 생각한다. 게다가 백세시대라는데, 일자리에도 더 다양한 선택지가 필요하지 않겠는가.

둘째, 일자리 개념이 바뀌고 있다.

또 하나 인정해야 할 전제는 인생이 길어진 만큼 이제는 자신을 직업 하나로만 설명할 수 없는 시대를 살고 있다는 점이다. 유목민처럼 떠돌아다니는 '일자리 노마드' 사회가 된 지 오래다. 사회적으로도 완전 고용이라는 개념이 사라졌을 뿐만 아니라 개인의 삶의 가치와 욕구도 다변화해 한 가지 일에만 모두 쏟아붓는 시대가 아니다. 그야말로 '5060 일자리 노마드족'이 보편화한 사회가 됐다. 2019년 미래에셋은퇴연구소가 퇴직자 1808명을 대상으로 한 설문조사 결과에 따르면, 5060 퇴직자 열 명 중 여덟 명은 어떤 형태로든 다시 일을 구하지만, 재취업자 절반은 두 번 이상 일자리를 옮겼으며 세 번 이상 옮긴 이들도 24.1퍼센트에 이른다고 한다.

퇴직 후 재취업, 창업, 귀농·귀촌 등 다방면으로 시도해보지만 하나로 길게 버티기가 어렵다. 누구나 고소득이 보장된 꿈의 일자리를 원하지만 기회를 잡는 사람은 극소수고, 그 극소수도 장기간 그 일에 머물기 힘들다. 그래서 나는 '한 번에 많이 벌기보다 오래 버는 전략으로, 작은 목표 세우기'부터 시작할 것을 제안한다. 더 직접적으로는 '부부가 각각 100만 원씩 10년 이상 벌기'와 같이 아주 현실적인 작전이 필요하다고 조언한다. 가끔 냉소적으로 반응하는 사람도 있지만, 퇴직 후 고정 수입이 월 100만 원씩 있다면 이는 현금 6억 원 이상을 은행에 예치해놓는 것과 같다. 또 목표를 낮춰 잡으면 의외로 기회가 꽤 많이 보인다. 더불어 일거리를 여러 개 만들어놓는 것이 중요하다고 강조한다. 흔히 '복수 직업'이라고도 하는데, 본업 외에도 여러 부업과 취미이자 일거리를 동시에 가지는 N잡러를 뜻하기도 한다. 뒤에 다시 밝히겠지만 복수 직업은 앙코르 커리어의 핵심 내용이다. 노마드 일자리 시대에 좀 더 오래, 의미 있게 일할 수 있는 방법으로서 앙코르 커리어가 실마리가 될 수 있다.

셋째, 중장년 당사자들의 욕구가 변화하고 있다.

2015년 미래에셋은퇴연구소에서 '빅데이터로 본 노후에 관한 5가지 키워드'를 발표했다. 2011년부터 2014년 상반기까지 소셜미디어에 나타난 노후 관련 담론 중 언급량이 두드러지게 증가한 키워드 다섯 개를 선정했는데, 이 분석에 따르면 4년 동안 언급량이 증가한 키워드는 '홀로, 친구, 일, 여행, 텃밭'이었다. '홀로'가 '가족'보다 상승했고 '친구'가 '자녀'를 앞서면서 은퇴 세대의 인식이 변화한 단면을 볼 수 있었다.

위 조사에서도 나타났듯이 일은 노후 준비에서 여전히 가장 큰 숙제다. 하지만 여러 실태 및 욕구조사에서 공통적으로 확인할 수 있는 점은 인생 후반부에 일을 선택하는 기준 가운데 흥미, 사회적 기여, 일과 삶의 조화 같은 가치가 연봉 못지않게 주요하게 작용한다는 사실이다.

이런 이유로 앙코르 커리어는 사회적으로 중장년 당사자들에게도 꽤 현실적 개념으로 지지를 받는다. 그리고 이 철학과 비전에 공감하는 사람들이 새로운 단체를 만드는 등 우리 사회에서 앙코르 커리어 운동이 서서히 확산하고 있다.

한국형 앙코르 커리어의 특징

2017년 서울시50플러스재단은 미국의《앙코르 커리어 핸드북》을 번역 출간[39]해서 대중에게 앙코르 커리어를 구체적으로 소개했다. 하지만 이 책에서 제시하는 사례들은 미국 현실에 기초한 내용이 많아 우리 상황에 맞게 현지화하는 과제가 남았다. 특히 우리 사회의 퇴직 환경은 서구 사회와 매우 다르기 때문에 해외에서 주창하는 앙코르 커리어 개념과 전략을 그대로 적용하기에는 무리가 있다. 그래서 개념과 지향은 유지하되, '한국형 앙코르 커리어' 담론을 만들어야 한다. 지금까지 앙코르 커리어에 관한 논의, 사례, 나의 개인 경험을 토대로 한국형 앙코르 커리어의 특징을 다음과 같이 정리했다.

첫째, 앙코르 커리어는 국가마다, 개인마다 자유롭게 해석할 수 있다. 서구권에서는 '자원 활동', '프로보노' 성격이 강한 반면, 우리 사회에서는 앙코르 커리어 자체를 퇴직 이후 새로운 직업이자 일자리로 인식하는 경향이 많다. 퇴직 후 선택할 수 있는 일자리가 다양해졌다고 해석한다는 뜻이다. 가끔 "이건 앙코르 커리어고, 저건 앙코르 커리어가 아니다"라고 주장하는 사람도 있었지만, 이런 구분 자체가 모호하고 소모적 논쟁으로 빠지는 경우가 많다. 중요한 사실은 일에 관한 인식을 새롭게 전환해야 한다는 관점이다. 다시 말해 기존 일자리 방식을 유지할 것이냐, 새로운 형식과 분야에 도전할 것이냐 하는 선택의 문제라 볼 수 있다.

둘째, 중장년의 앙코르 커리어는 주로 비영리기관(NPO), 사회적경제 등 제3섹터에 재취업하거나 창업 또는 창직하는 형태가 많다. 앞서 삼성경제연구소 보고서에서 살펴본 것처럼 제3섹터가 일자리 창출의 보고가 되리라는 점은 이미 오래전부터 여러 전문가가 예견했다. 《3차 산업혁명》의 저자이자 미국의 경제학자로 잘 알려진 제러미 리프킨은 2012년 "시민사회는 떠오르는 경제 세력이다"라고 말했다. 2017년 미래에셋은퇴연구소는 〈4차 산업혁명 시대 신노년층 일자리 경제학 분석〉 보고서에서 4050 세대가 관심을 기울일 만한 새로운 직업으로 '제3섹터 전문가'를 리스트에 올리기도 했다. 최근 추세는 영리와 비영리의 경계가 점점 더 모호해지고 공공·민간 법인도 늘어나며, 중소기업, 소셜벤처, 귀농·귀촌, 공공부문까지 일자리 범위가 넓어지면서 앙코르 커리어의 선택지가 다양해지고 있다.

셋째, 앙코르 커리어 모델에서 복수 직업은 아주 흔하다. 복수 직업은 앙코르 커리어의 특징을 설명하는 대표적 개념이기도 하다. 이를 문장 부호 '슬래시(slash)'로 표현하기도 한다. 예를 들면 '직업상담사/○○협동조합 이사'처럼 직업 몇 개를 슬래시로 명함에 표기한다. 어찌 보면 N잡러와 유사한 개념으로 이해할 수 있다. 투 잡, 쓰리 잡 등 개수가 많을수록 유리하다. 가장 이상적인 복수 직업은 적은 금액이더라도 지속적으로 고정 소득이 나오는 분야가 있고, 그 밖에 열정과 시간을 쏟을 수 있는 여러 일거리를 만들어 각각 역할 비중과 근무 형태를 다르게 설계하는 형식이다. 앙코르 커리어 분야의 일은 상대적으로 유연하고 탄력적인 경우가 많아서 '따로 또 같이'가 가능하기 때문이다.

넷째, 정부나 지자체 등 공공부문 사업과 연계한 일자리가 늘고 있다. 지자체나 공공기관에서 추진하는 보조금 사업에서는 매년 사업 전담 매니저를 선발하는데 이런 기회를 활용하는 중장년층이 늘고 있다. 단기 일자리지만 연봉과 복지가 괜찮은 편이고, 한번 경력을 만들어놓으면 유사한 일로 계속 이어나가기 유리하다. 1년에 9~10개월은 지자체 일자리 매니저로 일하고 2~3개월은 자기 계발 시간으로 퇴직 후 삶을 설계하는 사람도 많다. 민간기관과 기업에서도 단기 프로젝트 추진 시 전문위원이나 매니저 형태로 중장년층을 선발하는 사례가 종종 있다. 이런 경험 자체가 새로운 섹터에 적응하고 직무 역량을 쌓는 좋은 기회가 될 수 있으므로 적극적으로 활용하기를 추천한다.

다섯째, 앙코르 커리어 경로는 모두 개별적이면서 동시에 상대적 개념으로 작동한다. 한두 가지 정형화된 틀로 설명하기 어렵다. 처음부터 목표를 정해 준비하는 이직도 있지만, 때때로 의도하지 않았던 경험이 마중물이 되어 스며들듯 자연스럽게 앙코르 커리어 일로 연결되기도 한다. 취미로 시작한 일이 직업이 되기도 하고, 자원봉사 경험을 발표했던 것이 계기가 되어 본격 강사 활동으로 이어지기도 한다. 이 프로젝트에서 저 프로젝트로 연결되는 일은 다반사다. 같은 교육과정을 수료한 사람들끼리 뜻을 모아 창업하는 사례도 많다. 일자리 프로그램에 교육생으로 참여한 경험이 바탕이 되어 중소기업이나 소상공인 컨설턴트로 역할이 바뀌기도 한다. 동시에 앙코르 커리어는 사람들의 인식에 따라 상대적 개념으로 작동한다. 예를 들어 나는 50플러스재단에서 근무할 때 그 일이 주된 일자리였지만, 기업에서 퇴직 후 입사한 시니어들은 재단 근무를 앙코르 커리어로 인지했다.

여섯째, 앙코르 커리어 일의 형태로 창업이 활발하다. 서울시의 중장년 실태조사[40]에 따르면 서울 중장년층 64퍼센트는 창업 의지가 있음으로 나타났다. 재취업 시장에는 절대적 한계가 있고 설사 취업하더라도 단기 일자리일 가능성이 크다는 점을 알고 있기 때문이다. 이런 이유로 오히려 고령화 시대에 지속 가능한 '일'로 창업에 관한 인식이 높아지는 추세다. 같은 취미, 지향점, 비전을 가진 동료들과 공동 창업하는 형태가 많고, 상대적으로 초기 자본이 덜 들어가는 지식 기반 창업 비중이 높은 편이다. 또 기존 경력을 살린 창업도 있지만 완전히 다른 분야에서 창업한 경우도 꽤 많았다.

일곱째, 앙코르 커리어 운동의 핵심은 당사자들이 정책을 소비하는 수혜자에 머무르지 않고 각자 추구하는 다양한 사회 가치를 실현하는 공동생산의 주체가 된다는 점이다. 전통적으로 지자체나 공공기관에서 해왔던 단순 일자리 매칭 방식을 넘어 앙코르 커리어 일자리는 당사자들의 경험과 역량에 기초해 '당사자 운동'으로 풀어나가기를 지향한다.

앙코르 커리어에 관한
뿌리 깊은 선입견

오랫동안 여러 지역에서 앙코르 커리어 특강을 하면서 반복적으로 나왔던 질문 중 세 가지를 뽑았다. 표현은 조금씩 달랐지만 사회공헌 일자리와 앙코르 커리어에 관한 선입견 및 편견의 단면을 엿볼 수 있었다.

첫째, '앙코르 커리어 분야의 일은 보수가 매우 낮을 것이다. 여유 있는 사람들만 할 수 있다.'

보수는 사람에 따라 상대적이기 때문에 단정 지어 말하기 어렵다. 앙코르 커리어 자체가 상대적 개념인 데다 연봉은 더더욱 그렇다. 따라서 몇 가지 주요 통계를 확인한 후 각자 판단할 수밖에 없다. 앙코르 커리어의 주요 활동처인 국내 사회적기업 현황과 중장년 퇴직자들의 희망 연봉을 비교해서 살펴보자.

✦ 고용노동부 발표에 따르면 국내 인증 사회적기업은 2021년 기준 3064개다. 2007년 사회적기업 인증제도 도입으로 55개가 선정된 이후 14년 만이다. 사회적기업 종사자도 6만 명에 이른다. 사회적기업 전체 노동자의 평균임금은 202만 8000원으로 2007년 대비 76퍼센트 증가했다. 사회적기업의 5년 생존율은 79.7퍼센트로 나타났다. 이는 일반기업의 5년 생존율인 31.2퍼센트를 크게 넘어선다.[41]

✦ 통계청의 '2021년 경제활동인구조사 부가조사'에서 퇴직 후 재취업 시 희망 임금은 남성 200~250만 원, 여성 100~150만 원으로 조사됐다.

앙코르 커리어 개념의 한 요소인 '적정 소득'은 모든 일의 기본이다. 적정 소득의 범위가 상대적일 뿐이다. 그리고 앙코르 커리어의 특징에서도 살펴봤듯이 여러 일을 동시에 하면서 벌어들이는 소득을 합해 총소득으로 계산해야 한다. 비록 주된 일자리에 비해 연봉 수준이 대폭 낮아졌다 하더라도 '가늘고 길게' 전략으로 꾸준히 하다 보면 총 벌이가 꽤 될 수도 있다. 물론 모두가 다 앙코르 커리어 일에 뛰어들 수도 없고, 꼭 해야만 하는 것도 아니다. 하지만 생계형 일자리든 고소득 연봉 일자리든 한시적이고 불안정할 확률이 높다. 그래서 앙코르 커리어에서 강조하는 복수 직업은 누구에게나 유효하다. 퇴직 후 연봉에 관한 생생한 목소리를 들어보자.

> 지점장을 하고 나와서 중소기업에 가면 보통은 4000, 중견기업 가야 6000 정도? 그런데 이런 자리도 다 못 가죠. 소셜섹터에 와보니 페이 밴드가 대략 2500~3000만 원 정도인 것 같더라고요. 팀장이 되거나 조금 더 받으면 4000 정도. 퇴직 후 갈 데도 없지만 간다고 해도 전 직장만큼 급여는 당연히 못 받죠. 이걸 받아들여야죠. 대신 급여는 줄었지만 경험의 폭은 비교할 수 없을 정도로 커졌죠. 급여는 상대적이니까 적다고 생각하면 N잡러로 상쇄할 방법을 찾으면 되죠.

둘째, '공공 일자리에는 취약계층이 참여하며 단순 일자리가 대부분이다.'

정부나 지자체에서 지원하는 공공 일자리의 출발이 취약계층 중심이다 보니 이런 선입견이 여전히 존재한다. 하지만 최근의 경향은 반드시 취약계층만을 중심으로 하지 않는다. 취약계층 외에도 청년 취업난 문제가 심각하듯 소득과 상관없이 청년, 중장년, 경력 단절 여성 등 다양한 대상을 위한 새로운 공공 일자리가 늘고 있다. 이런 일들은 사회 수요와 미래 트렌드를 기반으로 발굴된 것도 많다. 공공 일자리를 생계형 일자리로 규정할수는 없지만 이 자체로 새로운 분야의 일을 경험하고 훈련을 쌓아 새로운 '업력'을 키우는 데 좋은 기회가 될 수 있다. 공공 일자리 경험을 발판으로 새로운 분야로 연결된 사례도 종종 찾아볼수 있다. 오히려 공공 일자리가 경쟁이 치열하기 때문에 내가 마음만 먹으면 할 수 있으리라는 착각은 금물이다.

셋째, '제3섹터 일은 영리기업 일보다 보람 있고 즐거울 것이다.'

이런 생각으로 비영리 쪽에 취업했다가 몇 개월을 버티지 못하고 그만두는 사례를 종종 봤다. 꽤 오래전 외식 분야 사회적기업에서 전문 경영인을 추천해달라는 의뢰를 받고 대기업 출신 A 씨를 소개한 적이 있었다. A 씨는 명확한 사업 아이디어도 있었고 관련 네트워크도 풍부했기 때문에 일사천리로 새로운 상품을 개발했고, 시장에서 좋은 반응을 얻어 성공 모델로 안착하는 듯했다. 하지만 "사회적기업에서 일하면서도 이렇게 스트레스받을 줄 몰랐다. 품위를 잃어가면서까지 하고 싶지 않다"라고 토로하며 6개월이 채 안 돼 사직했다. 그로 인해 투자했던 기관은 한동안 혼란에 빠졌고, 그를 소개했던 나도 당황스럽고 꽤 난처했던 기억이 있다. 이 일을 계기로 나는 중장년 강의와 상담 때 임경선 작가의 글을 소개하며 질문을 던진다. 오래전 글이지만 여전히 명쾌한 통찰을 주기에 충분하다.

> 사회정의와 사회문제 개선은 하나의 비전이고, 그것이 직무 기술서가 될 수는 없지요. 사회정의와 연관된 일을 하고 관련 조직에 몸담는다 해도 직장 생활이 주는 일반적인 고통과 직업이 주는 일반적인 회의감을 피해 갈 수는 없습니다. 가령 모든 직업에 '처음부터 잘 풀리는 일'은 결코 있을 수가 없습니다. (…) 또한 직장문화에 필수적으로 따라오는 관료주의나 권위주의, 무능한 동료들, 일방적 소통 등 못마땅한 것들이 보이기 시작하고, 그 조직이 '선'을 대외적으로 표방하는 곳일수록 그 괴리감에 몸서리치게 됩니다. (…) 제가 지켜본 바로는 개인으로서 사회정의를 실천하는 사람들에겐 공통점이 있습니다. 언뜻 사회정의와 전혀 관련이 없을 것 같은 장소에서 먼저 '나 자신과의 싸움'을 수료한 사람들이라는 점이죠. 자신의 재량으로 나 자신을 단단하게 만들고 내가 사랑하는 이들을

온전히 지키며 자기 인생 자기가 개척하면서 성실히 살고 있
는 사람들이라는 것이 보여서 그들의 실천이 더 신뢰가 가는
사람들. 그런 개개인들이 만들어내는 선의의 전염성이 진짜
배기죠.[42]

전환을 위한 일상의 기술, 탐색부터 N잡러까지

앙코르 커리어로 전환을 준비하는 과정은 개인마다 다
르다. 모범 답안은 없다. 하지만 어디서부터 어떻게 해야 할지
혼란스럽다면 다음 질문과 단계를 먼저 따라가보길 추천한다.

첫 번째 단계는 '질문을 통한 탐색'이다.

스스로 답문해볼 수 있는 좋은 콘텐츠가 있다. 1950년대에
만들어져 널리 알려진 경남 거창고등학교의 '직업선택 10계명'
이다. 여기서 핵심은 명령형인 십계명을 질문형으로 바꿔 질문
해보는 것이다. 예를 들면 '월급이 적은 쪽을 선택할까? 가장자
리로 가볼까? 가족이 반대해도 가볼까?' 등으로 말이다. 돌이켜
보면 학교 교육을 마치고 첫 번째 일을 고민할 때 우리는 다수가
이 반대로 선택했을 가능성이 높다. 당연히 월급이 더 많은 곳,

승진 기회가 더 많은 곳, 화려하고 주목받는 곳이 1순위였다. 두 번째 인생 전환을 맞고 있는 지금, 우리는 다시 이런 질문과 마주해야 한다. 내가 어떤 가치를 우선할지, 내가 좋아하는 일은 무엇인지, 나는 어떤 일에 마음이 끌리는지 등 생애과정을 지나오면서 변화한 자신의 가치, 욕구, 기호, 상황을 조용히 들여다보는 일이 첫 번째다.

경남 거창고 '직업선택 10계명'

1. 월급이 적은 쪽을 택하라.

2. 내가 원하는 곳이 아니라 나를 필요로 하는 곳을 택하라.

3. 승진 기회가 거의 없는 곳을 택하라.

4. 모든 조건이 갖추어진 곳을 피하고 처음부터 시작해야 하는 황무지를 택하라.

5. 앞을 다투어 모여드는 곳을 절대 가지 마라. 아무도 가지 않는 곳을 가라.

6. 장래성이 없다고 생각되는 곳으로 가라.

7. 사회적 존경을 바랄 수 없는 곳으로 가라.

8. 한가운데가 아니라 가장자리로 가라.

9. 부모나 아내가 결사반대하는 곳이면 틀림없다. 의심치 말고 가라.

10. 왕관이 아니라 단두대가 기다리는 곳으로 가라.

'전환'의 새로고침

동시에 나의 '일 성향'을 확인해보길 권한다. "나는 평생을 행정문서 쓰느라 진을 뺀 사람이니 앞으로는 책상 앞이 아니라 몸을 움직여서 하는 일을 하고 싶다." 공직에서 퇴직한 J 씨가 새로운 일을 선택하는 기준이었다. 중등학교 교사로 조금 일찍 퇴직한 K 씨에게 교사 경력을 살려 할 수 있는 일을 추천했을 때 그는 난색을 표했다. 학생과 학부모를 만나는 일은 그만하고 싶다는 뜻이었다.

오랜 시간 이런 사례를 지켜보면서 체크리스트가 만들어졌다. 혼자서든 여럿이든 초기 단계부터 이렇게 확인해가며 간극을 줄여나가기를 추천한다. 공통된 취미로 만난 커뮤니티도 마찬가지다. 커뮤니티 회원들의 성향과 욕구를 먼저 파악한 후 역할과 업무를 나누는 일이 도움이 된다.

나의 '일 성향' 체크리스트 예시

✦ 내가 좋아하는 일을 우선 할 것인가, 내가 잘하는 일을 우선 할 것인가?

✦ 수익성이 더 중요한가, 공익성이 더 중요한가? 수익과 공익의 비율을 어느 정도로 할 것인가?

✦ 혼자 하는 일이 더 좋은가, 팀을 이뤄 하는 일이 더 좋은가?

✦ 젊은 사람들과 일하는 것이 더 편한가, 시니어들과 일하는 것이 더 편한가?

✦ 머리를 쓰는 일이 더 좋은가, 몸을 움직이는 일이 더 좋은가?

✦ 한 곳에서 일하는 것이 좋은가, 여러 곳을 돌아다니며 일하는 것이 더 좋은가?

✦ 한 분야에 몰입하는 업무가 좋은가, 다양한 일을 경험하고 싶은가?

두 번째 단계는 '사업계획 수립'이다.

질문과 탐색이 어느 정도 정리되면 이제 본격적으로 계획서를 써봐야 한다. 터무늬제작소 김수동 소장은 "세상에는 사업계획서를 한 번이라도 써본 사람과 한 번도 못 써본 사람이 있다"라면서 다음과 같은 말을 남겼다.

많은 분이 이렇게 이야기한다. "뭐 이렇게 복잡해? 난 그런 건 몰라…. 내가 그런 것까지 해야 하나? 그냥 우리끼리 즐겁게 하면 되는 거 아니야?" 안 해도 된다. 그냥 취미 생활로 즐기면 된다. 그러나 업(業)으로 삼고자 한다면 해야 한다.

그렇다. 하기 싫으면 안 해도 된다. 그런데 냉정하게 생각해보자. 젊은 시절 첫 번째 직업을 선택하기까지 우리는 얼마나 많은 시간과 노력을 들였는가? 그런데 새로운 전환을 준비하는 지금, 앞선 경험과 역량만 내세워 대충 묻어가려 하지는 않는지,

'전환'의 새로고침

새로운 이행 단계에 있는 지금 어찌 보면 더 많은 노력과 땀이 필요한 것은 아닌지 말이다.

막연히 머릿속에 있던 내용을 계획서로 직접 쓰고 사람들을 만나서 얘기하는 과정은 아주 중요하다. 처음에는 말하다 스스로 헷갈리는 경험도 여러 번 할 수 있다. 그만큼 구체성과 자기 확신이 부족하기 때문이다. 그런데 이런 과정을 반복할수록 계획은 더 다듬어지고 정리된다. 또 의외로 좋은 자원과 사람을 소개받을 수도 있다. 더 적극적으로는 전문 기관을 찾아 상담을 받을 수도 있다. 용기를 내 방문해서 자신의 사업계획을 이야기하고 조언을 구하자.

애써 세운 계획이 실패로 끝난다 해도 너무 자책하거나 좌절할 필요는 없다. 누구나 한두 번씩 겪는 과정이기 때문이다. 그리고 나는 이런 실패 경험을 본인만의 콘텐츠로 정리해두기를 제안한다. 흔히들 경쟁력 있는 콘텐츠의 중요성을 많이 얘기하는데, 검색만 하면 바로 알 수 있는 객관적 정보와 팩트는 경쟁력이 떨어진다. 실패 경험으로 스토리텔링을 한다면 충분히 나만의 차별성 있는 콘텐츠로 만들 수 있다.

세 번째 단계는 복수 직업, N잡러 전략을 구체화하는 것이다.

당연한 얘기지만 다양한 일거리를 만들기 위해서는 다양한 경험을 쌓는 일이 먼저다. 앞서 설명한 대로 복수 직업이라고도

하는데, 본업 외에도 여러 부업과 취미이자 일거리를 동시에 가지는 N잡러 개념과도 연결된다.

복수 직업, 일명 '슬래시(/)'가 많을수록 좋다. 일거리 하나가 떨어져도 지탱할 수 있는 다른 일거리들이 뒷받침해준다면 덜 불안하다. 여러 번 강조했듯 일거리는 다양한 경로를 통해 만들 수 있기 때문에 새로운 경험·학습·사람을 많이 만날수록 가능성은 높아진다. 그리고 '슬래시'가 만들어지기까지는 절대적 시간이 필요하다. 그래서 현직에 있을 때부터 미리미리 준비하는 게 유리하다. 모든 일거리가 소득으로 연결될 필요는 없다. 주된 일거리 한두 개로 소득을 창출하고 나머지는 열정과 시간을 쏟을 수 있는 취미나 활동으로 설계할 수도 있다.

현장에서 만났던 여러 사례 중 새로운 분야에서 소득 활동과 보람을 함께 찾으신 분들에게는 공통점이 있었다. 자신이 적정한 시기를 정해서 계획적·자발적으로 퇴직했다는 점, 구체적 기술을 습득하려고 노력했다는 점, 민간이나 공공기관에서 하는 체계적 교육 프로그램에 참여해서 새로운 인적 네트워크를 만들었다는 점, 공공의 제도적 지원을 적극적으로 활용했다는 점이다. 이런 과정들을 반복하고 쌓아서 나만의 복수 직업 명함을 만들 수 있다.

가장 중요하지만
가장 어려운 것, 소통

선의와 의욕을 가지고 앙코르 커리어를 실천했던 사람 중 1년이 채 안 돼서 중단하는 경우를 보면 대다수는 능력과 역량의 문제라기보다 소통과 이질감 문제였다. 사실 이러한 문제는 시간이 해결해줄 때도 많다. 문제는 그 시간을 참지 못한다는 점이다. 이는 중장년만 겪는 문제도 아니다. 다른 섹터로 이동할 때 누구나 겪을 수 있는 문제다. 나 역시 비영리기관에서 일하다가 서울시로 왔을 때 비슷한 경험을 하고 느꼈다. 은행권에서 퇴직 후 희망제작소 전문위원으로 왔던 분은 서로 다른 언어와 문화적 이질감을 극복하는 데 1년 정도는 필요한 것 같다고 말했다.

시간이 해결해주는 문제 외에, 일반적으로 중장년 세대가 가진 태도와 마인드도 돌아볼 필요가 있다. 작은 일 하나를 시작할 때도 가성비부터 따지고, 성취가 없을 것 같은 일은 아예 시작도 안 하고, 좋아 보이는 일에만 휩쓸려 다니고, 푼돈에 연연해 체면을 구기고, 자신의 스펙을 알아봐주지 않는 현실에 분노하는 사람들을 볼 때마다 안타까웠다.

"내가 마음만 먹으면 나를 모셔갈 곳이 많다", "나는 완벽히 준비돼 있다"라는 지나친 자신감은 없었는지 반문할 필요가 있다. "봉사하는 마음으로 주민자치위원 선거에 나갔는데 두 번이나 떨어졌다", "자원봉사 자리 구하는 것도 왜 이렇게 어렵냐" 이런 하소연을 하는 분들께 반문하고 싶다. "당신은 그 일을 위해 얼마나 시간과 노력을 투자하셨습니까?" 그동안 쌓아온 경험이 있다고 하더라도 새로운 문화와 섹터로 진입을 준비하는 지금, 초보로서 겪는 시행착오와 답답함은 피해 갈 수 없다. 중장년 세대와 일한 경험이 풍부한 두 젊은 대표의 평가에 귀 기울여 보자.

중소기업이 50플러스 시니어를 채용하는 과정에서 전문성 검증은 필요 없을 정도로 큰 문제가 없다. 하지만 자세와 태도에서 문제점이 발견된다. 스스로는 소통에 문제가 없다고 자신한다. 하지만 막상 기업과 함께 프로젝트에 관해서 논의를 진행하면 부정적 의견을 내거나 스스로 결론을 내리는 경향을 보인다거나, 분명하게 3000만 원대 연봉을 수용하겠다고 해놓고도 막상 해당 연봉을 제시하면 자존심을 거론하는 식이다. 또 평가자나 면접관 같은 태도도 문제였다. _공태영(기술자숲 대표)

우선, 너무 경직돼 있다. 어깨에 힘을 빼야 한다. 둘째, '자식같이 생각하니까'라는 말을 덧붙이면서 자기 생각을 강요한다.

'전환'의 새로고침

젊다고 무시하지 말고 젊은 대표를 대표로 대접해야 한다. 셋째, 문서 정리나 회의록 작성 같은 일을 남에게 맡기는 경향이 있다. _이재흥(전 비영리IT지원센터 대표)

노년학의 고전이라고 일컫는《노년의 의미》를 쓴 폴 투르니에는 "아름다운 노년을 위한 조건은 과거를 잊는 데 있다"라고 했다. 가정에서는 가장으로서, 직장에서는 관리자로서 지녔던 권위적 태도를 내려놓는 것, 자신의 말을 앞세우지 않고 상대의 말을 귀담아듣는 자세를 강조했다. 결국 아름다운 노년을 맞이하려면 기득권을 내려놓아야 한다. 누구도 피할 수 없는 은퇴와 노년의 문제에 관한 이 거장의 사유와 지혜를 곱씹어볼 필요가 있다.

앙코르 커리어는 궁극적으로 일 이상을 의미하며, '길어진 생애주기에서 나는 앞으로 어떤 사람들과, 어디서, 어떻게 살 것인가? 오십 이후의 삶에서 무엇을 더하고 무엇을 뺄 것인가?' 등의 근본적 질문과 연결된다. 이것은 중장년기의 정체성에 관한 질문이자 생애전환기에 어떻게 살 것인가에 관한 실존적 물음이기도 하다.

배움

오십의 페다고지

03

퇴직하면 누구든 '화'가 가득해요. 퇴직 사유가 뭐가 됐든 말이죠. 이제 뭘 해야 하지? 혼란스러워요. 주변 시선도 스트레스죠. 오죽하면 퇴직자들은 강아지 산책도 저녁 6시 이후에 한다는 얘기가 있어요. 낮에 다니면 동네에서 퇴직한 걸 알게 된다는 거죠. 그래서 저는 밖에서 할 수 있는 시간 루틴을 만드는 게 중요하다고 생각해서 퇴직 후 2년 동안 정말 많은 교육을 들었어요.

전국 교육기관마다 중장년층이 넘친다. 여기저기 기웃거리며 이 교육 끝나면 저 교육으로 옮겨 다니는 이런 풍경을 놓고 항간에서는 '교육 쇼핑'으로 얘기하기도 한다. 그러나 이런 시선에 당사자들은 "그게 왜 나쁩니까? 오히려 시민들의 평균 지적 수준을 높이는 건데요"라며 반박한다. 나 역시 다른 것도 아닌 교육과 학습에 시간과 노력을 들이는 것이니, 그게 혹시 일회적·소모적 쇼핑처럼 보일지라도 다른 것보다는 나은 선택이라고 생각한다.

객관적 지표를 보더라도 여전히 우리나라 중장년들의 교육과 학습 시간은 매우 낮은 수준이다. 통계청이 발표한 〈2019년 생활시간조사 결과〉에서 10세 이상 전 국민의 연령대별 학습 시간을 살펴보면, 10~19세(학령기)는 5시간 25분, 20~29세(청년 전기)는 1시간 42분, 30~39세(청년 후기)는 15분, 40~49세(중년 전기)는 8분, 50~59세(중년 후기)는 5분, 60세(장년기) 이상은 2분으로 나타났다. 중장년층의 학습 현실에 관한 민낯을 고스란히 보여주는 통계다. 이런 현상에 관해 중앙대학교 이희수 교수는 "학습을 통한 직업 능력 개발에는 인색하면서 정작 일은 73세까지 하고 싶어 한다"라고 비판하며 학습 관계망 복원에 앞서 학습에 투입할 시간을 절대적으로 늘리는 방안부터 찾아야 한다고 강조했다.[43]

중장년 전환기에 '교육'은 가장 효율적 수단

이름은 곧 정체성을 나타낼 때가 많다. 특히 공공기관명은 정책 목표, 비전을 고스란히 보여준다. 목표와 비전이 분명할

수록 이름은 선명하다. 2016년 서울시는 '인생이모작지원센터'를 '50플러스캠퍼스'로 이름을 변경했다. 백세시대, 그 절반을 상징하는 50플러스 세대가 다시 한번 들어가는 학교, 일방적 지원이 아니라 캠퍼스라는 공간을 플랫폼으로 삼아 스스로 오십 이후의 삶을 준비하는 곳으로 정체성을 분명히 밝혔다. 실제로 초기에 이 이름 덕을 톡톡히 보았다.

"50플러스캠퍼스, 이름이 좋아서 와봤어요", "캠퍼스라고 하니까 왠지 편하게 찾아갈 수 있는 곳으로 느껴졌어요", "무슨 무슨 지원센터 이러면 복지 대상자만 가야 할 곳으로 생각되는데 여기는 오십 즈음의 사람들은 다 갈 수 있는 곳이구나 생각되더라고요", "지하철 광고에서 봤는데 올해 오십 살이 되니 눈에 딱 들어왔어요." 캠퍼스를 찾아온 분들이 이구동성으로 말했다. 이름에서도 알 수 있듯이 학습과 배움은 50플러스캠퍼스의 가장 중요한 콘텐츠다.

전환기 탐색은 대부분 교육 프로그램에 참여하는 것으로 시작된다. 변화된 환경에서 무엇을 새롭게 시작하려면 꽤 큰 용기가 필요하다. 이때 교육 프로그램은 다른 무엇보다 선택하는 데 심리적 장벽이 낮다. 또 잘 설계된 교육과정은 전환기 중장년 세대가 새로운 삶을 준비할 수 있게 도와준다. 인문학부터 취미, 여가, 컴퓨터 교육, 자격증 취득, 직업 탐색까지 과정도 다양하다. 학습하는 데 일정한 단계나 순서는 큰 의미가 없다. 무작위로, 다다익선으로 해도 좋다. 특히 요즘같이 사회와 정책 환경이 빠르게 변하는 데다, 삶의 경로가 다양하고 복잡해진 시대일수록 중년 이후의 학습과 배움은 더 중요하다.

안전망의 함정, 중장년 교육 현장의 딜레마

그런데 어떤 공부, 어떤 학습인지가 관건이다. 전국에 중장년 교육기관은 차고 넘친다. 도서관, 평생학습관, 주민센터, 이모작센터 같은 공공시설이 비교적 잘 조성돼 있다. 이런 공공기관에는 무료 강의도 많고 유료라도 가성비가 좋기 때문에 시민들의 만족도도 높은 편이다.

그럼에도 그 이면에 있는 문제로 교육 기획자들의 고민은 깊어지고 있다. 2023년에 경기도 중장년 교육기관 실무자들과 대화를 나눴는데, 이들의 현실적 고충은 이러했다. "모처럼 야심차게 준비한 전문과정도 조금만 비용이 올라가거나 기간이 길면 모집이 안 돼 폐강하는 사태가 종종 발생한다. 폐강은 곧 기관 평가로 이어지기도 한다. 그러다 보니 우선 인기가 많고 이미 검증된 무난한 강사 중심으로 수업을 개설할 수밖에 없다", "새로운 콘텐츠 개발, 참여형 수업 등 차별화에 힘쓰지만 예산 등 여러 제약이 많아 여전히 교실에서는 강사에게 의존하는 강의식 교육이 많다" 등등.

2020년 전국 중장년 교육 기획자, 운영자, 강사 등이 참석한 대화 모임이 열렸다. 수원시 평생학습관이 주관한 〈성인 학습자는 변화할 수 있는가?: 뭐라도학교와 신중년 사업〉 집담회였다. 딱딱하고 격식을 갖춘 형식적 토론회가 아니라 날것 그대로 살아 있는 주제와 대화가 이어졌다. 이날 토론 내용은 이런 것들이었다.

✦ 중년 이후 삶과 인식의 전환 가능성을 믿어야 하는가? 학습은 그것을 가능케 하는가?

✦ '전환'은 어떻게 가능한가? 교육은 도구인가?

✦ 평생을 지녀온 가치와 몸에 밴 관습들이 쉽사리 바뀔까? 교육은 만능일까? 성인 학습자는 변화할 수 있을까?

✦ 중년들의 전환 욕구를 사회적으로 어떻게 만들 수 있을까? 이를 위한 교육자들의 역할은?

✦ 중년 이후를 세대의 공통성으로 묶는 것이 적절한가? 그보다는 각자 삶의 다양성을 어떻게 존중하고 소통하게 할 것인가로 방점을 옮겨야 하는 게 아닌가?

✦ 중년 학습자들이 학습하는 데 자율성 보장과 적절한 개입이 어떻게 하면 균형을 이룰 수 있을까?

'전환'의 새로고침

먼저 발제를 맡은 백현주 기획실장은 수원시평생학습관에서 인큐베이팅 한 '뭐라도학교'와 관련한 고민을 솔직하게 털어놓았다. 뭐라도학교는 수원시평생학습관의 대표적 중장년 교육과정이었던 '인생수업'을 수료한 사람들끼리 만든 동문 조직이다. 2014년부터 시작한 인생수업을 거쳐 회원 320명이 모인 중장년 모임으로 성장했고 2016년에는 비영리민간단체로 등록했다. 뭐라도학교는 수원 지역 신중년 세대의 교류 플랫폼으로서 당사자가 주도하는 배움의 공동체 모델로 크게 주목받았다.

하지만 시간이 흐를수록 뭐라도학교의 비전과 방향성에 혼란이 생겼다고 한다. 백현주 실장은 그 원인을 이렇게 분석했다. 기관과 당사자 모두 빠른 성장과 확장에 떠밀려 방향을 충분히 고민하고 나눌 시간과 공간이 없었다. 기관에서는 당사자들의 독립과 자율에 관한 기대치가 컸고, 당사자들은 뭐라도 빨리 이루어야 한다는 초조함이 앞서 민주적 의사결정이나 숙의 과정이 미흡했다. 그 결과 몇몇 목소리 큰 사람들에 의해 중요한 결정이 이루어지기도 하면서 조직은 조금씩 보수화됐고, 또 다른 이익집단 같은 모습을 내비쳤다고 고백했다.

이어서 다른 지역의 교육 기획자와 강사들이 한 발언은 더 직설적이었다. '활동에는 적극적, 전환에는 소극적', '수업 시간에 활력 있고 자부심 넘치고 서로 존중하는 것만 같던 분들이 일상에서 보여주는 모습은 전혀 달라 당혹스러웠다'는 등의 얘기가 이어졌다.

중장년 학습자들의 고민도 생생했다. "전환을 강요받는 기분이 들 때가 있다. 지금까지 살아온 가치를 부정당하는 느낌이 들기도 한다", "끊임없이 배우는데도 늘 공허하다. 왜 강의를 많이 듣는데도 채워지는 느낌이 없을까?", "학습·공부 자체의 재미와 몰입보다는 '일과 활동'을 위해 거쳐가는 코스 정도로 인식하는 사람이 많다"라는 게 요지였다.

조금은 상반돼 보이는 서로의 입장과 솔직한 감정, 평가를 들을 수 있어 의미 있는 자리였다. 비단 특정 지역이나 기관에서만 볼 수 있는 모습이 아니라, 중장년 교육 현장에서 종종 볼 수 있는 모습이었기에 참석한 사람들은 크게 공감했다.

"왜 강의를 많이 듣는데도 채워지지 않을까?"라는 질문을 들으면서 나는 서울50플러스인생학교 정광필 학장이 말한 '교육 당하지 말자', '배움은 매뉴얼로 되지 않는다'는 말과 주민운동, 시민교육에서 주창하는 '그들 스스로 말하게 하라'라는 교육철학이 연이어 떠올랐다.

너무 많은 정보와 교육이 쏟아져 '교육 당하기' 딱 좋은 세상에서 스스로 자기 삶의 주체가 되는 교육은 어떠해야 할까? 나에게 큰 영감과 통찰을 줬던 학습 사례를 소개하면서 전환기 교육의 방향을 생각해보려 한다.

'전환'의 새로고침

조금은 다른 교육,

사례 1 영국 U3A: 순환적 학습 협동조합[44]

2010년 희망제작소에서 근무할 때였다. 영국의 대표적 사회혁신 기관인 영파운데이션(Young Foundation) 매니저가 한국에 와서 희망제작소 연구원들과 간담회를 연 적이 있었다. 이분은 희망제작소의 시니어 사업과 '행복설계 아카데미' 교육에도 관심이 많았다. 간담회가 끝나갈 즈음 나도 영국의 시민교육과 시니어 교육에 관해 질문했는데 이때 매니저가 이런 말을 했다.

"한국은 아카데미의 천국 같다. 우리(런던)는 한국과 같은 교육기관이나 프로그램은 많지 않다. 다만 우리는 액션(Action)으로 표현한다. 시민들이 자발적으로 모여 일상에서 서로 배우면서 뭔가를 만들어보고 시도해보는 모든 행위를 말한다. 액티브 러닝(Active Learning)이랄까? 이런 게 한국에서 말하는 교육이라는 것과 비슷하다고 할 수 있을 것 같다."

이날의 이야기는 오랫동안 나에게 큰 여운을 남겼다. 그래서 2012년 수원시평생학습관에서 시민교육 혁신 사례를 조사하기 위해 해외 탐방을 기획할 때 영국을 최우선 후보로 꼽았다. 특히 영국의 U3A(The University of the Third Age)는 내게 정말 특별한 경험과 잊을 수 없는 감동으로 많은 영향을 주었다. 무엇보다 "오늘 우리와 나눴던 대화와 U3A 정신을 한국의 시니어들에게

도 널리 알려달라"라고 당부했던 영국 U3A 시니어들의 진심이
가득 담긴 눈빛이 아직도 생생하다. 내 마음의 원톱, 이들의 목
소리를 생생하게 전하고 싶다.

U3A는 1970년대 프랑스에서 먼저 시작됐다. 영국은 1982년
에 런던과 케임브리지 두 곳에서 시작해, 2023년에는 영국 전역
에 지역 U3A가 1039곳이 생기고 총 회원 수는 43만 명에 이를
만큼 활성화됐다.

> U3A는 일종의 학습 협동조합(Learning Co-op)이라 할 수 있어
> 요. 누군가는 서비스를 제공하고 누군가는 그 서비스를 소비
> 하는 것이 아닙니다. 모두 함께 참여해 서로 배우고 동시에 서
> 로 가르치는 순환적 학습의 장입니다. 수업에 들어와 그냥 의
> 자에 앉아 있기만 해서는 안 됩니다. 함께 만들어가야죠. _팸
> 존스(Pam Jones, 영국 U3A South East 지역 이사)

U3A의 시초인 프랑스가 지자체와 대학을 중심으로 한 전통
적 수업 방식이었다면, 영국 U3A의 가장 큰 특징은 팸 존스가
말했듯이 선생과 학생이 따로 있지 않고 서로 배우고 가르치는
자발적 학습 공동체라는 정체성이다. 이를 위해 영국 U3A는 '자
율, 자치, 자조'를 핵심 가치로 삼아왔다. 어떠한 외부 지원 없이
회원들의 회비로만 운영하며 재정 독립을 지켜왔다. 고정비용

이 발생하는 강의실이나 사무 공간 등이 없는데, 학습 그룹 리더와 운영자 모두 무보수 자원활동가로 일하기에 가능하다. 수업은 '클래스'가 아니라 '그룹'으로 표현하고, 강사 대신 코디네이터만 있을 뿐이다. 일방적 강의란 찾아볼 수 없다. 회원들이 서로 경험과 지식을 나누는 일이 곧 수업이다. 특정 주제에 관심이 깊고 전문성을 갖춘 회원이 코디네이터가 되어 수업을 개설하고 진행을 도울 뿐이다. 이렇게 학습을 통한 성장, 만족감, 삶의 희열을 느낀 회원들이 가끔은 유산을 기부하기도 한다. 예를 들면 어떤 회원은 유산 1만 파운드를 기부금으로 남기면서 '최신형 컴퓨터 장만, U3A 본부 페인트칠 공사' 등으로 사용처를 남겨놓는 식이다.

　한국에서부터 우리와 계속 소통했던 국제협력업무 담당 이언(Ian Funnell)은 우리에게 런던이 아닌 페첨(Fetcham)의 U3A를 방문할 것을 권유했다. 런던에서 기차로 한 시간쯤 떨어진 페첨은 인구가 7000명 정도인 작은 마을이다. '이 작고 멀리 떨어진 시골 마을을 왜 추천할까' 반신반의했다. 페첨 기차역까지 마중 나온 이언은 우리 일행을 페첨 지역의 U3A 회원인 토니의 집으로 안내했다. 도착해보니 이미 페첨 지역 그룹 리더 예닐곱 분이 와 계셨다. 별도로 사무실을 두지 않고 회원들의 집이나 공공장소를 활용하는 U3A 운영 방식 덕분에 소박하면서도 아름다운 영국 가정집에 방문할 수 있었다. 가벼운 티타임을 보내며 이런

저런 이야기를 나눈 뒤 근처 커뮤니티센터로 이동했다. 회원들은 손수 준비한 소개판과 자료를 가지고 열정적으로 자신들의 학습 그룹 활동을 소개했다. 먼저 아트 수업 코디네이터로 자신을 소개한 여성분이 이렇게 말했다.

> 나는 전문가는 아니지만 예술을 너무 좋아하고 사랑하는 사람이에요. 그런데 현대 예술은 너무 어렵고 비싸죠. 그래서 나 같은 사람들이 모여서 서로 머리 맞대고 공부해보자고 이 수업을 개설했어요. 혼자서는 읽기 어려운 예술 서적들을 같이 읽고 이야기 나누고, 한 달에 두세 번 같이 런던에 있는 미술관, 박물관을 다닙니다.

이어서 볼룸댄스 코디테이터인 남성분이 "나도 자격증은 없지만 볼룸댄스 경험이 있기에 먼저 수업을 열었을 뿐이다"라고 말을 이어갔다. 누구나 수업 코디네이터가 될 수 있음을 강조했다. 강의 개설과 폐강 모두 회원들이 자율적으로 결정하는데, 폐첨 지역만 하더라도 매우 다양한 수업이 개설돼 있었다. 일반 취미와 교양 수업부터 가드닝, 집수리, 아트, 북리딩, 라틴어 등 전문적 수업까지 다양했다. 하지만 이 모든 수업에서 공통적으로 추구하는 가치는 '함께 사는 법을 배운다'였다.

폐첨 지역 시니어는 두 종류로 나눌 수 있다고 했다. 'U3A 회원이냐, 아니냐'로 말이다. 영국 전역에서 두 개 주에 한 개꼴로 새로운 U3A가 생긴다는 말이 있을 정도로 성장 속도가 빠르고 시니어들의 참여와 만족도가 높다고 했다. "이 어려운 시기에 중국보다 성장률이 높은 유일한 조직"이라며 자부심을 드러내기도 했다. 토니는 은퇴 전 외교 관련 업무를 해서 전 세계 곳곳을 다녔다고 했다. 한국에도 온 적이 있다고 자랑했다. 은퇴 후 U3A에 들어오기 전에 정부 보조금을 받는 볼런티어 단체에서 활동했는데 회원들의 자율성이 부족한 것 같아 탈퇴했다고 한다. 토니는 U3A 활동 전과 후 자신의 삶을 이렇게 말했다.

나는 U3A로 모든 것이 변했어요. 물리적 생활뿐만 아니라 내 정신, 사고, 일상의 모든 것이 말이죠. U3A에 들어오기 전까지 내 하루는 TV를 보거나 신문을 뒤적이는 게 다였어요. 아침에 일어나면 아무도 아닌 사람(nobody)이 돼 있는 거죠. 아무도 상관하지 않습니다. 하지만 U3A 참여 후 규칙적으로 생활하게 되고, 갈 곳이 생기고, 사회와 공유할 수 있는 무언가가 생겼죠. 이게 얼마나 큰 축복인지 참여해보지 않은 사람은 모를 거예요.

페첨 지역 회원들은 수업이 아니어도 수시로 만난다. 멀리 대도시에 있는 자식들이 자주 오지 않아도 전혀 심심하지 않다. 학

습을 매개로 만났지만 일상과 공부, 관계가 살아 있다. 헤어질 **167**
무렵 우리는 "한국 시니어들이 U3A를 하려고 할 때 혹시 로열
티(저작권료) 같은 게 있냐"라고 물었는데 이들은 눈을 동그랗게
뜨며 분명하게 말했다.

> 로열티? 그런 게 왜 필요할까요? U3A는 일종의 운동(move-
> ment)이죠. 우리는 이 운동이 한국의 시니어들에게 널리 전파
> 되기를 바랄 뿐입니다. 우리의 경험과 노하우를 마음껏 퍼가
> 세요.

페첨에서 보낸 하루는 나에게 잊지 못할 경험으로 남았다. 멀
리 동양에서 온 말도 잘 안 통하는 어리바리한 여성들을 진심으
로 맞이해주고 하나라도 더 보여주려고 세심한 준비를 아끼지
않았던 페첨 회원들의 정성에 울컥했다. 먼 외국 낯선 타지에 와
처음 만난 시니어들 앞에서 눈물이라니, 세상엔 말로는 설명할
수 없는 일이 참 많다.

2022년 영국 U3A는 40주년을 맞았다. 학습 공동체로 출발
했지만, 나이듦에 관한 편견을 거부하고 시니어들이 서로 도움
을 주고받으며 일상에서 건강한 노년의 삶을 살아갈 수 있도록
여전히 진화·발전 중이다.

U3A의 교육철학을 담은 시민 주도 학습을 만드는 일은 늘

'전환'의 새로고침

나의 주요 관심사였다. 첫 번째 도전은 '지혜로운학교'였다. 지혜로운학교(U3A서울)는 2011년 6월 희망제작소 행복설계 아카데미 수료생들이 주축이 되어 만들었다. 영국의 U3A를 모델로 했다. 10여 년이 지난 지금까지도 순수하게 회원들의 자원봉사로 운영되며 시니어들의 일상 교육 모델로 굳건히 자리 잡고 있다.

영국 탐방에서 받았던 영감을 실행으로 옮긴 사업은 수원시 평생학습관의 '누구나학교'다. 공공기관에서 인큐베이팅 한 시민 주도 학습 플랫폼이라 할 수 있다. 2012년부터 2020년까지 강좌 1334개가 진행됐으며, 시민 1만 674명이 참여하고 시민 강사 611명을 배출하는 등 공공기관의 인프라와 지원을 기반으로 쑥쑥 성장했다. 2013년에 '제10회 대한민국 평생학습대상 특별상'을 수상할 만큼 짧은 기간 안에 국내 평생교육 현장에 신선한 바람을 불러일으켰다. 이후에도 마을공동체에 기반한 '누구나학습마을', 시니어 버전의 누구나학교인 '뭐라도학교', '온라인 누구나학교'까지 누구나학교의 도전은 현재 진행형이다. 그 밖에도 은평구 평생학습관의 '숨은 고수 교실', 2013년에 문을 연 '분당 아름다운 인생학교', 2023년 10월에 오픈한 '경기인생캠퍼스' 등 지역에서 여러 모델이 만들어졌다. 동네마다 더 많은, 더 다양한 한국형 U3A가 생기길 희망한다.

사례 2 일본 릿교대 '세컨드 스테이지 칼리지'

: 세대·지역과 호흡하는 대학교육의 품격[45]

2015년 서울시 인생이모작지원단장으로 일할 당시에는 서울시 중장년의 허브이자 싱크탱크가 될 50플러스재단과 캠퍼스의 밑그림을 그리는 일이 주요 과제였다. 특히 50플러스캠퍼스 교육과정의 기본 계획을 수립하는 일이 시급했는데 그때 일본 릿교 대학의 '세컨드 스테이지 대학'이 많은 영감을 줬다.

2008년 4월에 '다시 배우기', '재도전', '다른 세대와 함께 공부하기'라는 세 개 콘셉트에 기초해 설립된 릿교 세컨드 스테이지 대학은 50세 이상을 대상으로 한 평생교육 기관이다. 전환기 중장년에게 어떤 배움이 필요하며, 이들의 재출발을 지원하기 위해 대학은 어떤 역할을 해야 할지 구체적 방향을 제시했다. 일반적으로 중장년 교육 프로그램은 일회성이나 단기 과정으로 운영되지만 릿교 세컨드 스테이지 대학은 최소 1년 과정(본과 1년)을 마친 후 희망자에 한해 전공과로 진학하는 학제를 운영한다. 과정을 수료하려면 필수 학점을 취득해야 하고 논문도 제출해야 한다.

교육과정은 크게 '고령화 사회의 교양 과목군', '커뮤니티 디자인과 비즈니스 과목군', '세컨드 스테이지 설계 과목군' 등 세 과목군으로 체계화돼 있다. 수강생은 모두 49개 과목을 수강할 수 있다. 그 외 지역 현장 탐방, 연구 및 세미나 등 다양한 프로그램에도 참여할 수 있다. 이를 통해 지역 이해와 사회참여, 새로운 지역 커뮤니티에 관한 통찰을 경험할 수 있다.

각 과목군에 개설된 수업을 살펴보면 이곳의 교육철학과 지향을 더 잘 이해할 수 있다.

✦ 고령화 사회의 교양 과목군

몸과 말을 되찾다 | 생명의 다양성 | 현대 일본인의 생활 | 커뮤니케이션론 | 역사 속의 학교 교육 | 미디어와 저널리즘 사이 | 동양사상의 물음 | 노래로 비춰보는 사람과 사회 | 인류가 걸어온 길을 탐구하다 | 현대미술을 즐기다

✦ 커뮤니티 디자인과 비즈니스 과목군

커뮤니티 활동과 네트워크 디자인 | 아시아와 아프리카의 빈곤과 NGO | 봉사와 커뮤니티 디자인 | 노동의 인간화 | 소셜 비즈니스 | 삶에 도움이 되는 경제와 금융 | 숲에서 찾은 차세대 비즈니스 | 일본의 비즈니스를 생각하다 | 환경보전과 커뮤니티 형성 | 세계경제를 읽다

✦ 세컨드 스테이지 설계 과목군

사회 노년학 입문 | 끝까지 자신답게 | 현대사회를 생각하다 | 마

음의 변혁 | 인생 후반기와 시민 생활 | 현대사 속 나의 역사 | 가
족관계의 과거, 현재, 미래 | 초고령 사회의 삶과 성 | 성숙사회론
| 지역 돌봄을 탐구하다 | 현대를 살아가기 위한 건강학 | 장애인
과 노멀라이제이션 | 건강 장수와 안티 에이징 | 고령자의 생활과
양로보험

✦ 세미나 및 논문 과목

문화인류학, 동아프리카 지역 연구 | 가족론, 복지 정책론, 젠더
론 | 근대일본 경제·경영사 | 인류연대학, 원자력과 에너지, 이스
터섬 환경학 | 중국사회사, 아시아사회론, 환경NPO론 | 독일 문
학과 철학, 일독 비교대조문화학, 교양의 역사와 이론 | 인적자원
관리론, 노동의 인간화론, 노동의 철학 | 근대 리조트, 경관계획

　또 하나 눈에 띄는 특징은 다른 세대와 함께 공부하기를 실현
한다는 점이다. 수강생은 릿교대 일반 학부 수업을 전후기에 각
각 두 과목씩 수강할 수 있다. 학부생 훈련 수업에 해설위원으로
참여하고 젊은 학생들과 도서관, 컴퓨터실, 식당 등 공간을 공유
한다. 20세 전후 학생들과 섞여 공부함으로써 시니어와 젊은이
가 캠퍼스에서 교류하고 서로 자극을 준다.
　2009년 4월에는 수료생들이 지속적으로 사회 활동에 참여할
수 있도록 '서포트센터'를 설립했다. 동문들이 서포트센터를 근

거지로 삼아 자치적으로 연구회를 구성하고 사회참여 활동 등을 할 수 있다. 이 대학을 수료한 중장년의 후기를 들어보자.

> 지역에 도움이 되는 사회공헌을 하고 싶다고 생각해도 회사 생활에 푹 빠져 있던 사람이 정년 후 갑자기 활동을 시작하기는 어렵다. 그렇기 때문에 릿교 세컨드 스테이지 대학에서 이론을 배우고 발상이나 의식을 전환하는 일이 중요한 과정이라고 느낀다. 게다가 서포트센터가 뒤에서 밀어준다. 이곳에서 하는 학습은 사회에서 재출발하기 위해 대규모 정비작업을 하는 것과 같다고 생각한다. (앙코르 커리어 블로그)

2015년 10월 서울시 '50플러스 내일 콘퍼런스'에는 가토 무쓰미 릿교대 부총장이 참석해 주목을 받았는데, 그의 육성으로 세컨드 스테이지 대학의 교육철학을 더 분명히 알 수 있었다. 그는 세컨드 스테이지 대학이 시니어 세대에게 단순히 학교를 개방하는 것뿐만 아니라 사람과 사람, 사람과 지역의 네트워크를 만들어 인생의 두 번째 무대에 발을 내디딜 수 있게 돕는 일이 기본 방침임을 강조했다. 이를 위해 대학은 수강생이 원하는 만큼 공부할 기회를 제공하며 수강생의 어떤 요구도 충족해준다고 했다. 그 결과로 수강생들이 세컨드 스테이지 대학에서 이후 20년을 대비하고 계획을 세우는 일을 충분히 할 수 있다고 자부심을 드러냈다. 이런 대학의 전폭적 지원 덕분에 중장년 수강생들의 만족도는 90퍼센트가 넘는다. 1년 만에 수료하기가 아쉬워서 1년을 더 배우려고 전공과에 진학하는 학생이 많다. 또 수료생들은 다양한 사회공헌 활동을 한다. 30년 이상 조산사로 일한 한 수료생은 단독주택을 활용해 유아를 위한 카페 겸 커뮤니티 공간을 만들었다. 이곳은 어린아이를 둔 부모들이 주위를 신경 쓰지 않고 쉽게 모일 수 있어 지역에서 사랑받는 공간으로 여러 대중매체에 소개됐다. 또 어떤 수료생은 유기농 면화를 재배한 뒤 수확물을 판매해, 2011년 원전 사고로 큰 피해를 본 후쿠시마 지역 복구 활동을 지원하기도 했다.

나는 릿교 세컨드 스테이지 대학을 보며 고령화 사회에서 지역 대학이 어떤 역할을 해야 하는지 힌트를 얻었다. 일상에서 자연스럽게 세대를 연결하고 지역문제를 함께 해결하는 대학의 품격이 느껴져 부럽기도 했다. 그래서 서울시 전역에 설치할 예정인 50플러스캠퍼스 중 한 곳은 대학과 연계하는 모델로 만들면 좋겠다고 생각했다. 이를 위해 몇몇 대학 관계자를 만나고 전문가들과 회의도 했지만, 생각보다 넘어야 할 산이 높았다. 결론적으로 시기상조라 생각해 접을 수밖에 없었다. 하지만 세대가 함께 공존하는 캠퍼스가 새로운 대안으로 떠오를 날도 멀지 않으리라 생각한다.

'전환'의 새로고침

사례 3 서울50플러스인생학교
: 중장년 전환기 교육 모델을 제시

전환의 핵심은 '변화'라고 할 수 있다. 그런데 사람의 변화라는 게 하루아침에 뚝딱, 공장에서 제품 찍어내듯 되는 게 아니지 않은가. 말이 쉽지 50년 넘게 몸에 밴 가치관, 철학, 세계관을 되돌아보고 재구성한다는 게 어디 보통 일이겠는가? 그래서 전환의 기본이 되는 인문학 교육 방법은 완전히 새로워야 했다.

하지만 공공기관 특성상 담대하게 도전적으로 교육과정을 추진하는 데는 한계가 있다. 단순히 예산만의 문제는 아니다. 다양한 이해관계자의 욕구 충족, 제한된 물리적 공간, 복잡한 행정 절차와 지침, 시민 안전 등 고려해야 할 일이 너무 많기 때문이다. 그럼에도 백세시대에 '서울시민 누구나 50 즈음에 한 번은 들어가는 학교', '50플러스캠퍼스를 상징할 대표 교육과정'이라는 비전으로 탄생한 것이 바로 '50플러스인생학교'였다.

인생학교 준비 과정에서 가장 공들인 부분은 교육자를 찾는 일이었다. 이름 있는 명강사나 세련되게 운영할 전문가가 아니라, 인생학교 전 과정을 '교육적'으로 촉진할 수 있는 내공 깊은 교육자 말이다. 이론과 현장 경험을 모두 갖춘 분, 무에서 유를 만들어본 경험이 있는 분, 같은 동년배면서 때로는 쓴소리도 과감하게 할 수 있고, 눈빛과 야성이 살아 있는 분. 우리는 이런 분

들을 찾고 있었다. 그때 SBS 특별기획 프로그램 〈바람의 학교〉[46]
를 보고 큰 영감을 받아, '바람의 학교'에서 중심이었던 정광필,
구민정 두 분을 학장과 부학장으로 위촉하게 됐다.

솔직히 공공기관 운영자 관점으로만 보면 50플러스인생학
교는 꽤 부담이 큰 도전이었다. 대학원 한 학기 수업에 버금가는
14~16주나 되는 긴 과정, 야간까지 진행되는 긴 교육 시간, 숙
박 워크숍, 단순한 행사 성격을 넘는 입학식과 수료식, 커뮤니티
와 프로젝트 지원, 졸업 여행, 동문회 지원 등 겉으로 드러난 게
다가 아니다. 인생학교 한 회차를 성공적으로 마무리하기까지
정말 많은 사람의 노력과 시간, 참여가 필요했다. 그래서 캠퍼스
교육팀에서도 인생학교 담당 프로그램 매니저(PM)는 큰마음 먹
지 않으면 선뜻 맡기 힘든 역할이었다. 하지만 그만큼 인생학교
전 과정을 마치고 난 PM들은 훌쩍 성장했다.

인생학교에는 그럴듯해 보이는 커리큘럼이 없다. 전체적으
로는 10~15회, 크게 세 개 과정이 있을 뿐이다. 첫 단계는 자신
을 찾아가는 과정이다. 다음으로는 다양한 분야에서 먼저 도전
한 사람들의 발자취를 찾아보는 과정, 마지막으로 자신이 하고
싶은 일을 동료들과 함께 커뮤니티 형식으로 해보는 과정이다.

나는 기획자로, 때로는 관찰자 혹은 현장 연구자로 인생학교
전 과정을 지켜봤다. 아무리 바빠도 숙박 워크숍은 함께하려고
노력했다. 그러면서 알게 된 사실은 겉보기에는 단순한 인생학

교 커리큘럼이 처음부터 끝까지 하나의 사슬처럼 매우 정교하게 연결돼 있다는 점이다. 단계마다 배움을 자극하고 목표를 달성하기 위한 고도의 교육 방법이 적용됐는데, 그것은 논리가 아닌 감성적 접근이었다. 정광필 학장의 말을 들어보자.

> 논리적으로는 대한민국 50플러스의 마음을 뚫고 들어갈 수가 없다. 지금까지의 삶이 그런 논리적 접근을 단박에 차단해버리는 방어기제를 형성케 하기 때문이다. 그래서 처음 시작은 그런 방어기제를 뚫고 들어가, 솔직하게 자신 내면의 분노나 찌질함 같은 것들을 직접 마주 보고 타인과 나누는 과정이다. 이런 과정을 통해 어깨에 힘도 빼고, 정말 사소해 보이지만 의미 있는 것을 시작할 수 있는 작은 용기, 이런 것들을 끌어내려는 거다. 힘들고 쉽지 않기에 전체 교육과정 중 절반 이상을 이 과정에 집중한다.[47]

인생학교에는 그 흔한 교재나 매뉴얼이 없다. 일방적으로 가만히 앉아서 강의를 듣는 방식이 아니기 때문이다. 논리가 아닌 감성적 접근으로 시도하는 교육은 매회 같은 듯 다르게 진행된다. 하지만 일관된 지향점은 '자기 이야기, 자신의 삶을 이야기하게 하는 것' 그리고 '나에게 집중하는 것'이다. 예를 들면 영화 주인공의 모습을 따라가며 그 안에 나를 투영하고 나의 찌질함 찾아보기, 연극·놀이·드라마를 활용한 역할극, '세상에 없는 카페 만들기'처럼 가상 미션을 부여하고 문제를 해결해보기, 사람 책, 탐방 등 직접 만나고 경험하기 등을 활용했다. 다음은 인생학교만의 독창적 문화를 '인생학교에 있는 것과 없는 것'으로 표현해본 것이다.

인생학교에 있는 것

✦ **마음준비서** 인생학교 입학에 필요한 신청서를 '마음준비서' 라고 한다. 질문은 한 가지다. "오십 이후 내 인생에 더할 것과 뺄 것은 무엇입니까?" 마음준비서를 기초로 인생학교에서 선발하는 기준은 크게 세 가지다. 생각과 가치관의 참신함, 다양성(기수마다 성별, 연령, 경력을 고려해 다양하게 구성), 동반자로서 가능성(열린 마음)이다.

✦ **졸업 여행** 동기생들과 새로운 출발을 기념하며 대개 1박 2일로 졸업 여행을 떠난다. 졸업 여행 경비와 준비는 모두 스스로 한다.

✦ **만원클럽** 수업 전후 식사, 뒤풀이 등 교류 비용은 각자 부담이 원칙인데, 적절한 선에서 서로 부담 없이 진행하자는 뜻으로 '만원클럽'이라고 칭했다. 만원클럽 전통은 2007년 희망제작소 행복설계 아카데미 1기생 때부터 시작됐는데, 이후 뒤풀이 문화를 상징하는 유행어가 되어 자연스럽게 퍼졌다.

인생학교에 없는 것

✦ **명함, 의전, 격식** '나를 포장하고 있는 모든 겉껍질을 덜어내는 것'은 인생학교의 주요 모토다. 형식적 인사말, 축사, 건배사 등 일상에서부터 이런 것들을 덜어내려고 노력했다.

✦ **너무 잘하기** 역설적으로 들리겠지만, 중장년 세대는 늘 이것 때문에 평생을 긴장하며 살아왔다. 인정받기 위해, 성공하기 위해 너무 많이 노력하고 성실하게 용쓰며 살아왔다. 인생학교에서만큼은 너무 잘하려 하지 않기, 힘 빼기, 실수 해보기 등 이전과는 달리 경험하고 다른 태도로 살아보자고 주창한다.

✦ **특강과 교재** 이름 있는 강사의 특강이나 강의를 열고 싶은 유혹은 늘 있었다. 실제로 인생학교 초기에는 특강을 구성하기도 했다. 그런데 이런 특강이 오히려 인생학교 흐름의 맥을 끊는 결과를 낳았다. 그래서 과감하게 강의를 덜어내고 전체 과정을 워크숍 중심으로 재구성했다. 꼭 필요하다고 판단하는 주제에는 강의를 넣기도 하지만, 이 역시 토론을 위한 발제 성격이었다.

50플러스인생학교는 2016년 서부캠퍼스를 시작으로 전체 캠퍼스에서 총 21회 진행했고 850명이 수료했다. 이렇게 단순 수치로만 보면 별것 아닐 수도 있다. 오히려 가성비 측면에서는 행정기관에 지적받기 딱 좋다. 그런데 내가 주목하는 점은 생애 전환 교육으로서 인생학교가 보여준 가능성이다. 비록 많은 시행착오와 상반된 평가가 있었지만 인생학교의 정신, 가치와 철학이 던지는 함의가 크다.

첫째, 인생학교는 배움의 선순환과 협력적 연대의 힘을 보여 줬다. 인생학교에서 만들어진 다양한 커뮤니티 활동은 다시 인생학교의 주요 콘텐츠로 재구성됐다. 졸업생들은 심화 과정을 거쳐 인생학교의 보조강사, 퍼실리테이터로 경험을 확장했다. 더 나아가 이렇게 쌓은 경험을 다른 지역으로 전수했다. 인생학교 졸업생들이 기획과 운영을 맡아 부천, 부평, 광주 등에서도 50플러스인생학교가 탄생했다. 부산, 전주, 안성 등에서도 서울 50플러스인생학교를 벤치마킹한 과정들이 속속 열렸고, 자연스럽게 전국 인생학교들 사이에서 파트너십이 형성됐다.

둘째, 인생학교 동문들은 따로 또 같이 새롭게 도전하고 시너지를 높였다. 사례 하나를 소개하면, 2018년에 결성된 '오플밴드'가 있다. 오플밴드는 백세시대에 누구나 악기 하나쯤은 연주할 수 있는 1인 1악기를 목표로, 이를 '반려 악기'라고 칭하며 초청공연도 하고 음원도 제작하면서 '취미로 먹고살기'를 실천하는 그룹이다. 이 그룹의 주요 멤버 세 명은 모두 인생학교 동문회에서 만났다. 대표 김대현 씨는 은퇴 후 삶의 방향을 찾아 헤맬 때 20대 청년 시절 기억을 떠올리며 기타를 다시 잡았다. 그 후 기타를 연습해 실력을 높이고 작은 공연을 하면서 취미가 조금씩 작은 수익으로 연결됐고, 이제는 싱어송라이터로 제2의 인생을 살게 됐다. 오플밴드에서 베이스 기타를 맡고 있는 박현정 씨는 현재 북촌에서 복합문화공간 '북촌 탁구'를 운영한다. 보컬과 오카리나를 맡은 김명희 씨는 오카리나 강사로 활동하다가 '도시재생 창업 프로젝트' 지원을 받아 은평구에 '우리 동네 뮤직 사랑방' 공간을 연 창업가이기도 하다. 이들은 모두 각자 직업과 활동이 따로 있지만, 음악과 악기라는 공통된 취미를 바탕으로 새롭게 작당한 대표 사례다.

인생학교 동문들은 새로운 노년 문화를 만드는 일상 활동에도 적극적이었다. 정광필 학장은 "인생학교를 통해 각자 마음속에 있는 선한 의지들이 모이면 건강한 문화가 만들어지는 것 같다"라고 말했다. 새로운 환갑 문화로 '반세기 파티'를 보여줬고, 우리 세대에 바꿔야 할 대표적 관습으로 '혼주 문화 바꾸기' 프로젝트가 진행되기도 했다. 이런 도전들이 비록 여러 사정으로 중단됐을지라도 당사자 스스로 의제를 발굴하고 무언가 해봤다는 경험 자체는 좋은 선례로 남았다.

> 퇴직하니까 허허벌판에 나 혼자라는 생각이 들더라고요. 중장년 대상 교육이 있다고 해도 정보를 얻어 찾아가는 게 어려운 것 같습니다. 50플러스인생학교는 처음에 들었을 때 이름이 독특했고, 왠지 그 네트워크에 들어가면 이런저런 정보도 얻을 수 있을 것 같아서 신청하게 됐지요. 인생학교가 끝난 후

에는 '아, 난 축복 받았다'는 생각이 들더군요. 퇴직자들을 환영하는 데가 하나도 없는데 50플러스인생학교는 끝나고 파티까지 해줄 정도였으니까요. 너무 기뻤습니다. 내가 시대를 잘 탔구나 하는 생각도 들었죠. 50플러스인생학교 수업에서 영화 〈건축학개론〉을 보면서 옛날을 돌아볼 수 있었고 피드백도 참 좋았어요. 여기에 일자리로 연결되는 프로그램이 붙으면 더 좋겠다는 생각입니다. 퇴직자는 일자리에 관한 욕구가 굉장히 높거든요. _신준식(서부캠퍼스 인생학교 2기 졸업생)

2023년 인생학교는 새로운 전환기를 맞았다. 공공의 지원이라는 온실 속에서 나와 홀로서기를 시작했다. 7년 동안 쌓은 자생력이 시험대에 선 셈이다. 이미 2021년부터 인생학교 수료생들은 '오플쿱 사회적 협동조합'을 설립해 자립적 활동 모델을 모색 중이었다. 이들은 인생학교 모델의 전국 확산, 신노년 문화기획과 운영이라는 목표를 세우고 자립을 위한 기반을 만들기 시작했다. 그리고 인생학교는 수강료를 20~30만 원으로 현실화해 2023년 9월부터 첫 교육을 시작했는데 모집 정원이 초과됐다는 반가운 소식을 들었다. 홀로서기에 첫발을 디딘 50플러스인생학교를 응원한다.

'전환'의 새로고침

교육을 넘어
커뮤니티로

"오직 설렘만이 나이 든 자에게 생기와 재미를 준다. 나이 들어도 밥 먹듯 설렘이 필요하다"라는 김재환 다큐멘터리 영화감독의 말처럼, 공부와 학습에 맛을 들인 사람들에게는 설렘이 있다. 공부한 것을 누군가와 얘기하고 싶고 나누고 싶고 감정을 교류하고 싶어 한다. 자연스럽게 같은 욕구를 가진 사람들을 찾아 커뮤니티 활동을 시작한다. 혼자서 할 때보다 유익하고 활력을 얻기도 하며, 엄두가 잘 안 나던 일도 함께라면 용기와 자신감이 생기기 때문이다.

중장년 커뮤니티는 명확한 정의나 이론적 틀에서 출발한 개념은 아니다. 다만 정책 지원 차원에서 어느 정도 정의와 범주는 필요했기에 서울시50플러스재단에서는 이를 '50플러스 세대가 주축이 되어 설립한 다양한 형태의 조직체(동아리, 협회, 소모임, 단체, 기관, 협동조합, 법인 등)'로 정의했다. 소소해 보이는 커뮤니티일지라도 오래 활동하다 보면 이것 자체가 새로운 일과 활동으로 연결되는 때도 많다. 그래서 교육 못지않게 커뮤니티 발굴과 지원에 노력을 기울였다. 2018년에는 '50+커뮤니티 100인 원탁토론회'[48]를 열었는데, 중장년 커뮤니티의 특징을 파악할 수 있었다.

원탁토론회에서 확인한 중장년 커뮤니티의 특징은 이러했다. 중장년 커뮤니티는 청년 세대 커뮤니티와 비교했을 때 조직과 체계를 더 중요하게 생각했다. 작은 커뮤니티일지라도 회장-부회장-총무로 이어지는 조직 체계를 만들어 활동하는 경우가 많았다. 이는 강점이자 동시에 약점이 되기도 한다. 커뮤니티 대표가 어떤 유형의 리더십을 발휘하는가에 따라 회원 사이의 관계, 커뮤니티의 활력은 물론이거니와 생존에까지 영향을 준다. 커뮤니티 회원들은 대체로 무서운 리더, 독단적 리더, 말을 독점하는 리더는 함께하기 힘들다고 입을 모았다.

너무 거창한 주제를 좇는 커뮤니티 활동은 미궁에 빠지는 때가 많았다. 활동 주제가 뚜렷할수록, 비전이 명확할수록 커뮤니티 활동의 지속성을 유지하는 동시에 구성원들의 만족도도 높았다. 큰 목표를 설정해 동력을 소모하기보다는 작은 성공을 맛보는 경험이 커뮤니티 활동을 지속하는 데 유리했다. 그리고 반복된 회의는 커뮤니티 활동의 흥미를 떨어뜨리는 요소로 작용했다. 중장년 커뮤니티 상당수는 활동이 부진하더라도 과감히 해산하기보다는 명맥을 유지하는 경우가 많았다.

생애 과정에서 축적된 삶의 궤적이 다양하듯 커뮤니티 역시 스펙트럼이 매우 넓다. 적지 않은 커뮤니티가 시행착오를 반복하며 갈등을 겪기도 하고 해산되거나 소멸되기도 한다. 하지만 이것 또한 소중한 경험이다. 상대적으로 유연하고 자유로운 커

'전환'의 새로고침

뮤니티 활동은 그 자체가 새로운 도전이고, 학연·혈연·지연을 벗어난 가치지향적 네트워크이며 새로운 세대문화의 출발이기 때문이다. 시작은 소소한 커뮤니티지만 이 모임에서 노년의 삶을 함께할 동료를 만나기도 하고, 언젠가는 우리 사회에 커다란 변화를 일으킬 단체로 성장하기도 한다. 커뮤니티 안에서 크고 작은 갈등을 겪고 만남과 헤어짐을 반복하더라도 이것 자체가 훌륭한 시민교육의 장이다. 그래서 커뮤니티는 중장년 사업의 꽃이자 핵심이라고 말할 수 있다.

중장년 교육의
'새로고침'

중장년 전환기를 위한 새로운 교육이 필요하다고 강조했지만 말처럼 간단한 일은 아니다. 교육이 만능 해결사도 아닐 뿐더러 몇십 년 동안 지녀온 생각, 습관, 태도가 교육 몇 번 받는다고 쉽게 바뀌겠는가? 그래서 역설적으로 들리겠지만 중장년 교육의 새로고침에 '탈학습'이 필요할지도 모른다. 불안과 초조함은 잠시 거두고 자신이라는 존재에 몰입하고 탐색함으로써 스스로 제2의 삶을 그려낼 수 있는 시공간, 배우는 교육(Education)이 아니라 탐구하는 학습(Learning), 인생 후반기 교육까지도 정부나 지자체에 의존하는 게 아니라 스스로 만들겠다는 의지.

이런 삼박자가 우선 필요한 게 아닐까?

　지금까지 몇 가지 사례에서 얻은 인사이트와 중장년 교육 현장의 목소리 등을 종합해서 중장년 교육의 새로고침 방향을 생각해봤다.

　첫째, 인문학과 문화예술 학습이 중요하다.

　스스로 질문하고 탐색할 힘을 키우는 인문학 교육은 전환기 교육의 출발이다. 오랜 사회생활에서 길들여진 모습을 내려놓고 내면에 감춰진 나의 욕망을 들여다보며 내 본연의 모습을 탐구하는 과정에서 잃어버렸던 '야성'을 찾을 수 있다. 거친 바다 수영에도 익숙해질 수 있는 새로운 훈련이랄까? 정보와 지식 중심의 교육, 명강사 특강에 의존하는 일도 줄여나가길 바란다. '우리'의 경험에서부터 지식을 생산하고, 내가 아마추어로서 한 경험도 중요한 학습 자원이 될 수 있다는 점, '논리보다는 감성', '과정 자체가 교육적이어야' 한다고 강조했던 영국 U3A, 50플러스인생학교의 경험과 노하우를 접목할 필요가 있다.

　성공회대학교 김찬호 교수는 "오늘날 노인이 구차스러운 지경으로 떨어지게 된 까닭은 단순히 물질적 궁핍 때문만이 아니라, 근본적으로 자아를 지탱해주는 문화의 상실에 있다. 문화는 긴 세월 서서히 변화되고 축적된다"라고 전제하며 문화적 창의력과 수용 능력을 키우기 위한 꾸준한 학습과 연마가 중요함을 강조했다. 은퇴 후 삶이 당사자의 문화 수준에 크게 좌우됨을 알 수 있다.

몸과 활동을 결합한 문화예술적 학습 방법은 매우 유효하다. 중장년들은 몸을 움직여 표현하는 활동에 거부감을 느끼거나 익숙하지 않지만, 몸을 쓰면서 편견과 선입견을 날려버리는 경험만으로도 새로운 감각과 통찰을 얻을 수 있다. '뭐라도학교, 쉐쉐바디(Shake Shake Body)' 참가자의 소감을 들어보자.

> 내 몸 안에도 '흥'이라는 게 있구나. 내가 너무 머리로 살고 있었구나 생각했다. 몸짓으로 철학을 할 수 있고, 인생을 이야기할 수 있구나를 느꼈다. 50년 이상 잠을 자다가 봄이 되어 깨어난 느낌이다. 나를 놔버린 것 같은 해방감을 느꼈다.

둘째, 배움의 주제는 일상과 유리되지 않게 보편적으로 맞닥뜨리는 문제에서 출발하자.

우리에게도 잘 알려진 작가 알랭 드 보통은 2008년 영국 런던에 어른을 위한 인생학교(The School of Life)를 만들었다. 인생학교는 일상과 유리된 추상적 학문이 아니라, 일상을 살면서 맞닥뜨리는 보편적 문제를 배움 주제로 한다. '일과 개인 생활을 조화하는 법', '좀 더 나은 대화법', '네트워크화된 세상에서 살아남는 법', '가족과 시간을 즐기는 법', '죽음에 대처하는 법', '마음의 안정을 찾는 법', '돈과 나의 관계를 다시 설정하는 법' 등 평범하지만 누구에게나 필요한 소재가 수업이 된다. 독단적 설교는 거부한다. 같은 고민을 하고 있는 사람들과 얘기를 나누며 스스로 답을 찾아나가는 과정 자체가 공부임을 강조한다.

영국 인생학교의 철학과 교육 방법론은 불안과 초조, 고독과 외로움이 높아지는 중장년 전환기 교육과 만날 수 있다. 예를 들면 '돈에 관한 불안과 걱정의 실체', '디지털 환경에 적당히 적응하는 법', '젊은 세대와 대화하는 법', '취미도 특기도 없는 사람은 긴 시간을 어떻게 보낼까', '건강 염려증에서 빠져나오는 법', '아파트는 싫고 주택은 자신 없고 나에게 맞는 노후 주거는?', '영양제에 의존하지 않고 체력 키우기', '존엄한 죽음', '안 겪어보면 절대 모를 갱년기', '노후에 혼자 되면 어떻게 살지?', '자식들과 적당히 거리 두는 법' 등 중장년들의 현실적 고민을 솔직하게, 더 많이, 더 과감하게 얘기하는 것부터 출발하면 좋겠다.

셋째, 미리 준비하고 다양한 이력을 쌓은 사람들과 섞일수록 얻을 수 있는 통찰은 크다.

언제쯤부터 본격적으로 노후 준비를 하는 것이 좋을까? 사람마다 차이는 있겠지만 "더 일찍 이런 교육을 들었어야 했다"라는 얘기를 정말 많이 들었다. 보통 직장인이라면 퇴직 5년 앞뒤가 적기인 듯하다. 너무 일찍 시작해도 잘 체감이 안 될 뿐만 아니라, 장기 계획이나 준비를 하기에 실효성이 떨어지기 때문이다.

교사나 공무원 등 같은 업종 사람들끼리만 모여서 했던 교육보다 다양한 사람이 섞여서 했던 교육이 훨씬 만족감과 효과가 컸다. 지금까지 각자 살아온 삶의 방식, 경력, 인생 스토리를 나누는 과정에서 얻는 통찰이 있기 때문이다. 새로운 공간에서 사람을 직접 만나는 경험이 주는 힘은 크다. 체험, 탐방, 실습, 사람책 등 직접 보고 듣고 느끼고 경험을 주고받을 수 있는 참여형 교육 방법론이 강조되는 이유다.

넷째, 커뮤니티를 활성화하는 지원 체계를 만들자.

행정조직에서는 사업비가 줄면 커뮤니티 예산부터 삭감할 때가 있는데 이는 본말이 바뀌었다고 할 수 있다. 커뮤니티 교육과 지원은 아무리 강조해도 지나치지 않다. 커뮤니티 리더 교육, 커뮤니티 활성화 및 성장 단계에 따라 맞춤형으로 지원하는 체계가 필요하다. 유사한 커뮤니티들이 만나고 교류하는 기회는 커뮤니티 성장에 크게 도움이 된다. 많은 커뮤니티가 배우고 익힌 내용을 서로 나눌 기회를 원한다. 커뮤니티 활동 경험자를 강사 자원으로 육성하는 일도 좋은 방법이다. 막 활동을 시작한 초기 커뮤니티는 체계적 상담과 멘토링 수요가 높았다. 커뮤니티 단계를 넘어 법인을 설립하거나 본격적으로 사업을 추진할 때,

초기에 컨설팅, 홍보 지원, 프로젝트 지원금 등 인센티브를 제공
한다면 많은 도움이 될 수 있다.

관계

협동은 어렵지만 인생 후반전
가장 강력한 힘

04

15년 전 시민 공익활동 사례를 조사하기 위해 일본에 방문했을 때 일이다. 활동가들 입에서 '지역 데뷔'라는 말이 나왔다. 무슨 뜻인지 물어보니 일본에서는 아기가 아장아장 걸어다닐 즈음 동네 공원에 산책을 나오기 시작하는데, 이를 '공원 데뷔'라고 부른다고 했다. 마찬가지로 중장년들이 퇴직 후 동네에 머무는 시간이 많아지면서 새롭게 지역 데뷔가 필요하다는 뜻이었다. 집에만 있던 아기가 공원 데뷔를 하듯 직장에만 있던 중장년도 동네에서 새로운 관계 맺기가 필요하다는 것. 적절한 비유와 통찰력 있는 개념에 크게 감탄했다.

새로운 관계 맺기가 필요하다고 얘기하면 불편하다고 토로하는 사람도 있다. 지금까지의 관계를 부정당하는 것 같고, 뭔가 거창한 공동체성을 강요받는 듯한 기분이 든다고 했다. 그런데 여러 번 강조했듯이 생애전환기는 은퇴나 자녀 독립 등으로 가족 및 사회적 관계에서 큰 변동이 일어나는 시기다. 퇴직 후 많은 사람이 가장 친밀한 관계여야 할 가족 안에서 오히려 서먹함과 고립감을 느낄 때가 많다고 토로한다. 직장을 그만두는 순간 사회적 관계 대부분이 서서히 단절되고 마땅히 다른 소속감을 느낄 곳도 없기에 어느 순간 홀로된 듯한 쓸쓸함이 몰려오기도 한다. 집과 동네에 머무는 시간은 길어졌지만 평생 직장과 집만 오가며 다람쥐 쳇바퀴 돌듯 살아왔기에 동네에 아는 사람도 마음 붙일 곳도 없다. 그야말로 '관계의 위기'를 맞게 된다.

관계의 위기, 관계를 바라보는 시야를 넓히자

관계 단절에서 시작된 중장년층의 위기는 통계에서도 확인할 수 있다. 다른 연령집단과 비교했을 때 50대 자살률이 가장 높고, 이혼이나 별거와 같이 가족해체 비율도 높다. 또 중장년층 1인 남성 가구 비율도 빠르게 증가하고 있다. 전문가들은 이러한 원인을 '관계의 해체'에서 찾을 수 있다고 밝혔다.[49]

글로벌정치경제연구소 홍기빈 소장의 강의를 들은 적이 있다. 그는 노후 준비의 문제를 '연금과 저축'이라는 돈벌이 경제학의 사고방식에서 벗어나, '좋은 삶을 위해 필요한 것을 조달한다'는 살림살이 경제학으로 바꾸기를 강조했다. 이어서 필요한 것을 조달하는 방식 중 하나는 '관계'에서 얻는 것이라고 덧붙였다. 경제적 부분이 중요하지 않다는 게 아니다. 하지만 역설적으로, 삶이 너무 길어졌기 때문에 경제적 부분만으로는 모든 것을 다 채울 수 없다. 생각해보라. 죽을 때까지 모든 것을 돈으로만 해결할 수 있는 사람이 과연 얼마나 되겠는가? 상위 몇 퍼센트만 할 수 있을 것이다. 대다수 평범한 사람은 어떤 방식으로든 도움을 주고받으며 살 수밖에 없다. 게다가 우리는 자식들과 같이 살지 않을 첫 번째 노년 세대가 된다. 그뿐인가? 누구나 1인 가구로 살아야 할 시간도 있을 터다. 이런 이유로 멀리서 가끔 보는 형제나 친척보다 나와 가까이에 누가 살고 있는지, 이들과 나는 어떻게 연결돼 있는지가 노후 일상을 살아가는 데 훨씬 더 큰 영향을 미치게 된다. 전북 군산에 사는 102세 신완식 할아버지의 독백이 이를 잘 보여준다.

젊었을 땐 먹고살아야 하니 죽을 만큼 일만 했다. 나와 가족만 생각한 때다. 가족도 중요하지만 손에서 일을 놓은 20여 년 전부터는 날 끝까지 지켜봐주는 옆 사람들이 없었다면 어떻게 살았을까 싶다. 지금도 저녁에 우리 집 처마 불이 꺼져 있으면 이웃들이 먼저 걱정하며 전화로 안부를 확인하고, 그제서야 그 집 불도 꺼진다. 젊고 늙고에 관계없이 친구나 이웃과 소통하면 팍팍하고 지친 삶에 따뜻한 빛이 퍼지는 것 같다.[50]

'전환'의 새로고침

기존 관계를 재구성하는 일 못지않게 마을, 지역, 세대 등 관계를 바라보는 시야를 넓히기를 강조하고 싶다. "나 하나 잘 사는 것도 힘든 세상에서 무슨 소리냐"라고 할 수도 있겠지만, 이미 우리는 서로에게 환경이 된 세상에 살고 있다. 그리고 관계를 확장함으로써 새로운 경험과 활력을 발견할 수도 있다. 마을과 지역에서 새로운 관계 맺기, 다양한 세대가 함께 어울려 살기에 관해 생각해보자.

베이비부머 세대여,
이제는 '지역 데뷔'다

일본에서 본격적으로 지역 데뷔라는 말이 나온 때는 680만 명에 이르는 단카이 세대(1947~1949년생)가 대거 정년퇴직하기 시작한 2007년부터다. 그해 봄, 나는 희망제작소 해피시니어에서 일본으로 출장을 갔다. 그때 만났던 일본 관계자들이 자주 언급한 것이 바로 단카이 세대의 지역 데뷔였다. 이들은 직장 생활을 마감하고 거주지인 지역사회로 귀환하게 될 단카이 세대에게 걱정과 기대가 교차한다고 했다. 그래서 아직 젊고 능력 있는 단카이 세대가 고령화가 심각한 일본 지역사회에 새로운 활력을 불러일으킬 주체로서 역할을 할 수 있도록, 일본 지자체들이 앞장서 이들의 지역 데뷔 교육 프로그램을 가동한다고 했다. '단카이 세대여, 이제는 지역 데뷔다', '지역 데뷔 응원 세미나', '지역 데뷔 강좌, 남자의 준비학', '지역 데뷔 준비술, 또 한 번 빛나는 스테이지' 등 지역사회 연착륙을 돕는 다양한 프로그램이 전국 거의 모든 지자체에서 활발히 펼쳐졌다.

일본의 지역 데뷔 프로그램을 '성공적 지역 데뷔를 위한 10계명'으로 정리해놓은 기사를 봤다.[51] 조금은 사소하고 편협하게 느낄 수도 있는 내용이지만, 초보로서 마을살이를 시작할 때 지녀야 할 자세와 마인드, 현실적 조언이 공감됐다. 대화 주제로 정치·경제 이슈는 금지라고 예시를 들었는데, 나는 여기에 '학력·종교·자식 얘기는 그만'이라고 보태고 싶다. 그러고 보면 문화 차이에 상관없이 소통은 모든 관계 맺기의 가장 기본인 듯하다.

성공적 지역 데뷔를 위한 10계명
-절대 금물해야 할 5대 행동강령

✦ 상대방의 말을 중도에 끊지 말라: 하찮은 것 같아도 무조건 끝까지 경청하라.

✦ 상대방의 의견에 토를 달지 말라: "그게 아니죠"가 아니라 "그렇게 생각할 수도 있겠네요"가 정답이다.

✦ 서둘러 결론을 내려 하지 말라: 대화의 '결과'보다 '과정'이 중요하다.

✦ 회사 시절 무용담 들먹이다 큰코다친다: 지역사회는 '평등사

'전환'의 새로고침

회'다. 명령조 어투는 버려라.

✦ 대화 주제로 정치·경제 이슈는 NG다.

성공적 지역 데뷔를 위한 10계명
-강력 추천 5대 행동강령

✦ 부인을 지역 대선배로 받들어 모셔라: 30년 동안 '지역 조직 생활'을 해온 부인에게 일상의 주도권을 넘겨라.

✦ 지역 주민들과 적극적으로 대화하라: 애완견 산보, 쓰레기 분리수거로 주민들과 자연스럽게 말을 주고받아라.

✦ 은퇴 전에 지역 데뷔 '인턴십'을 경험하라: 은퇴 전 지역 동호회에 참여하는 등 준비 기간을 보내라.

✦ 지역 봉사활동은 좋아하는 분야에 집중하라: 의무적으로 봉사활동을 하면 기존 주민들과 충돌을 빚을 수 있다.

✦ 신참자들만의 커뮤니티를 만들어라: 은퇴 초년병끼리 의기투합하면 지역사회에 쉽게 안착할 수 있다.

퇴직 후 마을 데뷔로 새로운 삶을 살고 있는 서울 영등포구 문래동 최영식 씨를 만나보자. 2011년 희망제작소 행복설계 아카데미에서 최영식 씨를 처음 만났다. 나는 중장년 교육과정에서 종종 '동네 자원 조사'를 과제로 낸다. 퇴직 후 많은 시간을 보내게 될 동네를 새로운 시선으로 탐색해보며 영감을 얻을 수 있기 때문이다.

은행에서 30년 동안 일하다 은퇴한 최영식 씨도 이 과제를 수행하면서 새로운 경험을 했다. 동네에서 사람들을 하나둘씩 만나다 자연스럽게 텃밭 가꾸기 등 동네 모임에 참여하게 됐고, 자신의 강점인 재무회계 지식으로 젊은 예술인들의 사업을 도왔다. 이런 일이 하나둘씩 늘다 보니 문래예술창작촌 젊은 예술가들이 최영식 씨를 '늘 청춘'이라는 뜻으로 '늘청 씨'라고 불렀고, 그는 문래동 마당발로 마을에서 여러 직함을 얻게 됐다. '노을공원 살리기 시민모임' 발기인으로 나선 일을 인연으로 서울환경운동연합 집행위원이 됐고, '우리 동네 햇빛발전소 협동조합' 설립을 위한 창립위원도 맡았다. 사회적기업인 사단법인 '예술과 마을 네트워크' 감사, 예비 사회적기업인 ㈜안테나 이사, '이야기 채록사 협동조합' 이사까지 겸했다. 어느 순간 자신도 모르게 N잡러로 앙코르 커리어의 모델이 된 셈이다.

문래동에서 20년 이상 살았는데 동네에 관해 아는 게 없더라고요. 그래서 동네에서 한번 놀아봐야겠다고 생각했어요. 마을에서 놀면 큰돈이 안 들어요. 제가 목표로 하는 게 '1인 자급자족 경제'인데 지금 거의 실현하고 있어요. 각종 회의비에 도시농업이다 인생이모작이다 마을공동체다 요청받는 강의까지 하면 수입이 매달 50~100만 원은 되는 것 같아요. 최근

에는 문래동 마을여행 가이드까지 하고 있습니다. 허허.[52]

같은 지역에서 노년을 함께 보낼 사람들끼리 의미 있는 작당을 모색하는 것은 신나는 일이다. 동네가 삶터일 뿐만 아니라 재미있는 활동을 펼칠 아지트가 되니 얼마나 매력적인가.

하지만 이런 활동을 쉬 지치지 않고 지속하려면 일단 뭐가 됐든 처음부터 너무 거창하게 시작하지 않았으면 좋겠다. 계획이 거창할수록 많은 돈과 자원이 필요하고 반복된 논의와 회의를 하게 마련이며, 그러다 보면 처음에는 즐겁게 시작했던 일도 감정이 상해 관계가 틀어지는 사례를 많이 봤기 때문이다. 지역 활동을 반드시 사회공헌 활동과 연결해야 한다는 강박도 벗어던졌으면 좋겠다. 누가 시키지 않아도 스스로가 즐겁고 행복해서 하는 일이어야 한다. 그러다 보면 선한 영향력이 자연스럽게 주위로 번지게 마련이다. 또 필요할 때는 과감하게 돈도 냈으면 좋겠다. 내가 직접 나서서 무언가를 하기 어렵다면 먼저 시작한 단체를 후원해도 좋다. 적은 금액이라도 힘을 합치는 순간 연대의 힘은 더욱 강해지기 때문이다.

세대 공감, 교류를 넘어
교감으로

세대 공감? 그거 다 어른들이 하는 얘기죠. 자기들 부채 의식
때문에. 청년들은 관심 없어요. 단발성 프로그램 만들어서 청
년들한테 홍보해달라고 요청받는 거 별로예요. 오히려 청년
들과 삼겹살파티 한번 하자, 이런 게 훨씬 쌈박해요.

청년들은 돌려 말하지 않았다. 2015년 여름 서울시 50플러스
공청회를 준비하기 위해 진행한 사전 인터뷰에서 청년들은 거
침없이 얘기했다. 토론자로 참석해달라고 요청했을 때도 "구색
맞추기라면 별로 내키지 않는다"라고 주저하기에, "참여한 사람
들이 정신이 번쩍 들도록 하고 싶은 얘기 다 하시라"라고 설득
했던 기억이 난다.

"교류는 있으나, 교감은 없다." 서울시 청년 지원 기관 대표는
우리 사회 세대 공감 현실에 관해 한마디로 딱 잘라 이렇게 평가
했다. 이어서 '교류'는 인적·물적 네트워크, 멘토링같이 유무형
자원을 나눠주는 방식이라면, '교감'은 그 세대만의 문화가 있는
지, 그 문화가 본받을 만하고 롤 모델이 될 만한지 등 문화적 접
근임을 강조했다.

당장 이런저런 자원을 조금 손에 쥐여주는 것, 아니면 말로 '나는 이렇게 살았다, 내 경험은 이렇다' 이런 이야기를 듣는 것보다 실제 내 주변에 있는 어른들을 보면서 '아, 내가 10년 후, 20년 후에는 저렇게 살아도 되겠구나' 하는 모습을 보여주는 게, 가장 강력한 세대 교감이라고 생각해요.

'N포 세대'라는 신조어가 등장할 만큼 오늘날 절대 다수 청년은 포기해야 하는 일이 너무 많다. 이렇게 청년 세대가 겪는 좌절에 비추어 보면, 짧지만 단호했던 청년 대표의 발언에는 많은 의미가 담겨 있음을 알 수 있다. 지금 중장년층의 자녀들은 부모 세대보다 가난해지는 최초의 세대라고 한다. 2021년 서울연구원 발표에 따르면, 경제활동을 하는 20대 청년 약 70퍼센트는 부모보다 사회적·경제적 지위가 낮아졌다고 확인되기도 했다.[53]

불투명한 미래를 살아갈 청년 세대에게는 일시적 도움이나 관심, 조언 수준을 넘어서는 것이 필요하다. 재산과 사회적 지위에 의존하지 않더라도 일상이 충만할 수 있고, 사는 게 보람 있고 다양한 인생 경로가 있음을 가까이에서 보고 싶어 한다. 우리가 부모들에게 지겹게 듣고 자랐던 '나처럼 살지 마라'를 반복하지 않는 삶 말이다. 가끔 TV 다큐멘터리에 등장하는 모습이 아니라, 내 부모와 주변 어른들에게서 이런 모습을 자주 반복해서 볼 수 있다면 이런 게 진짜 '교감'이 되지 않을까?

그래서 청년정책과는 별개로 우리 중장년 세대가 청년들에게 보여줘야 할 모습은 긍정적 나이듦과 세대문화다. 오래전 한 연구 모임에서 알게 된 여성분이 이런 말을 했다. "나는 50대가 되니 참 좋아요. 젊었을 땐 그저 싫고 두렵기만 했는데, 아니에요. 나이 드는 게 좋은 것도 참 많아요." 스치듯 나눴던 이 짧은 얘기는 당시 마흔을 갓 넘긴 내가 처음으로 오십 이후의 삶을 궁금해하게 만들었다. 젊은이들이 듣고, 보고 싶어 하는 모습이 바로 이런 게 아닐까? 우리 세대에게는 배울 수 있는 노년의 인생 모델이 많이 없었지만, 그것을 또다시 자녀 세대에게 대물림하지는 말아야겠다. 가장 강력한 세대 공감은 일상에서 새로운 노년 문화를 보여주는 것이다. 이런 의미에서 세대 공감은 단편적 자원 교류와 단 몇 시간짜리 박제된 프로그램만으로는 한계가 있다. 여기 인상 깊었던 세대 통합 캠페인을 소개해본다.

사례1 미국 '제너레이션 투 제너레이션' 캠페인

미국 앙코르닷오르그는 2016년도부터 '제너레이션 투 제너레이션(Generation to Generation, Gen2Gen)' 세대 통합 캠페인을 미국 전역에서 추진했다. 나는 2017년 미국 연수 중 Gen-2Gen시애틀을 총괄하는 짐 맥긴리(Jim McGinley)를 만나 생생한 이야기를 들었다.

'한 세대에서 다음 세대로'라는 뜻의 이 캠페인은 만 50세 이상인 사회 연장자들이 어린이와 청소년 등 젊은 세대에게 조력자가 되어, 그들을 지속적으로 도우면서 궁극적으로는 모두가 더 나은 삶을 살 수 있는 사회를 만들고자 기획됐다. 시니어 100만 명 참여를 목표로 5년(2016~2020) 동안 추진됐다. 이 캠페인에 지원하는 중장년은 지역 커뮤니티와 연계된 청소년 지원 단체에서 자원봉사할 기회를 얻는다. 나는 Gen2Gen 캠페인의 규모와 운영 방식에 감탄했다.

먼저 캠페인의 목표가 매우 구체적이었는데, 예를 들면 '미국 내 모든 어린이가 3학년이 될 때까지 읽고 쓸 수 있게 우리 50세 이상 시니어들이 돕자' 같은 것이었다. 이토록 직관적이면서 공감 가는 캠페인이라니! 또 캠페인을 추진하는 과정 자체가 교육적이었다. 어느 한 기관이 이끌어가는 방식이 아니라, 조력자 16만 명과 협력 기관 2000여 곳이 탄탄한 지역사회 거버넌스 체계를 만들었다. 전국적 캠페인이지만 액션(Action)은 지역사회를 기반으로 지역에서 가장 필요한 일을 우선하고 지역 특성을 반영한다. 특히 청소년 취업을 지원하는 잡페어(job fair)에 20개 기업이 함께했고, 청소년 1500여 명이 참여하는 등 사업 규모와 내용이 방대했다.

시애틀에서 이 캠페인에 참여하는 사례로 '퓨젓 사운드 빅 브라더스 앤드 빅 시스터즈(Big Brothers/Big Sisters of Puget Sound)'도 있다. 말 그대로 어려운 환경에 놓인 아이들(만 6~18세)에게 '빅 브라더' 또는 '빅 시스터'가 되어주는 멘토링 프로그램이다. 레슬리 마이어(Leslie Meyer, 61세)는 미국으로 이민 온 10세 소녀 엘리자베스의 빅 시스터가 되어 주 1~2회 공원이나 도서관을 함께 다니면서 미국 문화에 적응하도록 돕는다. 그는 자신의 경험을 이렇게 얘기했다.

> 누군가에게 '빅 시스터'가 된다는 일이 한 사람 인생에 큰 변화를 가져온다는 사실을 깨달았다. 우린 이제 서로의 삶에서 중요한 존재가 됐다. (AARP 워싱턴, 2017)[54]

사례 2 영국 '매직 미' 프로그램

영국의 '매직 미(Magic Me)'는 1989년부터 런던에서 예술을 활용한 세대 통합 프로그램을 활발하게 진행해왔다. 나는 2010년 희망제작소에서 매직 미를 처음 알게 됐다. 같은 해 희망제작소가 연세대학교 '대학생 현장 탐방 프로젝트 uGET'의 파트너 기관으로 참여하면서 '시니어'를 탐방 주제로 선택한 대학생 네 명이 해피시니어팀을 찾아왔다. 우리는 이 학생들과 여러 차례 세미나를 했고, 학생들이 한 달 동안 런던에 머물며 영국의 시니어 교육, 세대 통합 관련 현장을 조사할 수 있게 지원했다. 이들은 매직 미에도 방문해 인터뷰했고 이 내용을 보고서[55]에 담았다.

매직 미의 모든 프로젝트는 지역사회 기관들과 협업을 기초로 진행된다. 특히 지역 학교와 노인복지센터의 파트너십이 활발하다. 학교와 노인복지센터에서 참여자를 모집하고 매직 미가 고용한 예술가들이 프로그램을 운영해 세대 통합을 위한 여러 활동을 전개했다. 매직 미의 대표적 프로젝트를 살펴보면 세대 교류 프로그램에 관한 참신한 아이디어를 얻을 수 있다.

그중 '모자이크 프로젝트'는 지역 학교 아이들과 노인복지센터 노인들이 함께 모자이크를 만들어서 외벽을 장식하는 프로그램이다. 학교와 노인복지센터를 오가는 길에 별 모양 모자이크를 붙이는 등의 활동으로 두 세대의 관계를 표현하기도 했다.

'에이지 캘린더(Age Calendar) 프로젝트'도 있는데, 예를 들어 운전을 배워보고 싶다는 아이에게 같은 팀 할머니가 자신의 운전 경험을 이야기해주고, 함께 운전하는 장면을 연출해 사진을 찍어 이 사진으로 달력을 만드는 프로젝트다.

'칵테일 프로그램'은 방과 후 어린 학생들이 노인 요양원에 찾아가 함께 차를 마시며 대화를 나누는 프로그램으로 지역사회에서 반응이 좋았다. 학교에서 따돌림을 당하거나 의사소통에 장애가 있는 학생, 지나치게 내성적인 학생들이 프로그램에 참여하면서 긍정적으로 변화하는 효과를 얻었다. 칵테일 프로그램 성과는 '애프터 스쿨'로 이어졌다. 이번에는 노인들이 직접 학교에 찾아가 대화하는 프로그램이다. 가령 나중에 비행사가 되고 싶은 꿈이 있는 학생이 항공사에서 일했던 노인과 만나 생생한 이야기를 듣는 형식이다.

매직 미에 참여하는 사진작가가 지역을 돌며 특정한 사물이나 경치를 사진으로 찍고 이를 바라보는 다양한 세대의 시각과 의견을 나누는 자리를 마련하기도 한다. 똑같이 해가 산에 걸려 있는 사진을 보더라도 노인은 저무는 석양을, 젊은이는 떠오르는 일출을 연상하며 그 느낌을 공유한다. 여기에 그치지 않고 이를 글로 써보고 그림으로 그려보며 세대 간 차이를 인정하고 이해할 수 있게 돕는다.

매직 미 관계자는 예술이라는 즐거운 매개체를 바탕으로 아이들과 노인들이 공동으로 작업하며 함께하는 일이 즐겁다는 사실을 깨닫고, 서로에 관한 선입견을 없애는 일이 중요하다고 강조했다. 이런 활동으로 학생들은 자신의 인생을 미리 생각해보고 구체적 미래 계획을 세우는 데 도움을 받았다. 또한 지역 노인들은 아이들을 만나 도움을 줄 수 있다는 사실 자체로 큰 즐거움을 얻었을 뿐 아니라, 자신이 만든 결과물이 공공 공간에 전시됐다는 사실에 큰 성취감을 느껴 자존감 회복에도 긍정적 영향을 미쳤다. 물론 프로그램 밖 세상에는 편견과 선입견이 여전하다. 그렇지만 일상에서 세대가 자연스럽게 만날 수 있는 프로그램과 단체가 지역사회에 더 많이, 더 자주 생길수록 점점 더 긍정적 효과를 만들 수 있다고 밝혔다.

사례 3 독일
'시니어 학교 부엉이'[56]

독일 '시니어 학교 부엉이'는 학생 교사와 시니어 학생이 서로가 잘하는 것을 가르쳐주는 재능 나눔 프로젝트다. 2001년 독일 북서부 도시 레케의 한 고등학교에서 시작해 독일 여러 지역으로 확대됐다. 독일 김나지움 학생들이 영어, 불어, 컴퓨터-인터넷 등 각자 자신 있는 과목을 강좌로 개설해서 지역에 사는 55세 이상 시니어들에게 가르쳐준다. 모든 비용은 무료다.

학생들은 부엉이 학교에 학생 교사로 참여하고, 학교 선생님들은 학생 교사들이 해결하기 힘든 문제에 부딪히면 도와주는 역할을 한다. 지역단체는 프로젝트 운영 노하우와 행정인력을 지원하고, 지자체는 강의 공간을 제공하는 등 역할을 분담해 '학교 속 학교'로 자리매김하고 있다. 수업은 방학을 제외하고 매주 금요일 오후에 두세 시간 진행된다. 참가자 모두가 함께 모여 준비한 간식을 나누는 등 세대 간 자연스러운 대화의 장을 만든다. 학생들의 창의적 아이디어와 참여 의지로 꾸려나가는 부엉이 학교는 지역사회 노인들의 삶에 활력을 더할 뿐만 아니라, 학생들에게 참여와 나눔의 기쁨을 선물하고 있다.

위 사례들에서도 확인했듯이 세대 공감 프로그램은 강의실 밖을 넘어서야 효과적이다. 억지로 소통을 늘리기보다 함께 몰입할 거리를 찾는 일이 더 중요하다. 세대 간 접점을 늘리되, 단순히 시간을 공유하는 데서 그치지 않고 깊게 몰입하는 경험이 도움이 된다. 뜨개질이 종종 세대 공감 프로그램의 단골 소재로 등장하는 점도 이런 이유다. 뜨개질 자체에 큰 의미가 있다기보다는 무언가 함께 만들고 서로 경험을 주고받는 과정이 세대 간 접점을 늘려주고, 함께 창작하고 몰입하는 경험이 큰 효과를 발휘하기 때문이다.

최근에는 청년 활동가들 사이에서도 '세대 교류'가 자연스럽게 언급되고 있다. 그동안 청년 운동을 청년 당사자 중심으로만 하다 보니 해결할 수 없는 문제들이 있었다. 결국 위 세대와 연결돼야 부족한 자원을 서로 보완하고 실효성을 높일 수 있음을 경험적으로 알게 됐다고 했다. 그리고 이제 한 발 더 나아가 세대 담론을 정책적으로 지원해야 할 필요성을 느끼는데, 영국 맨체스터 시 사례에서 몇 가지를 통찰할 수 있었다.

'전환'의 새로고침

맨체스터는 영국 북서부 도시로, 런던에서 두 시간 반 정도 되는 거리에 있다. 시는 노년층 삶의 질 문제에 집중하다가 자연스럽게 도시 내 세대 갈등 문제를 인지하게 됐고, 이후 세대 통합 실현을 시의 주요 과제로 설정했다. 그리고 시의회가 주최해 매년 '세대 공감 아이디어'를 공모한다. 10~13개 정도를 선정하는데, 선정된 프로젝트에는 기획부터 운영까지 시민들이 직접 참여해 문제를 해결하도록 지원했다. 시의회가 앞장서 세대 통합 프로젝트를 진행한 점도 신선했지만, 무엇보다 세대 통합을 이해하는 맨체스터 시의회의 수준이 놀라웠다. 이곳에서 세대 간 전략 코디네이터로 일하는 패트릭은 프로젝트를 운영하며 사람들에게 세대 통합의 올바른 정의를 인식하게 하는 일이 가장 어려웠다고 했다. 흔히 세대 통합을 젊은 층이 노년층을 공경하고 대우해주는 일로 잘못 인식하고 있는데, 참된 세대 통합은 두 연령층이 동등한 위치에서 교류하고 서로를 똑같이 이해하고 배려하며, 시민으로서 함께 지역 발전을 위해 힘쓰는 공동체를 만드는 일임을 분명히 밝혔다.

동서고금을 막론하고 세대 간 갈등은 존재해왔다. 사람들이 지닌 각 세대에 관한 편견을 완전히 없앨 수는 없지만, 세대 간 갈등을 없애기 위해 노력하는 민간기관의 혁신 프로그램과 맨체스터 시의회 사례를 보며 정부와 지자체가 어떤 관점과 철학을 지녀야 할지 조금은 생각해볼 수 있었다.

주거, 가장 확실한
세대 협력

우리 사회에서 주거 문제는 세대 갈등을 일으키는 주요 원인이다. 부동산이라는 물적 기반을 갖춘 중장년 세대는 상대적으로 안정적 삶을 꾸릴 수 있었지만, 근로소득뿐인 청년 세대는 평생을 모아도 집 한 채 사기 어렵다. 이렇듯 두 세대 사이에는 큰 간극이 있다. 이런 이유로 2015년 서울시에서 새로운 중장년 사업을 구상할 때부터 주거 문제는 주요한 의제였다.

청년 주거 문제 해결에 중장년 세대가 어떤 역할을 할 수 있을지 관련 전문가, 당사자들과 여러 차례 이야기를 나눴다. '큰바위얼굴 협동조합'의 양기철 이사장을 만난 것도 이 즈음이었다. '큰바위얼굴'은 서울대 시니어 동문들이 만든 협동조합이다. 시니어 선배들이 후배 학생들을 위해 모금하고 후원해서 아파트 보증금을 마련해주면, 학생들이 안전하고 쾌적한 환경에서 저렴하게 실비만 내고 거주할 수 있도록 지원하는 공유 주거 모델이었다. 시작 단계였지만 의지가 대단했다.

세대가 협력해서 만든 대표적 주거 모델 사례는 2018년 시작된 '터무늬 있는 집'[57]이다. 청년 주거 문제 해결에 뜻이 있는 선배 세대가 자발적으로 기금을 출자해 청년들에게 저렴(1인당 평균 주거비 10만 원 내외)하면서도 양질의 주거 공간을 제공하는 세대 협력형 시민운동이다. 2018년 강북구에 첫 번째 터무늬 있는 집이 만들어진 이후 2023년 8월 기준 총 16호까지, 청년 80여 명이 안정적 주거 공간을 갖게 됐다. 시민 180여 명이 출자자로 참여했기에 가능했다.

2016년 서울시50플러스캠퍼스가 문을 열면서 중장년들의 주거 전환에 관한 프로그램이 본격화됐다. 주거 전환 강좌를 계기로 주거 커뮤니티들이 만들어졌고, 당사자 연구나 공동 책 발간 등 실천 활동이 활발하게 이어졌다. 당사자들의 이러한 자발적 실천은 터무늬 있는 집 참여로 이어져 실제 주거 전환 강좌 수강생, 주거 커뮤니티, 캠퍼스 직원들이 출자자로 많이 참여했다. 더 나아가 서울시 '한지붕세대공감 코디네이터'[58]와 같은 일자리 사업으로도 확장됐다.

나는 감히 주장한다. 오늘날 집을 스트레스 요인으로 만든 장본인 중 하나인 우리 세대가 다시 집의 원형을 복원하는 일에 책임을 지고 나서야 한다고. 특히 집 때문에 결혼과 출산마저 포기하는 청년 세대에게 따뜻한 손을 먼저 내밀기를 희망한다. 50플러스의 '플러스'가 단순히 기호가 아니라, 전 세대와 어우러져 살 수 있는 '플러스알파'로서 힘이 되기를 기대한다.

3인 3색
'전환'의 삶

그들은 어떻게
전환을 이루었나

여기 세 가지 사례를 소개하고자 한다. 구체적 인물을 선택하는 일이 조금은 부담스럽기도 했지만, 흔히 말하는 성공 사례 혹은 대표성을 보여주려는 의도는 아니기 때문에 직관적으로 떠오르는 사례를 우선 접촉했다. 이미 잘 알고 있는 사례도 있었지만 인터뷰라는 형식으로 조금 더 깊게, 객관적으로 들여다보면서 새롭게 통찰할 수 있기를 기대했다. 무엇보다 생애전환기 새로운 경험과 탐색이 그들 개인 삶에 어떻게 영향을 줬는지 궁금했다. 세 가지 사례는 크게 공동 창업, 취업, 프리랜서 정도로 구분했고 이들을 선택한 구체적 동기가 된 배경은 다음과 같다.

공동 창업 **희망도레미**

희망도레미는 2009년 희망제작소 행복설계 아카데미 동문들이 주축이 되어 만든 첫 단체다. 금융권 퇴직자 열두 명이 300만 원씩 출자해서 만들었다. 희망도레미가 지나온 14년에는 우리 사회 중장년 운동의 역사가 담겨 있다. 그리고 세월의 흐름에 따라 회원들의 관심사에도 변화가 있을 터다. 희망도레미의 어제, 오늘, 내일이 궁금하다. 시기별 보람과 성과는 무엇이었는지, 갈등과 위기는 어떻게 극복해왔는지, 그리고 희망도레미 활동으로 회원들의 노년 삶에는 어떤 변화가 있었는지, 늘 응원하는 마음으로 지켜봤던 희망도레미와 마주하며 14년을 돌아보는 시간 여행을 했다.

소셜벤처 취업 황성철 매니저

중장년 인턴십 경험이 계기가 되어 관련 분야에 취업한 분을 찾고 있
었는데 '상상우리'에서 적임자를 추천받았다. 2013년에 설립된 상상
우리는 중장년층의 전직, 재취업, 창업 등을 지원하는 사회적기업이다.
금융회사 임원으로 퇴직한 황성철 씨가 상상우리에 터를 잡기까지 순
탄치만은 않았다. 중장년 컨설턴트로 일하는 지금, 동년배인 중장년 세
대를 보며 새롭게 느낀 점들은 무엇인지, 영리기업에서 소셜섹터로 전
환한 후 어떤 차이를 느꼈는지, 지금 이 새로운 경험이 삶의 가치관에
어떤 영향을 미쳤는지 궁금한 점이 많았다.

프리랜서 천둥 작가

타고난 약골에, 30대부터 난치성질환까지 찾아와 흔히 말하는 풀타임
직업 경력은 거의 없다. 하지만 세상에 호기심이 많은 편이라 전업주
부로 살면서도 학교와 마을에서 온갖 작당질을 즐겼다. 오십 즈음 갱
년기를 맞으며 일상이 시들해졌는데, 어느 날 갑자기 덕질을 하면서
삶의 궤도가 완전히 바뀌었다. 특기인 꾸준함을 살려 매일 그림 그리
기, 글쓰기를 몇 년 동안 하다 보니 새로운 기회들이 찾아왔다. 지금은
동화책을 비롯해 총 네 권의 책을 펴낸 작가이자 강사, 덕후로 살고 있
다. 오십 이후 새로 찾게 된 일거리, 그리고 여성의 관점과 시선으로 바
라본 중장년 전환기가 궁금해 그녀의 시간 속으로 들어가봤다.

공동 창업
'희망도레미'
이야기

정진문
현 사단법인 희망도레미 이사장
전 중앙부처 고위공무원, 대통령 행정관

신준식
현 사단법인 희망도레미 사회공헌활동지원사업단 사업단장
전 금융권 30년 재직, 서울50플러스인생학교 2기 졸업생

OI

희망도레미의 역사는 곧 시민 주도 앙코르 커리어의 발자취를 보여준다고 생각합니다. 희망도레미의 시작부터 지금까지 진행 과정을 간단하게 소개해주세요. 각자의 개인 소개와 희망도레미 합류 계기도 궁금합니다.

정진문　네, 맞습니다. 희망도레미는 2009년 금융권 은퇴자들이 전문 경험을 사회에 환원하기 위해 만든 민간단체입니다. 희망도레미의 정체성은 사회적경제에서 전문 은퇴자가 일할 수 있는 사회공헌 일자리 창출입니다. 현재 희망도레미를 구성하는 인력은 금융기관, 공공기관, 일반기업에서 일했거나 공무원, 교사 등 경력이 다양합니다.

2010년 사업 초기에는 금융기관 출신 은퇴자들이 중심이 되어 '신나는조합'과 협업해 소상공인 대상 재무 상담 및 마이크로크레디트 사후관리 사업을 시작했습니다. 2012년에는 서울시50

3인 3색 '전환'의 삶

플러스재단 시범사업이었던 서울시인생이모작지원센터를 3년 동안 위탁 운영했습니다. 희망도레미의 정체성을 가장 잘 보여 주는 사업은 이러한 경험을 바탕으로 2016년부터 시작한 고용 노동부 경력형 일자리 사업과 서울시 신중년 사회공헌 사업입니다. 전문 경력을 보유한 은퇴자들이 자연스럽게 본인의 경험을 살려 앙코르 커리어를 수행할 수 있도록 사회적경제 단체에 매칭 및 멘토링하는 사업입니다. 2018년부터는 보건복지부의 사전연명의료의향서 등록기관으로도 활동하고 있습니다.

현재 희망도레미는 회원 110명과 상근 직원 열일곱 명으로 구성돼 있습니다. 회원에는 정회원 55명과 준회원 55명이 있는데, 정회원은 출자금 300만 원을 냅니다. 출자금은 돌려주지는 않고, 대신 사업에서 흑자가 나면 회원들을 위해 야유회를 열거나 굿즈, 명절 선물 등을 드리죠.

직원 중 열한 명은 시니어 서포터스로 다른 곳에서 일하고 있습니다. 도레미 사무실에서 종일 상근하는 직원 여섯 명은 주로 열 시에 출근하고 다섯 시에 퇴근합니다. 급여는 최저시급에, 4대보험 가입을 기준으로 합니다. 수익 구조는 크게 세 가지인데요, 첫 번째는 상근자들이 급여 일부를 자발적으로 기부합니다. 이 돈은 일반 운영비로 쓰입니다. 두 번째는 정부나 지자체 용역 사업인데요, 저희 수입의 대부분을 차지하지만 한계도 있습니다. 세 번째는 희망도레미 회원들의 기부입니다.

한국형 앙코르 커리어 1세대, 그 지속 비결은?

정진문　2016년부터 기획이사로 있다가 2018년 11월 부터 대표이사로 재직하고 있습니다. 저는 중앙부처에서 비교적 높은 직급으로 있었기 때문에 연금도 괜찮은 편이라 상대적으로 여유가 있지만, 퇴직 공무원들이 다 그렇지는 않아요. 뭐라도 해야 하죠. 일반적으로 공무원들은 비영리단체에 관한 인식이 그다지 좋지 않아서 이쪽에서는 일 안 하려고 해요. 저는 오십 넘어 대장암에 걸렸던 일을 계기로 인생을 가치 있게 살고 싶다는 마음이 강하게 들어서 사회공헌에 뛰어들었지만, 일반 공무원은 대체로 비영리단체에 안 가려고 하죠.

신준식　희망도레미 사회공헌활동지원사업단장을 맡고 있는 신준식입니다. 금융기관에서 30년 동안 일했고 2017년 희망도레미에 입사했습니다. 저도 인생 후반부 진로를 고민했는데, 서울시50플러스재단을 알게 됐고 인생학교 2기를 졸업했습니다. 이후 활기차고 다양한 앙코르 커리어를 위해 협동조합을 결성하기도 했고, 노사발전재단에서 희망도레미를 소개받아 참여하게 됐습니다.

저는 퇴직 후 사람들과 생애설계 협동조합을 함께 만들어 활동하고 있습니다. 퇴직 후 제가 일자리를 선택한 기준은 규칙적으로 생활할 수 있어야 한다는 것이었어요. 희망도레미에 처음 지원했을 때 급여가 월 60만 원이었습니다. 월급 200만 원을 제시한 곳도 있었지만 집에서 거리가 멀고 맞지 않는 부분들이 있어 거절했습니다. 사실 희망도레미는 회비도 내야 하고 기부도 해야 하기 때문에 돈만 생각하면 안 맞죠. 하지만 적성에 맞는 일만 찾으면 급여는 N잡러로 해결할 수 있습니다. 희망도레미에 입사할 당시 산업진흥원에서 컨설턴트로 활동했는데 이 일까지 하면 월 200만 원은 되겠다 싶어서 들어왔습니다. 지금은 산업진흥원 일을 포기하고 생애설계 협동조합과 희망도레미 일 두 가지만 합니다. 한 직장에서 풀타임으로 200만 원을 받으나 여기서 일하면서 N잡러로 200만 원을 버나 총금액은 같은데, 이곳에서 하는 일은 60만 원 이상의 가치가 있거든요.

집에만 있었다면 도움이 될 만한 공공기관들을 몰랐을 거예요. 예전에 금융권에서 일할 때 인사 담당이었는데, 그 경력을 살려 산업진흥원에서 특성화고 학생들의 멘토링을 요청받았어요. 청년이나 은퇴자들을 대상으로 하는 멘토링 활동이 너무 좋습니다. 퇴직과 함께 묻힐 수도 있던 30년 경험을 살릴 수 있으니 저에겐 일 그 이상의 가치가 있죠. 급여는 적지만 일반 회사에서 하는 일에 비하면 경험의 폭은 비교할 수 없을 정도로 큽니다.

은퇴 전 각자 자리에서 한가락 하던 분들인데, 새로운 영역에서 조직을 만들어 바닥부터 시작한다는 일이 결코 쉽지 않았으리라 생각합니다. 어떤 점이 가장 힘들었고, 그 어려움을 어떤 방식으로 극복해왔는지 알고 싶습니다.

정진문   가장 힘들었던 부분은 사업 영역 개발입니다. 희망도레미 회원은 가입할 때 단체 운영 유지를 위해 회비 300만 원을 냅니다. 초기에는 적당한 사업이 없어 자본금을 법인 유지비로 사용해서, 6년 차에는 법인이 사라질 수 있다는 불안감이 팽배했습니다. 이러한 위기 속에 총대를 메고 과감하게 구조조정을 했습니다. 그 과정에서 반대도 있었지만, 이사장 먼저 무보수에 헌신하는 자세로 혼신을 다했죠. 서울시 공공기관 공모사업으로 확보한 500만 원 전액을 투입해 위기 극복을 위한 대응 방안 워크숍을 여는 등 조직 역량을 강화해 회원 모두 입회 당시 초심으로 돌아가 위기를 극복했습니다.

비영리단체가 5년을 버티기 힘든 이유는 리더의 역할이 가장 중요한데 그게 잘 안 되기 때문이라고 생각합니다. 리더십이 없으면 존속하기 어려워요. 시니어 단체 특징 중 하나는 말로는 다될 듯하지만 실행력이 없다는 점입니다. 하자고 해놓고도 막상 하려고 하면 잘 안 됩니다. 시니어 단체 리더는 금전적 보상을 바라지 않겠다는 자기 확신이 있어야 좋습니다. 그런 점에서는 리더가 경제적으로 안정적이고 생활이 유지되는 사람일수록 좋은 점도 있다고 생각합니다.

은퇴 후 적정 급여,
정답은 없다

많은 분이 앙코르 커리어, 소셜섹터에 관해 가지는 편견 중 하나가 '낮은 급여'인데요, 은퇴 후 적정 급여와 업무 환경을 어떻게 생각하시나요?

정진문　한국에서는 은퇴 후 양질의 일자리가 많이 부족합니다. 앙코르 커리어를 생애 경력의 연장선으로 보고, 급여보다는 적정한 일과 활동에 중점을 두어야 합니다. 가장 중요한 점은 먼저 본인의 특성을 파악하고 새로운 환경에 적응하려는 마음가짐과 태도입니다. 제가 생각하기에는 은퇴 후 적정 급여에 정답은 없습니다. 본인이 관심과 흥미를 느끼는 일이라면 다소 보수가 낮더라도 만족하기 때문입니다. 그래도 보수를 책정한다면 월 70~200만 원이면 좋겠고 업무 환경은 본인이 직무를 수행할 수 있는 조건이 갖추어진 환경이면 된다고 생각합니다.

중장년 세대에게는 적더라도 '의미 있게' 들어오는 돈이 중요하다고 생각합니다. 희망도레미 외에 다른 활동으로 수입을 얻기도 합니다. 예를 들어 신준식 단장은 도레미 활동이 메인이긴 하지만 협동조합 강의 수입도 일부 있죠. 조합원 대부분도 N잡러고요. 협동조합 소개로 강의하러 나갈 경우 정관에 따라 보수를 배분합니다.

적은 보수에 밤늦게까지 일하면서도 좋았던 까닭은 보람을 느낄 일이 많았기 때문입니다. 요즘 지역아동센터에 보통 서너 번 가서 봉사활동을 하는데, 저를 '행복 아저씨'라고 부르더라고요. 희망도레미에 안 왔으면 제가 어떤 계기로 이런 말을 들을 수 있었겠어요? 놀아본 사람이 노는 재미를 알듯 봉사도 해본 사람이 봉사하는 재미를 아는 법이죠.

지금 상황도 과도기일 수 있습니다. 정부 용역 사업 위주로 하다 보니 아무래도 힘든 부분이 있습니다. 요즘은 앞으로 10년을 준비하기 위해 해외 사례 등을 보면서 아이디어를 얻고 있습니다. 불특정 다수가 쉽게 진입하고 정보를 얻는 소셜미디어, 4차 산업 쪽으로 사업을 구상 중입니다. 그러면서 사회적기업으로 가려고 하고요. 이제는 영리와 비영리를 나누는 일이 의미가 없어요. 이미 다들 영리활동을 하니까요. 아직까지는 다들 정부나 지자체 용역 사업 의존도가 높은 게 사실이고요.

희망도레미가 시작된 지 벌써 14년이 됐습니다. 희망도레미 사업의 타깃이자 주요 구성원인 중장년들의 세대교체가 한 번 이상 일어난 기간인데요, 14년 동안 중장년 은퇴자들의 성향이나 내외부 환경(기업, 사회 분위기, 정부

정책 등)에 어떤 변화의 흐름이 있었다고 생각하시나요? 희망도레미 내부에서도 그동안 사업 내용이나 인력 구성에 어떤 변화가 있었는지 궁금합니다.

정진문　네, 세대교체가 이루어진 상태입니다. 법인 창립 회원들은 대부분 2선으로 물러났으며, 중장년 은퇴자들의 성향은 양질의 안정적 일자리에 관한 욕구가 높아졌습니다. 그리고 정부 정책사업 진입장벽도 높아졌습니다. 모든 업무가 정부 시스템과 인터넷 환경 위주로 진행되기 때문에 이에 관한 업무 처리 능력을 보유한 은퇴자 중심으로 변화하고 있습니다. 따라서 희망도레미 내부도 해당 업무 분야에 관한 전문 지식은 물론 OS 처리능력이 준비된 사람 위주로 재편됐습니다.

초기 멤버들은 일흔이 넘어 노년기에 접어드신 것으로 압니다. 희망도레미 현업에서 물러나신 초기 멤버들은 현재 어떤 활동이나 계획을 하고 계실까요?

정진문　그렇죠. 초기 멤버들은 이제 일흔이 넘었어요. 희망도레미 사업에 조언하기도 하고 여전히 활동하는 분들도 있습니다. 저희 법인은 보건복지부의 사전연명의료의향서 등록기관 사업을 하고 있습니다. 주로 노년기 어르신을 대상으로 존엄한 마무리를 선택할 수 있게 상담하고 사전연명의료의향서 작성을 지원합니다. 이는 초기 멤버들이 나이가 들어감에 따라 자기 관심과 욕구가 자연스럽게 변했기 때문입니다. 그러다 보니 지금은 연명치료나 웰다잉 등으로 희망도레미 의제가 확대된 셈이죠. 최근 보건복지부, 노인인력개발원과 협업해 70대에도 활동할 수 있는 웰다잉 상담사(시니어 서포터스) 일자리를 개발해 좋은 호응을 얻고 있습니다.

많은 분이 은퇴 후 다양하게 창업을 시도하지만 꾸준히 유지하는 분은 많지 않습니다. 희망도레미 같은 사회공헌 단체는 더욱 어려움이 많으리라 생각합니다. 그럼에도 오랫동안 조직이 해체되지 않고 유지될 수 있었던 비결은 무엇일까요?

정진문　네, 희망도레미도 내부적으로 어려움이 많았지만 지금까지 지속될 수 있었던 까닭은 대표의 강력한 리더십, 전문 경험을 지닌 우수한 인력들의 열정과 다양성이 있었기에 가능했습니다. 정부 사업에서는 공무원 출신 회원들이 사업 방향을 잘 설정했고, 사업을 수행할 때는 창의적이고 유연성 있는 회원들 덕분에 차별화된 업무 수행으로 사업 성과를 인정받아 희망도레미를 현재까지 이끌어올 수 있었습니다.

앙코르 커리어에 관한 인식과 필요성이 크게 높아졌지만 제도나 정책 면에서는 여전히 아쉬운 점이 많으리라 생각

합니다. 우리 사회에서 어떤 점이 보완돼야 할까요?

신준식　앙코르 커리어에 관한 인식과 필요성이 많이 높아졌지만 현재는 서울시50플러스재단의 보람일자리 등 단기적 일자리에 한정돼 있습니다. 중장년 은퇴자들은 안정적 일자리를 원합니다. 중장년 은퇴자의 전문 경력을 활용하지 못하는 점은 사회적·경제적으로 엄청난 손실입니다. 정부와 기업이 함께 은퇴자들의 사회공헌형 앙코르 일자리를 만들어간다면 중장년의 인생 후반부 삶의 질을 높이는 영역으로 자리 잡으리라 생각합니다.

희망도레미의 향후 계획이 궁금합니다.

정진문　희망도레미는 앞으로 새로운 10년을 준비하고 있습니다. 중장년 은퇴자들이 사회공헌형 앙코르 커리어에 쉽게 진입할 수 있게 유튜브 채널 '하이도레미'를 출범할 계획입니다. 다양한 경험을 보유한 전문직 은퇴자들이 출연해 제2의 삶을 의미 있게 설계할 수 있도록 도와주는 채널입니다. 우리나라는 조만간 고령사회에 진입합니다. 노인인력개발원과 협업해 시니어를 대상으로 한 다양한 앙코르 일자리 사업도 계획하고 있습니다.

스스로를 객관적으로 보는 눈과
실무 능력이 중요

당사자면서 다른 당사자들을 매칭하는 일을 하시는데, 중장년 세대에게 이런 점은 고치면 좋겠다고 생각하시는 것이 있을까요?

정진문　서울시50플러스재단의 50플러스인턴 사업에 참여해서 중장년 인턴을 받기로 했습니다. 제가 구직자라고 생각하고 일자리를 찾아보니 일할 수 있는 데가 하나도 없더라고요.

중장년은 대부분 제너럴리스트지 현장에서 쓸 실무는 할 줄 아는 게 별로 없더라고요. 작년에 강남구청과 채용 연계 사업을 했는데, 중장년 참여자와 인터뷰를 해봤더니 살아남을 수 있는 분들은 엑셀이나 파워포인트처럼 실무능력이 있는 분들이었어요. 물론 일이 없이 자유롭게 놀 수 있는 분들도 있지만, 우리 세대는 대부분 자식 때문에 경제적으로 넉넉하지 않습니다. 그러다 보니 100만 원, 200만 원 주는 급여에는 시선이 잘 안 가죠. 자신을 객관적으로 보는 눈이 약해요.

잡 매칭이 잘 안 된 이유 중 하나가 스스로 너무 높은 점수를 줘서 그래요. 자신을 객관적으로 보고 낮추는 과정이 필요합니다. 아랫사람이 대신 해주길 바라는 권위의식, 궂은일은 하지 않으려는 꼰대 의식도 버려야 하고요. 그리고 중장년 세대는 열정이 부족해요. 뭐 하면 언제든 빠져나갈 생각만 하고 책임 안 지고 총대를 안 메려고 하는데 이런 자세도 고쳐야 합니다.

인생 전환기 변화를 준비하기 위해 중장년에게 어떤 교육이 도움이 될까요? 마지막으로 못다 한 얘기 해주셔도 좋습니다.

신준식 제3섹터라는 영역이 엄청 방대하더라고요. 서울시50플러스재단 프로그램들을 보면 서로 동떨어져 있는 게 많은데 유기적으로 연결되면 좋겠어요. 어떤 입문 과정이 끝나면 심화 과정이 이어져서 자연스럽게 자신을 바라보고 객관화하는 거죠. 그러면서 제3섹터 영역이 필요한 당위성을 느끼고 실제 현장에도 가서 경험해보게 하면 좋겠습니다. 대학교도 3~4년 다니는데, 남은 인생을 위해 1년 교육 듣는 일은 길지도 않잖아요. 아예 장기간, 1년 프로그램으로 해서 양질의 일자리를 이 사람의 달란트와 연결하는 작업이 필요하다고 생각합니다. 정부에서 예산을 쏟아붓고 기업도 하고는 있지만, 대부분 사회공헌 일자리들이 단타성이에요. '앙코르 펠로십'처럼 외국은 기업에서도 은퇴자 일자리에 일정 부분 투자하잖아요. 사회 전체 흐름으로 봤을 때, 일단 공기업이 앙코르 커리어 분야에 투자해서 성공 모델을 보여주고 100대 기업에 일정 부분 사회적 책임을 지우면 좋겠어요. 자기들 기업 홍보하는 데만 써먹게 하지 말고요. 전직지원 서비스는 대기업 위주로 운영돼서 중소기업 재직자들에게는 기회가 없는데, 퇴직 예정자를 대상으로 한 전환기 교육은 꼭 필요하다고 생각합니다.

정진문 사실 은퇴 전에는 나만 잘 살면 되는 이기적인 남자였다면, 지금은 주어진 삶 자체가 행복한 사람이 됐습니다. 미래의 내가 오늘을 살았던 나를 자랑스럽게 여길 수 있게, 대표로서 역할과 체력 관리, 여가 등 균형 잡힌 삶을 보내려고 노력합니다. 그리고 앞으로 시간이 조금 더 지나면 법인 운영보다는 우리 사회 취약계층 등 소외된 분들을 위한 기부와 모금, 지원 등 봉사활동에 전념하고 싶다는 소망이 있습니다.

53세 퇴직 후
소셜벤처 취업,
황성철 씨 이야기

황성철
현 강남구 신중년 디지털 일자리센터장(상상우리 위탁)
전 한화금융그룹 26년 재직

02

자기 소개와 현재 일하는 상상우리에 입사하게 된 경로와 배경이 궁금합니다.

한화금융그룹에서 26년 일했습니다. 마케팅본부장, 영업수행팀장, 자산관리(WM), 인사 담당, 기업 담당 임원을 지냈고 지점장까지 두루 거쳐 2019년 실질적으로 퇴직했죠. 그때가 53세였어요.

퇴직하면 다들 일은 안 하고 취미 생활만 하려고 합니다. 하지만 그런 생활은 1년을 못 넘긴다는 사실을 깨달았어요. 취미 생활만 하기엔 너무 오래 살거든요.

저는 퇴직 후 일을 생각할 때 전제 조건이 '기존에 하던 일은 안 하겠다'는 것이었어요. 저는 원래 직업상 투자 아니면 돈만 생각하는 사람이었습니다. 같은 맥락에서 퇴직 후 일자리는 성장하는 시장에서 찾아야 한다고 생각했습니다. 거기에 내 나이와 할 수 있는 일까지 고려했을 때 관심을 기울이게 된 분야가 사회복지서비스 분야였죠. 그래서 가장 먼저 사회복지사 자격증을 땄어요. 사회복지사 자격증은 정부에서 하는 각종 기간제 일자리 사업에서 우대 조건이기도 하거든요. 그런데 막상 보니 이 사회복지사라는 직업이 50대 초반까지는 괜찮은데 50대 후반으로 갈수록 좀 어려워요.

저는 퇴직 전 2년, 급여가 나오는 동안에 이것저것 많이 배웠어요. 산촌학교, 귀촌학교, 프랜차이즈, SNS 마케팅, 소상공인 창업, 스마트 스토어, 미술사, 명리학 등 평소에 배우고 싶은 것들을 엄청 듣고 다녔는데 이런 것들을 배우면서 눈이 많이 트였어요. 이렇게 사는 사람들이 있구나 하는 것을 알았어요. 이런 경험 자체가 큰 도움이 됐어요.

그러다 우연히 '굿잡5060' 5기에 들어가게 되면서 사회적경제를 알게 됐고, '해볼 만하네?' 하고 생각하게 됐습니다. 전에는 사회적경제를 전혀 몰랐죠. 오히려 단어에 약간 거부감이 있었어요. 왜냐하면 저는 자본주의의 가장 끝에 있던 사람이다 보니 공동체, 공평 이런 것은 별로 안 좋아했거든요. 그런데 여기 있다 보니까 세상이 많이 변했구나 싶고, 하다 보니까 공동체는 만들어야겠더라고요.

왜냐하면요, 금융기관이 너무 많은 돈을 가져가요. 제가 그만둬서 하는 말이 아니라, 정말 너무 많이 받아가는 것 같아요. 똑

같이 일해도 격차가 너무 벌어진다는 생각이 들어서 공동체를 생각하게 됐습니다. 그러다가 한국사회적경제진흥원에 전문위원으로 들어가게 됐고요. 처음에는 당연히 떨어졌죠, 제 이력에는 사회적경제 분야 경력이 없으니까. 떨어지고 나서 6개월 동안 사회적경제 분야 자격증과 공부를 집중적으로 하고 다시 지원했더니 됐어요. 거기 있다가 상상우리에 사회공헌활동 지원 사업을 도우러 파견 나왔는데, 대표님이 같이 일해보자고 제안했어요. 그리고 3개월 동안 맞춰본 후 합류하게 됐습니다. 햇수로 5년째 일하고 있네요.

사회적경제에 입문, 인턴십 경험

중장년에게 '일 경험 인턴십'은 정말 중요하다고 생각합니다. 인턴십 경험을 하고 안 하고에 따른 결과는 엄청나게 다릅니다. 중장년들이 새로 직장에 들어가면 청년들이 보기에는 왠지 낯설고, 특히 아저씨들은 무섭고 날카로워 보이기도 하잖아요. 그렇지만 같이 지내다 보면 친해지기도 하고 중장년 세대가 가성비 있다는 사실을 알게 되거든요. 서로 장점들을 알아가는 기회가 인턴십이라고 생각합니다. 저 역시 인턴십이 아니었으면 상상우리에 안 왔을 거예요.

여기서 일하는 좋은 점 중 하나가 저와 함께 일하는 동료가 중장년이라는 점이었어요. 20대 청년들만 있는 곳보다는 마음이 편하죠. 이런 부분이 중장년 세대에게는 되게 중요해요.

오십 이후 내 삶의 중요한 가치는 무엇이라고 생각하셨나요?

건강과 경제력이 가장 중요한 것 같습니다. 저는 경제력은 어느 정도 마련돼 있기 때문에 배움과 성장 이 두 가지가 중요했어요. 금융투자 분야에서는 전문가였지만 그 밖에는 너무나 편협하고 좁게 살았어요. 세상은 변하고 있고 새로운 것이 계속 나타나잖아요. 회사를 그만두면 새로운 세상에 빨리 적응해서 '재사회화'해야 하는데 다들 그게 잘 안 돼요. 저는 그것을 비교적 빨리 했죠.

그리고 가족을 향한 생각이 전보다 애틋해졌어요. 부모님을 봉양하고 아이들이 커가는 모습을 지켜보는 일에 관한 가치가 높아졌어요. 제가 일했던 금융투자 분야에서는 돈과 숫자로만 얘기했는데 지금은 무엇보다 '따뜻한 마음'이 중요하다고 생각해요. 배움과 성장 그리고 따뜻하고 열린 마음이 요즘 내 삶에서 가장 중요하게 생각하는 가치예요. 물론 여기에는 경제력과 건강이 기본으로 깔려 있어야 하고요. 아프면 모든 것이 꽝이고, 돈이 너무 없어도 필요한 상담이나 교육을 받을 수가 없거든요.

퇴직하면 먼저 나간 선배들이나 가까운 사람한테 물어보게 되잖아요, 뭐 하냐고. 그러면 다들 골프 치자고 해요. 저도 원래 퇴직하면 골프 치러 다니거나 산에 가고 여행하려고 했어요. 취미 생활만 하려고 했죠. 그런데 참 이게, 27년을 일했잖아요? 놀기만 하는 생활은 1년을 못 가요. 돈을 벌려는 목적이 아니에요. 취미 생활만으로는 노후를 제대로 보내기 힘들어요.

퇴직한 친구 중에는 오피스를 하나 빌려서 모여서 당구 치고 수다 떨고 하는 부류도 있어요. 그들도 자기 삶에 만족하진 않지만 대안이 없는 거예요. 그 사람들 생각은 '과거의 영광을 재연할 만한 곳이 있다면 간다', '나는 이 정도 되는 데 아니면 안 간다'인 거예요. 지금도 선배들은 골프 치러 나오라고 하는데 안 나가요. 왜냐면 거기를 벗어나지 않으면 제가 이런 새로운 영역에서 삶을 살 수 없어요. 개인적으로 기존 회사 관련한 네트워크 90퍼센트를 끊었어요.

대기업 퇴직 후
현실

대기업 임원에서 퇴직한 후 일반적 경로는 어떤가요? 연봉을 포함한 현실이 궁금합니다.

보통 퇴직하면 중소기업 임원으로 갑니다. 대개 1~2년

씩 일하고 중소기업들을 두세 번 옮겨 다니죠. 지점장 하고 나와서 중소기업 가면 연봉 5000만 원이 안 돼요. 중소기업은 보통 4000만 원, 중견기업 6000만 원 정도죠. 하지만 이런 자리도 원하는 사람은 많지만 쉽게 못 가는 게 현실이에요. 예전엔 대출이 어려우니까 중소기업에서 이분들을 모시는 일이 많았는데 이제는 그렇지 않아서 가기도 힘들어요. 은행도 예전에는 중소기업 재무 담당으로 많이 갔지만 요즘은 이런 게 다 없어졌어요. 원래 하던 일을 계속 이어가기가 만만치 않아요. 재무·회계·인사·사업기획 이런 특수 직군은 어느 회사에 가든 쓰임새가 있긴 하지만 갈 데가 많진 않아요.

그리고 퇴직한 분들이 갖춘 실무역량이 생각보다 별로 없어요. 예를 들어 재무 분야 퇴직자한테 상상우리에 와서 회계 업무, 하다못해 영수증 치고 이런 것 할 수 있냐고 물으면, 흠… 글쎄요. 사실 대기업 임원으로 정년퇴직하고 나와서 사회적기업 매니저를 하고 있는 저는 특이한 케이스로 볼 수도 있죠.

소셜섹터의 현실은 어떻습니까?

소셜섹터에 관해 별로 생각해본 적이 없어요. 나와 다른 사람, 착한 사람들이 하는 일이라고 생각했죠. 기업들은 대부분 귀찮으니까 성금으로 내거나, 아니면 지점장들 모아서 사진 찍기 좋은 단순 봉사활동을 하죠. 연탄 나르기나 도서관 하나 만들어주는 이런 것만 생각했죠. 퇴직 후 갈 데도 없지만 간다고 해도 급여를 전 직장만큼 받을 수 없는 것이 현실이라면 소셜섹터도 대안이 될 수 있는데, 문제는 잘 모른다는 거죠. 이런 섹터가 있다는 사실도 잘 모르죠.

제가 보니 소셜섹터 업계의 연봉은 3000만 원 전후인 듯하더라고요. 팀장은 1000만 원 정도 더 받고. 요 몇 년 사이 파이는 조금씩 더 커지는 것 같고요. 그런데 저는 팀장 같은 것 안 하고 내가 할 수 있는 일만 맡아서 하겠다고 대표님께 말씀드렸어요.

제가 이런 일 한다고 하면 친구들은 아마 이럴 거예요. "너 연봉 3500만 원 받고 그 일 10년 해봤자 3억 5000만 원밖에 안 되잖아. 그런데 그런 일을 뭐하러 하냐?" 그런데 모르는 소리예요. 회사에서 높은 연봉 받고 일할 때처럼 스트레스 안 받고, 보람도 있고, 자기 역량 개발에 도움이 된다는 사실을 모르고 하는 소리죠. 특히 남자들은 머릿속에 이런 게 없어요.

그런데 한편으로는 사회적경제, 비영리섹터에서도 좀 큰 규모나 괜찮은 곳에서는 중장년을 잘 안 뽑아요. 중장년 뽑는 데는 약간 영세한 곳이 많죠. 그러니 중장년에게 주어지는 기회는 젊은 애들이 잘 안 가는 곳, 젊은 애들이 싫어하는 곳, 폼 나지 않는 곳이에요. 이런 사회적경제 섹터에 중장년 세대가 서서히 들어가기 시작한 지가 불과 최근 몇 년밖에 안 됐어요.

제가 보기에는 사회적경제 분야는 취업 성공 확률도 높아요.

왜냐하면 다른 데는 나이로 일단 걸러내니까요. 지금 말씀드린 '좋은' 곳, 예를 들어 협동조합에서 가장 큰 데는 농협이잖아요. 생협, 농협 이런 데서는 중장년 잘 안 뽑아요. 가끔 뽑는 곳은 배달직, 매장 관리직밖에 없어요. 현실은 참 어려워요.

소셜섹터에서는 돈 있는 사람들이나 일한다는 오해와 편견에 관해서는 상대적으로는 그런 것 같아요. 지자체 교육을 가보면 택배 등 밤에 다른 일을 하고 오느라 피곤한데 졸지 않으려고 애쓰는 수강생들이 보여요. 하지만 지자체에서 하는 교육을 듣는 사람 대부분은 약간 여유가 있는 것 같아요.

동년배 중장년을 상담하면서
진짜 어른이 된 느낌

은퇴 전후의 나를 한 줄로 표현한다면? 현재 나의 상태는 어떠한가요?

은퇴 전에는 '금융투자 전문성을 갖춘 건방진 대기업 임원'이었다면 현재의 저는 '전직지원 전문성을 갖춘 친절한 어른'으로 표현하고 싶어요.

회사에 다닐 때 무조건 회사에서 시키는 일이 우선이었죠. 높은 연봉에 성과급에 주식까지 주니 윗사람 지시를 안 따를 수가 없어요. 그래서 회사를 그만두기 전에는 불안함이 좀 있었어요.

그런데 딱 그만두고 나니까 새로운 문이 열린 거예요. 사회적경제 문이죠. 이제부터는 별로 눈치를 안 보게 되네? 대표님 말에 무조건 '예스' 하지 않고, 생각이 다르면 내 생각을 얘기할 수 있게 됐어요. 내 인생의 주인이 된 것 같아요.

얼마 전 지자체를 다니며 40~60대 400~500명을 대상으로 상담을 했어요. 그들이 털어놓는 고민을 들으면서 내 삶을 반성하고 사람을 이해하는 폭이 넓어졌어요. 이 일을 하면서 어른이 된 느낌입니다.

연봉이 옛날보다 9분의 1로 줄었어요. 우리 팀장님이 얼마 전에 저한테 언제가 행복하냐고 물어서 지금이 가장 행복하다고 했어요. 왜냐면 저는 지금 욕심이 없어서 그런 것 같아요.

이 회사 다니면서 애로사항이 하나 있어요. 직장 생활을 27년 하면서 직원 월급 걱정하는 회사는 처음이에요. 직원들이 치열하게 열심히 하는 모습을 보면서 저도 최선을 다하고 있죠. 한 5년 하니까 저도 전보다 노하우가 생겨서 다른 사람들보다 디테일도 생기고 어느 정도 전문성을 갖춘 것 같아요.

퇴직 후에는 N잡러가 될 필요가 있다고 하는데 어떻게 생각하세요?

저는 현재 일은 상상우리에서만 합니다. 지자체 중장년 취업 교육 프로그램 진행, 취업 트렌드, 생애설계, 면접, 기업 분

3인 3색 '전환'의 삶

석 강의, 제안서 작성 보조, 청년 대상 커리어 코치 등을 주로 담당하죠. 가끔 외부 공공기관 강의, 심사, 면접위원 요청이 오면 참석하고요.

제가 자격증을 1년에 하나씩 땄거든요. 사회복지사 자격증을 딴 후 직업상담사 자격증도 따고, 작년에 협동조합 코디네이터 자격증까지만 땄어요. 왜냐하면 한국기술교육대학교 대학원에 한번 다녀볼까 해서요. 거기가 직업전문교육학교라고 하더라고요.

만약 제가 지금 하는 일을 그만두게 되면 요리 배우러 다닐 것 같아요. 요리나 베이킹처럼 안 해본 일을 배우고 싶어요. 요즘엔 집수리 교육에도 관심이 있어요. 제가 호기심이 많아서 그래요. 이런 것들을 배우는 이유는 가족을 위한 거예요. 저는 만약에 그만두게 되면 일주일에 2~3일 정도만 일하려고요. 전직지원 분야에서 4~5년 일한 게 생각보다 좋은 커리어가 됐어요. 나중에는 가볍게 할 수도 있겠다는 생각이 들어요.

영리와 비영리의 차이점, 새로운 섹터로 전환 후 어려웠던 점, 소셜섹터에서 요구하는 역량은 무엇일까요?

이런 질문을 종종 받는데, 사회적기업이라 애매하긴 하죠. 영리인데 '비' 자가 들어가는? 이런 점은 있어요. 영리기업은 비용 집행 면에서 굉장히 효율적으로 하거든요. 그런데 비영리는 제도적 툴이 있다 보니 융통성이 없어 보여요. 통상적으로 펀 딩을 받아서 하는 경우가 많다 보니 쓰지 않아도 되는 돈을 써야 하는 일도 종종 있죠. 미션이나 비즈니스 모델이 확고하지 않은 비영리도 많은데 좀 아쉬워요. 조금만 하면 비즈니스가 될 듯한 데, 이런 제안을 하면 이쪽 사람들은 "비영리는 그런 일 하면 안 된다. 그렇게 되면 우리 정체성은 뭐냐"라고 하더라고요.

문화적 이질감은 당연히 있었어요. 이 회사에 오니 처음에는 인원이 열다섯 명이었어요. 좀 주먹구구로 보였어요. 하지만 생 각해보면 이런 작은 회사에서는 한 사람이 이것도 하고 저것도 해야 하잖아요. 적응하는 데 한 달 걸렸어요. 그나마 OA를 잘해 서 빨리 한 편이죠.

그리고 전에는 명함 하나로 끝났는데 이제는 일일이 나를 증 명하는 게 좀 힘들었어요. 그래도 사회적기업이라 공동체 의식 이 있어서 좋더라고요. 여기 와서 놀란 점이 있어요. 솔직히 처 음에는 '젊은이들 중에 사회적 가치를 추구하는 사람들이 있을 까?' 싶었어요, 왜냐면 배고픈 직업이니까요. 그런데 와서 보니 까 열 명 중 한두 명은 사회적 가치에 꽂힌 젊은이더라고요. 그 게 신기했어요. 속으로는 안타까우면서도 한편으로 그들의 선 한 마음이 신기하고 좋았어요. 상상우리에 그런 분들이 있어서 그게 전 직장과 다르다고 느껴요.

소셜섹터뿐만 아니라 나이 들면 남을 배려하는 마음, 공동체

의식 이게 첫 번째인 것 같아요. 다음은 스마트 워킹이고요. 젊은 친구들과 일하다 보면 자꾸 물어보게 되잖아요. 청년들한테 자꾸 물어보면 그것도 짐이 돼요. 그래서 저는 기본적으로 스마트 워킹과 자기주도 학습 역량이 필요하다고 생각해요. 좀 늦으면 어때요? 배워서 하면 되죠.

프로필 마지막 줄은
현재의 나

중장년 컨설턴트로서 중장년 세대에게 하고 싶은 말은 무엇일까요?

저는 회사를 나와서 사람이 변화하려면 세 가지가 필요하다고 생각했어요. 첫 번째는 시간 루틴의 변화가 필요하고, 두 번째는 장소를 바꿔야 해요. 세 번째는 다른 사람을 만나야 하고. 이 세 가지가 없으면 사람은 안 바뀌어요.

중장년 세대를 연결해보면 미스매칭이 많고 본인이 생각한 것보다 준비가 안 돼 있을 때가 많아요. 과거 정체성을 기준으로 '내가 누구인데' 하는 쓸데없는 자만심을 버려야 해요. 과거 경험이 아닌 현재 경험으로 어필해야죠. 내 프로필 마지막 줄을 '○○지점장'으로 끝낼 게 아니라 최근 내 스토리로 바꿔야 해요. 그것을 빨리 걷어내야 자유로워져요. 그렇지 않으면 주변 사람 눈치 보고 그러느라 할 일도 못 해요.

그리고 가끔 50대 초반에 자격증 따려고 하면 옆에서 훈수 두는 사람이 있어요. 이 나이에 무슨 자격증이냐고. 그런 사람은 무조건 멀리하고, 자격증은 무조건 따야 해요. 왜냐면 직장에서 나오는 사람이 너무나 많거든요. 공공기관에서도 사람 뽑을 때 우대 조건이 있잖아요. 나이 들어 공부하는 것에 '이 나이 들어서 뭘 해?' 하는 거부감이 있는데 이제는 평생교육 해야 할 것 같아요. 자신을 객관화하고 유연한 마음으로 계속 배우라고 말하고 싶습니다.

정부와 지자체에 하고 싶은 말씀은 무엇일까요?

일자리는 산업을 만드는 거예요. 자꾸 없는 산업에서 일자리를 찾지 말고, 산업을 먼저 만들어야 해요. 예를 들어 데이터 라벨러 등 AI 분야 산업이 늘어났다면 중장년과 청년이 할 일을 구분해서 넣어야 해요. 그런데 새로운 일자리 만들려고 하면 걸림돌이 있어요. 기존에 있는 사람들이 잘 못 받아들이는 거죠. 작년에 ○○기업에서 중장년 IT 개발자를 모집했어요. 조건이 나이나 경력 다 불문이고 열정만 본다는 거예요. 왜 그런가 봤더니, 젊은 사람들을 프로그래밍 교육했더니 다 금방 나가거든요. 프로그래밍은 나이가 아니라 성격과 취향의 문제예요. 중장년들은 비즈니스 모델은 이해하는데 기능이 안 되잖아요. 그점에서 한번 시도해본 거죠. 괜찮았던 것 같아요. 중장년 중에서도 프로그래밍이 적성에 맞는 분들이 있거든요. 이런 일을 해야죠.

그리고 유사한 단체가 너무 많아요. 고용플러스센터, 지자체 일자리센터, 중장년내일센터, 여성새일센터 등. 물론 타깃은 다르겠지만 중복도 많죠. '묶어서 임팩트 있게 해나가는 쪽이 낫지 않나?' 하고 생각합니다.

제가 다녔던 회사에서는 은퇴자 교육이 아예 없었어요. 말로는 40대부터 인생 2막을 준비하라고 하잖아요? 회사 다닐 때 전직지원 프로그램을 하면 대부분 아예 관심이 없어요. 예전에는 퇴직 임원들에게 200만 원 주고 10회 상담하는 과정이 있었어요. 재직자들한테 이런 프로그램을 하면 '뭐야, 나가라는 거야?' 생각하죠. 이런 기업문화도 바꿔야 해요. 은행은 55세부터 임금피크제 들어가고 공사는 60세 근처로 정년퇴직 나이가 정해져 있잖아요. 이런 사람들 모아서 하는 일은 그나마 좀 낫죠. 60세 이후에 나와서 할 일은 정말 사회공헌 활동밖에 없어요. 40대 취업처, 50대 취업처, 60대 취업처가 다르고요. 업종별·지역별 취업처가 달라요. 어찌 됐건 시야를 확장하려면 제 생각엔 교육밖에 방법이 없어요.

마지막 질문입니다. 은퇴하기 전으로 다시 돌아가도 지금과 같은 선택을 하시겠어요? 앞으로 계획도 궁금합니다.

인생이 너무 빨리 변해서 잘 모르겠어요. 챗GPT도 그렇고 너무 빨리 변해서 대응을 해야겠죠. 다만 사회서비스 쪽에는 있을 것 같아요. 저는 시장이 있는 곳에 일자리가 있다고 판단했으니까요. 그리고 내가 성장하느냐가 중요해요. 성장은 성취와는 달라요. 성취는 자격증 따고 이런 거잖아요. 오늘처럼 이렇게 대화를 나누고 교감하면 전 성장한 거예요. 내가 조금 더 어른으로서 성장하고 싶어요. 그 이상도 이하도 없어요. 여전히 많은 중장년은 성공을 너무 좁게 해석하는 듯해서 안타까워요. 직업과 직장에서 이룬 성공만 성공이라고 생각하지, 무슨 일을 할 때 보람을 느끼고 상대방의 성취를 돕는 데서 느끼는 감정을 성공이라고 생각하지 못하죠.

저는 회사에서 밥벌이를 못 하는 것 같으면 그만둘 겁니다. 사회적기업은 중장년이 자기 역할을 못 하면 나가야 해요. 젊은 친구들도 있는데 그러지 않으면 유지관리가 안 되거든요. 그러지 않으려고 노력하고 있고, 동료들에게 도움이 되고 싶습니다.

주부에서 작가로,
천둥 작가
이야기

천둥 작가
전 마을 활동가
현 덕후, 작가, 강사

03

간략한 자기 소개 부탁드립니다. 이전 직업 경력은 무엇이었나요? 그 일들이 현재의 나와 어떻게 연결돼 있을까요?

전업주부였죠. 애들 어릴 때 3년은 내 손으로 키우고 싶었거든요. 하지만 저는 주부라는 정체성보다는 활동가로 살고 싶었어요. 아이들과 있다 보니까 생활과 밀접한 '교육 활동가'가 내 정체성이라고 생각해요. 공동육아라든지 어린이 대상 그림책 교육이라든지 이런 일들이 교육 활동이라고 생각하고 살았던 것 같아요. 애들 키우고 마을 활동을 했을 때 직장인들도 있다 보니 밤늦게까지 회의할 때가 많았어요. 그럴 때 애들이 방치되는 일이 잦아서 계속 마음에 걸리더라고요. 그래서 내가 나중에 늙으면 이런 활동가들을 지원하는 일을 하고 싶다는 생각을 많이 했죠.

젊었을 때 잠시 출판사, 잡지사에 다녔어요. '학부모 지원 전문가'라는 교육청에서 하는 비정규직으로도 일했고요. 출판사를 다니긴 했지만 글 쓰는 일을 해야겠다고 계속 생각하진 않았어요. 졸업하고 20~30년은 글쓰기와 전혀 상관없이 살았어요. 그런데 현재는 작가, 덕후 그리고 가끔 강사 일을 하면서 지내요. 이 세 개 정도가 지금의 나인 것 같아요.

나를 구하기 위해
덕질 시작

중장년 전환기에 가장 크게 영향을 받았던 것은 무엇인가요?

마을 사람들과 협동조합을 하던 중이었는데 갑자기 갱년기가 왔어요. 지금 생각하면 그게 갱년기였구나 하지만 그때는 몰랐죠. 어깨를 수술했는데 한쪽 팔을 전혀 쓸 수가 없더라고요. 1년 후 또 다른 팔도 수술하면서 내 손으로 할 수 있는 일이 없었어요. 장도 못 보고, 가방 하나든 냄비 하나든 주변 사람에게 다 부탁해야 하는 상황이었어요. 무력감, 내가 이렇게 쓸모없는 사람인가 하는 무력감이 들었어요. '안 그래도 내가 어설픈 인간이었는데 이렇게 쓸모가 없어지다니' 하는 마음이었어요.

지금 생각하면 그게 아주 심한 갱년기였던 듯해요. 그때 덕질을 시작하게 됐죠. 죽을 것 같은 상황에는 누구라도 붙잡는다는 얘기를 들은 적이 있어요. 그런 게 아니었을까 싶어요, 누굴 좋아한다는 일이. 내가 쓸모없어졌다는 비참한 마음이 들었기 때문에 누군가를 좋아하는 마음으로 나를 끌어올려 살린 게 아닌가 하는 생각이 뒤늦게 들더라고요.

덕후의 세계는 어떤 건가요? 덕질을 시작하기 전과 후의 나를 각각 한 문장으로 표현한다면?

덕질 자체는 제가 경험하지 못한 세계였어요. 덕질로 만난 인연들은 그 전에 만나고 접하던 사람들과는 완전히 다른 부류의 사람들이어서, 내 세계가 확장되는 것을 느꼈어요. 전에는 가치나 신념, 성장을 추구하고 속도를 내서 재미난 일을 도모하는 삶이었다면, 덕후가 된 지금은 '나에게 이르는 길'로 표현할 수 있을 듯해요. 저의 덕주가 한 말이기도 한데, 요즘 좋아하는 문장은 '순간을 탐닉하고 내일을 갈망하세요'예요. 갱년기가 한창일 때는 내일이 다시 온다는 사실에 마음이 너무 힘들었거든요. 그런데 지금은 내일이 다시 오기를 갈망하는 오늘이 너무 의미 있고 좋은 거예요. 내일을 갈망할 수 있다는 것 자체가 나에게 '살아도 된다'고 하는 것 같아서 좋더라고요.

다양한 분야, 다양한 세대의 덕후들이 있지만 덕질하기

좋은 나이로 오십 이후를 꼽는다면 어떤 이유가 있을까요?

남편이 제가 처음에 덕질했을 때 애들한테 한 말인데요. "엄마가 덕질을 시작해서 다행인 줄 알아라. 안 그러면 엄마가 너희만 쳐다보고 있었을 테니까." 사춘기 때도 덕질하기 좋지만 중년 이후도 덕질하기 좋죠. 나를 살리고 나를 사랑하게 되는 계기가 되니까요. 무용(無用)한 삶을 수용하게 되는 것. 사실 우리 나이에는 앞으로 사회가 나를 쓸모 있게 보지 않잖아요. 우리는 내려가는 세대니까요. 당연하기도 하지만 스스로 인정하고 수용하기는 쉽지 않아요. 그런데 덕질을 하면, 이렇게 무용한 일을 하는 나의 삶도 똑같이 인정할 수 있어서 좋아요.

가슴 뛰는 일,
오십에 인사이트

누군가를 그저 좋아하는 것으로 시작한 취미 생활이 작가님에게 새로운 커리어가 된 셈인데요, 꼭 덕질이 아니더라도 혼자만의 취미에 그치지 않고 커리어로 연결되려면 어떤 노력이나 인사이트가 필요할까요?

우리 세대는 '쓸모' 있어야 한다는 생각을 언제나 해요. 안 그래도 내가 쓸모없는데 덕질이라니, 옛날 기준으로 보면 정말 한심하고 쓸모없는 짓을 하고 앉아 있는 거죠. 저도 처음엔 그게 너무 괴로웠어요. 스스로 좋아하면서도 한편으론 또 한심하고. 그래서 '그렇지 않아'라는 합리화가 필요했어요. 의미를 부여하지 않으면 견딜 수 없었던 거죠.

그런데 이제는 제 가치관이 바뀌었어요. 무용한 것이 얼마나 아름답고 가치 있는가 하고요. 솔직히 '꼭 커리어로 연결돼야 하나?' 하는 마음이 커요. 직장 생활이든 전업주부든 어쨌든 평생 일을 해왔는데 이제는 좀 당당해도 좋다는 생각이에요. 취미 생활을 우리 세대는 '논다'고 생각하는데, 그게 아니라 '나를 돌보는 일'이라는 의미 부여가 필요하다고 생각해요. 하지만 그럼에도 인사이트라고 한다면, 내가 가슴 뛰는 일, 내가 관심 있는 일에 직면하고 용기를 가지는 것, 그게 인사이트 아닐까 하는 생각이 들어요.

작가님을 보면서 "너는 그림이나 글쓰기 등 뭐라도 재주가 있으니까 할 수 있었지. 나는 그런 기술이 없어"라며 시도조차 하지 않는 사람들에게 혹시 하고 싶은 말씀이 있으실까요?

글쓰기만 해도 나는 참 운이 좋았다고 생각해요. 예전 같으면 엄두도 못 냈죠. 예전에는 책 내는 사람이 소수였지만 지금은 누구나 글쓰기, 작가 하는 시대가 됐잖아요. 그래도 두려워서 망설였을 때 친구가 "네가 권정생이 되겠다고 하는 게 아니 잖아. 그냥 글 쓰겠다는 거잖아, 그냥 써!" 그러는데, "아, 맞아. 그랬었지" 싶더라고요.

글은 누구나 쓸 수 있는데 용기가 없어서 못 쓰는 것뿐이라고 생각해요. 사실 그림도 마찬가지예요. 저 역시 처음엔 졸라맨도 못 그렸어요. 회의할 때 사람들은 막 빈칸에 낙서하잖아요? 전 그것도 안 해본 사람이에요. 그 정도로 그림과는 인연이 하나도 없었죠. 이것도 무용론인데요. 제가 덕질을 시작하면서 그 사람을 너무 그려보고 싶은 거예요. '그런데 나는 못 그려. 어떡하지?' 하다가 '3년쯤 연습하면 비슷하게 그릴 수 있지 않을까?' 생각했어요. 그때부터 계속 그림을 그리기 시작했어요. 어디 가서 배운 게 아니라 3년 동안 매일 저 혼자 앉아서 그렸어요. 뭘 그려야 할지도 몰라서 누가 손을 그리면 좋다고 하길래 손을 그리고, 그냥 그렇게 3년 하고 나니까 남들이 작가 같다고는 안 해도 '아, 3년 그리더니 뭐라도 그리네' 하는 정도는 됐죠. 사실 저는 저에 대한 눈높이가 굉장히 낮아서 이런 게 부끄럽지 않아요. 이게 저의 비결인 것 같아요.

현재 하는 일로 벌고 있는 대략의 수입과 수익 구조는 어떻게 될까요? 불편하시면 답변 안 하셔도 됩니다.

별로 어려운 질문은 아니에요. 덕질을 시작하고 나서 소설 하나랑 동화를 썼는데 그 책들로는 수익이 거의 없어요. 인세도 정말 적어요. 강의가 그나마 수입이 돼요. 월 50만 원이 이제 될 듯해요. 저는 언제나 월 50만 원을 지향했기 때문에 만족하고, 그걸 유지하는 게 목표죠. 예전에 했던 활동이 기반이 돼서 《어서 와, 학부모회는 처음이지?》라는 책을 냈더니 의외로 학부모 대상 강의가 제법 많이 들어와요. 꽤 재미있어요.

작가가 된 이후 작가님 삶은 어떻게 변했나요?

작가가 된 이후에 좋았던 점은 이런 거죠. 그전에는 바쁘게 살았거든요. 뭔가를 지향하는 것이 나의 역할이자 일이라고 생각하고 살았죠. 그런데 이제는 그러지 않아도 되고, '가만한 삶'이라고 할까, 조용하고 은은한 삶, 그런 것도 나쁘지 않다는 사실을 깨달았고요. 저는 원래 예민하고 감수성이 넘치는 사람이거든요. 그런데 전에는 전혀 생각하지도 않았던 세계로 넘어가면서, 신념을 중시한다든가 속도를 내서 재미난 일들을 도모하던 삶에서 나에게 이르는 길로 가는 삶으로 바뀐 것 같아요.

얼마 전에 친구가 "너 MBTI, I 아니야?" 하고 묻더라고요. 그렇다고 했더니 "E인 것처럼 사느라 힘들었겠구나" 하는데, 뭔가 나를 알아주니까 울컥하더라고요. 뭔가를 해야 한다는 생각 때문에 나를 바꾸면서 살았는데, 이제는 그러지 않고 나를 있는 그대로 인정하면서 나답게 사는 기분이 들어요. 그렇다고 그때가 불행했던 건 아니에요. 그때는 나를 뛰어넘는 재미가 있었고, 지금은 있는 그대로를 사는 즐거움이 있습니다.

바베트의 만찬처럼,
사회공헌 마을 비즈니스

많은 중장년이 사회공헌 활동 욕구를 가지고 있는데요, 작가님의 마을 활동 경험을 토대로 추천할 만한 지역 활동 아이디어를 듣고 싶습니다.

학교나 유치원 등교 도우미 혹은 교통 도우미, 저는 그런 게 굉장히 좋다고 생각해요. 이런 일을 외국처럼 교육활동으로 늘려나갔으면 좋겠어요. 최근 학교 교사 자살 사건들이 있었잖아요. 그 사건들을 지켜보면서 만약 퇴직 교장이나 퇴직 교사들이 직간접적으로 도울 수 있는 구조가 있어서, 그때그때 도움을 청할 수 있었다면 다방면으로 도와줄 수도 있지 않았을까 하는 생각이 들더라고요.

예능 프로그램 〈윤식당〉을 보면서 저런 게 우리 사회 노인들이 할 일이라고 생각한 적도 있어요. 지금은 모든 주문을 디지털 기기, 키오스크로 하는 세상이잖아요? 그래서 반대로 점점 일대일로 정성을 다해서 하는 식당이 생기기도 하죠. '외갓집 민박' 이런 것들도 다시 유행하고요. 저는 이런 일을 하면 좋겠다는 거예요. 그렇다고 본격적으로 식당을 차리기보다는 프로젝트성으로 가끔씩 사람들에게 영화 〈바베트의 만찬〉처럼 만찬을 베푸는 기획들이 여기저기서 일어나면 좋겠어요.

예전에 학부모 활동을 하면서 아이들과 봉사단을 했는데, '평화의 식탁'이라는 프로그램을 했어요. 그때 몇몇 아이는 요리하고, 몇몇은 식탁에서 대화를 준비했어요. 마을 사람들이나 말썽 부리는 아이들을 초대하기도 했어요. 처음에는 낯설었지만 나중에는 '내가 언제 이런 사람과 대화해보겠어?' 하는 생각이 들더군요. 학생도 있고 마을 이장도 있고 다채롭게 있으니까 즐거웠어요. 자기가 좋아하는 일과 재능으로 사회공헌 마을 비즈니스를 생각해본 것 같아요.

노원구 청소년문화센터 사례를 소개하고 싶어요. 청소년 봉사라고 하면 대개 도서관에 가서 빗자루 들고 대충 시간 때우다 오는데, 거기서는 뭘 하겠다는 청소년들만 불러요. 그리고 중장년들과 함께 서로 만나서 '우리 뭐 할까?' 하는 거죠. 어떤 때는 한 학기 동안 고민만 하다 끝나기도 한대요. 의견 일치가 어려우니까. 하지만 의견을 하나로 모으려고 시도하는 과정 자체가 마을 활동이죠. 그것도 봉사활동 시간으로 인정해주고요. 예를 들어 '바닥 껌 자국으로 그림 그리기' 활동이 나왔는데, 이게 아이들과 함께 만들어낸 거예요. 저는 이런 일이야말로 중장년이 잘할 수 있다고 생각해요. 자식 키우기는 힘들어도 개들은 예쁘니까요. 이런 관계가 생기면 길에서 걷다가 아는 아이를 만나게 되기도 하고, 아이들도 어른이 나를 알고 있으니 피우던 담배를 끄거나 행동을 조심하게 되고, 이런 효과가 연쇄적으로 일어나리라 생각합니다.

많은 중장년은 은퇴 후에도 사무실에서 일하고 고정적으로 급여를 받는 취업을 원합니다. 그러다 보니 새로운 일을 찾기가 더 어렵지 않은가 싶기도 한데요, 작가님이 생각하시기에 중장년들이 해볼 만한 일 경험, 일거리는 어떤 형태일지 조금 더 확장해서 조언해주시면 좋겠습니다.

영화 〈인턴〉을 보면 처음에 주인공이 굉장히 단순한 일을 하잖아요. 실은 우리가 잘할 수 있는 일은 진짜 단순한 일이라고 생각해요. 개인적으로 9급 공무원이 민원인을 상대하는 일 같은 것은 중장년 세대인 우리가 가장 잘할 수 있다고 생각해요. 청년들은 아직 사람들을 다양하게 만나본 경험이 부족한 상태에서 온갖 민원인을 만나야 하니 어려울 수 있죠. 우편물을 정리한다거나 하는 업무도 청년들보다는 우리가 할 일이 아닌가 싶어요. 그런 차원에서 잡무에 허덕이는 9급 공무원의 업무 중 많은 일을 중장년들이 하면 좋겠다는 생각이 있어요.

또 직업 컨설턴트 같은 것도 중장년 세대에게 잘 맞다고 생각해요. 제 친구가 얼마 전에 '나한테 맞는 아파트 당첨되는 법' 이런 상담을 하더라고요. 금융이든 뭐든 청년들이 어려워하는 분야, 그런 일이 좋을 것 같아요. 요새는 정책이 너무 많은데 하나로 아우르는 상담이 있으면 좋겠다고 생각해요.

사실 그냥 공부를 놓지 않는 게 가장 좋을 것 같아요. 그런데 진짜 공부, 깊이 있는 공부는 어쩌면 아무 쓸모없어 보이는 공부일 수도 있어요. 예를 들어 스페인 갈 일도 없으면서 스페인어를 공부한다든지, 이런 것들을 하면서 스스로 '내가 아무 목표 없이도 살 수 있구나, 그래도 괜찮고 만족스럽네?' 하고 만족하는 경험을 할 수 있을 것 같아요.

돌봄이 정치더라, 선배 시민으로 살아가기

특별한 직업 경력 없이 주부 정체성으로만 살아온 분들은, 평생 한 직장에서 일하다 퇴직을 기점으로 하루아침에 일상이 달라지는 분들과는 인생 전환기를 바라보는 시점과 생각이 다를 것 같습니다. 작가님 생각이 궁금합니다.

작년에 《선배 시민》이라는 책을 인상 깊게 읽었는데, 작가가 온다길래 가봤어요. 대중 강연인 줄 알았는데 이 운동을 함께하는 분들이 와서 얘기하는 시간이더라고요. 그중 한 남자분이 "내가 돈을 쌓아둘 정도로 번 것도 아니고, 취미가 많거나 친구가 많은 것도 아닌데, 그런데도 나는 노년 준비를 다 했다. 든든하다"라고 하시더라고요. 그 이유가 이 '선배 시민' 운동을 만나면서였대요. 그런 자부심이 앞으로 삶을 살게 하는 것 같아요. 어떤 활동 자체도 중요하지만 소속감과 자부심이 큰 영향을 준 듯했어요. 특히 '선배 시민'이 주는 자부심이 커 보이더라고요.

남자들은 보통 당당하게 쉬어요. 이제는 쉬어야지, 쉬어도 된다 하고요. 그런데 여자들은 직장을 다녔건 안 다녔건 집안일을 또 해요. 남자들은 아무것도 안 한다는 죄책감이 별로 없는데 여자들은 있더라고요. 아마 태어나면서부터 가치 부여가 덜 됐기 때문인 것 같아요. 젠더 문제라는 생각이 들어요. 저는 거기서 벗어나는 데 글쓰기만큼 중요한 게 없다고 생각해요. 앞으로 뭘 하든 안 하든 나를 자각하는 글쓰기는 필요해요. 그리고 나누는 시간이 필요해요. 조만간 '갱년기와 글쓰기'라는 책을 쓸 계획이에요. 이 책을 핑계로 모이자는 생각이죠. 모여 앉아서 집단 상담하듯이 말하다 보면 자신을 알아가잖아요.

여성학에서 '여성과 정치'라는 과목 내용이 전부 돌봄이더래요. 정치학인데 왜 돌봄이냐 했더니, 돌봄이 정치라는 거예요. 저는 이 돌봄의 가치를 높이는 작업을 하고 싶어요. 우리가 가장 잘하는 게 돌봄인데, 그게 집안일이나 살림을 잘한다는 돌봄이 아니고, 누군가에게 위험한 얘기를 듣고 '그건 아니지' 하고 얘기해줄 수 있는 거요.

마지막 질문입니다. 인생 2막을 의미 있고 재미있게 살려면 중장년 세대가 버려야 할 것과 유지해야 할 것에는 무엇이 있을까요?

동화를 쓰다 보니 자꾸 책을 더 쓰고 싶어져요. 그런데 책은 누군가가 읽어주기를 원하면서 쓰죠. 하지만 내가 인정욕구를 줄여나갈 수만 있다면, 굳이 책 안 내고 그냥 쓰기만 하면 어떨까 하는 생각도 해요. 글 쓰는 일은 내 생각을 정리하는 시간이었거든요.

작가가 되기 전에 3년 동안 그림을 그리면서 글도 1년 정도 매일 썼어요. 어떤 식으로 썼냐면, 아침에 산책하다가 어떤 생각이 탁 떠오르면 더는 생각하지 않고 들고 오는 거예요. 그리고 바로 그 생각으로 그림과 글을 한 장 정도로 쓰고 끝. 그 이상 하지 않았어요. 내일의 주제가 생각 나도 얼른 비우고 멈춰요. '오늘은 이걸로 끝, 아무것도 하지 마.' 그렇게 하다 보니까 여러 가지로 감사한 일들이 계속 떠오르고, 그 감사한 마음이 계속 쌓이더라고요. 그런 삶을 살고 싶어요.

유지해야 할 것은 오로지 건강 하나라고 생각해요. 육체적 건강도 있지만 정신적 건강도 있잖아요. 그런 의미에서 가볍게라도 질문하기, 대단한 게 아니라도 눈앞에 작은 꽃이 있으면 '어,

저 꽃 이름은 뭐지?' 하는 정도라도요. 그 궁금함 하나만 있으면 살게 되더라고요.

버려야 하는 것은 '정상성'이죠. 예전처럼 성공하고 성취하는 게 정상이라는 생각, 뭘 잘해야 하고 사람들한테 인정받고 이런 게 정상이라는 생각만 버리면 돼요.

나이 들수록 친구가 필요해요. 그리고 친구도 좋지만 혼자 노는 힘도 길러야 하고요. 내가 나랑 놀 수 있는 힘을 우선 키웠으면 좋겠어요. 그런 것 없이 그냥 친구만 만나고 돌아오면 집에 와서는 허탈해지거든요.

담대한
오십을 위하여

장수사회 준비,
상상력이 현실이 되게

창의적 나이듦으로,
정책 패러다임
시프트

"대중성은 있지만, 정당성은 약하다." 우리 사회 중장년 정책의 현주소에 관해 경기도청 이원재 정책보좌관은 이런 말로 포문을 열었다.[59] 중장년 정책의 전국화 속도를 봤을 때 대중성은 확인된 반면, 중장년 세대를 위한 활동의 정당성은 부족하다는 뜻이다. 여전히 현장 여론은 소외된 청년들을 위한 정책에 집중해야지 왜 베이비부머 정책을 하느냐는 반대가 만만치 않다고 했다. 10여 년 전 서울시 상황과 크게 달라지지 않은 듯하다.

이쯤에서 다시 질문해보자. '10여 년이 지난 지금, 중장년 정책은 우리 사회에 어떤 긍정적 변화와 영향을 만들었을까?' 이에 부산대학교 이기영 교수는 "중장년의 인생 이모작은 개인의 행복을 넘어서 '사회적 이모작'으로서 의미가 있어야 지지받을 수 있다"라고 해법을 제시했다. 인생 선배로서 후세대 및 사회 구성원에게 공헌하는 역할과 비전을 자신의 이모작을 추구하는

데 담아야 하며, 자녀와 가족에게 희생하는 삶을 살아온 우리 세대가 이제부터라도 타인과 그 가족들의 고통에 동감하고 동참하려는 사회적 의지를 키워야 할 필요가 있다는 뜻이다.[60] 중장년 당사자들의 성찰이 필요한 대목이다.

한편 '사회적 자본'으로서 중장년 세대의 역할을 강조하는 것도 중요하지만, 동시에 '어떤 사회적 자본'으로 표출되는가도 살펴봐야 한다. 새로운 학습과 관계를 통해 사회공헌에 관한 의지와 활동 욕구는 넘치지만, 이것이 비슷한 사람들끼리 그들만의 울타리 안에서 폐쇄적으로 이루어지는 자기만족적 활동 방식은 아니었는지, 또 세대·지역·계층 등 집단의 경계를 뛰어넘어 관계를 이어가는 교량적 사회자본으로서 역량을 키우기 위해 얼마나 노력해왔는지 나부터 돌아보게 된다.

사회 곳곳에서 대전환을 강조하는 지금, 담대하고 지속 가능한 비전을 담은 중장년 정책으로 패러다임을 시프트 하자는 생각을 담아 몇 가지를 우선 제안한다. 앞으로 활발한 공론의 장이 펼쳐지기를 기대하며.

늙음에 관한
새로운 상상

서울 북촌에서 〈어둠 속의 대화〉라는 상설 전시가 열리고 있다. 빛이 없는 완전한 어둠 속에서 100분 동안 시각 이외 감각과 다른 이에게만 의지해 앞으로 나아가며 시각장애를 간접 경험하는 체험 전시다. 독일 사회적기업 DSE(Dialogue Social Enterprise)가 창안해 1988년 독일에서 시작된 이후 30여 년 동안 유럽, 아시아, 미국 등 전 세계로 퍼져나간 국제적 전시 프로젝트다. DSE의 또 다른 전시 프로젝트로 〈시간과의 대화〉도 있다. 〈어둠 속의 대화〉가 시각장애를 체험한다면 〈시간과의 대화〉는 노화를 경험하는 프로젝트다. 안내에 따라 모두 여섯 개 섹션을 체험하는데, 짧은 시간이지만 노화를 이해하고 나이듦을 상상할 수 있다.

이 전시는 어린이 박물관에서 처음 시작됐다. 2012년 이스라엘 어린이 박물관이 DSE와 함께 〈시간과의 대화〉 전시 프로그램을 개발했다. 이 전시로 나이듦을 상상하고 체험함으로써 세대 간 대화를 촉진하고 노화에 관한 부정적 이미지와 두려움을 낮춰 자연스럽게 나이듦을 받아들일 수 있게 했다. 이후 전시는 독일, 핀란드, 브라질, 일본 등으로 퍼져나갔는데 이스라엘 어린이 박물관에서는 지금까지도 이 전시를 상설 운영한다. 오래전부터 이 전시에 관심이 있던 나는 나이듦을 체험하는 공간으로 어린이 박물관을 선택했다는 사실에 놀랐다.

하지만 〈시간과의 대화〉는 시각장애를 체험하는 〈어둠 속의 대화〉나 청각장애를 간접 경험하는 〈침묵 속의 대화〉보다 인기가 덜하다. 전시가 열린 국가 수나 전시 기간이 다른 두 프로그램과 현저하게 차이가 난다. 왜 그럴까? 나는 그 원인이 전시가 깨고자 했던, 그러나 여전히 공고하게 버티고 있는 노화에 대한 두려움에 있다고 생각한다. 노화에 대한 두려움을 낮추고자 기획한 전시지만, 그 두려움이 이미 전시에 가기 전부터 장벽으로 작용하는 듯하다. 늙음은 피할 수 없기 때문에 미리 상상하고 준비해야 하지만, 동시에 누구에게나 오기에 미리 상상하거나 보고 싶어 하지 않는다는 아이러니가 있다.

"우리는 인간 수명의 혁명 시대에 사는 특권을 누리고 있다. 이것을 망쳐버린다면 인류에게는 크나큰 비극이 될 것이다." 달라이 라마가 한 말이다. 인류가 처음으로 맞이하는 고령화·장수 시대에 발맞춰 한쪽에서는 나이듦을 긍정하는 연구와 책들이 쏟아지고 노화에 관한 긍정적 측면을 과학적으로 증명하는 논문이 속속 발표되지만, 여전히 우리 사회에서는 늙음을 두려워하고 거부하는 분위기가 팽배하다.

'노화'라는 주제가 젊은 세대와 무슨 상관이 있는지 반문하는 사람들에게 '옥희살롱' 김영옥 대표는 이렇게 말한다. "왜 노년을 특정 연령이 시작돼야 상상하게 되는가. 늙어간다는 관점에서 본다면 노화는 태어날 때부터 시작되는 일이다. 오히려 30대부터 노년을 생각하면 생의 유한성을 깨닫게 돼 삶이 달라지고, 주변 노인들도 다시 보게 된다."

늙음을 상상하는 일은 그래서 필요하다. 거리에서 마주하는 노인의 모습으로 내 미래 자화상을 그린다는 뜻이 아니라, 온전히 스스로 나의 늙음을 사유하고 준비할 수 있는 기회, 미래의 시간과 현재의 내가 대화를 나누는 과정을 통해 나이듦을 성찰하고 그에 맞춰 태도와 관계, 자신을 준비하는 과정으로서 '늙음에 관한 상상'을 말한다. 오랫동안 지속돼온 노년에 관한 부정적 단상을 깨는 실마리는 지금 전환기를 맞은 중장년 세대에게 있다. 희망적이게도 '중장년 전환기'라는 호명은 새로운 나이듦을 피울 씨앗들이 발아하고 있다는 증거일 수 있다. 이제 새로운 나이듦을 준비하기 위한 구체적 대안을 제시해야 할 때다.

개인도, 사회도 '창의적 나이듦'으로

하버드 대학교 성인발달연구소에서 임상실험으로 중년의 삶을 연구해온 윌리엄 새들러(William Sadler)는 마흔부터 일흔까지 30년을 '중년기'로 분류하고, 이 시기를 새로운 성장과 발달의 시기이자 자신만의 가능성을 재발견하고 창조적 변화를 실현해나갈 수 있는 '현대 인류의 축복기'라고 했다. 그리고 이를 입증하고자 마흔이 넘은 남녀 200여 명을 인터뷰하고 그중 50여 명을 12년 동안 꾸준히 추적 연구해, '창의적 나이듦' 모델을 만들어가는 중장년 사례와 그들 사이의 공통점을 찾아 소개했다. 새들러가 창의적 나이듦의 새로운 역할모델을 제시해온 중장년들에게서 찾아낸 원칙은 여섯 가지였다.

첫째, 과거에 얽매이지 말고 미래에 겁먹지 않으면서 중장년의 정체성을 확립할 것

둘째, 일의 스펙트럼을 넓히면서 일과 여가 활동을 건강하게 조화시킬 것

셋째, 지금 상황을 직시하며 용감하게 받아들이고 솔직하게 평가하여 성숙하게 도전할 것

넷째, 자신과 타인을 배려하며 균형을 잡을 것

다섯째, 진지하게 성찰하고 과감하게 실행할 것

여섯째, 책임을 다하면서 조화롭게 살아갈 것

창의적 나이듦은 조금씩이라도 성장을 멈추지 않겠다는 '태도', 자신이 주체가 되어 노년의 삶을 개척하겠다는 '의지', 혼자가 아니라 다른 사람들과 함께 고민하고 만들어가는 '관계성'이 어우러져야 이룰 수 있다. 창의적 나이듦이 가진 능동성과 적극성은 중장년 전환기가 지닌 주요 특징이기도 하다. 중장년기에 긍정적 전환을 이끌어낼 수 있게 시간과 기회를 마련하고 새로운 사색과 배움의 기회를 제공하는 일이 창의적 나이듦을 이룰

수 있게 한다. 당연히 개인의 노력만으로는 되지 않는다. 의료, 복지, 기술 등 사회적 뒷받침도 있어야 하고 중장년을 둘러싼 정책과 시민사회도 전환해야 한다.

사회혁신 기관 아쇼카(Ashoka)에서는 장수사회를 대비하기 위한 다섯 가지 영역을 발표했다. 평생에 걸친 사회적 연결, 평생에 걸친 배움, 평생에 걸친 경제적 안정, 평생에 걸친 웰빙, 평생에 걸쳐 자신의 정체성을 스스로 정의할 수 있는 능력이었다. 이런 관점이 우리 사회 모든 정책 설계 과정에서 담아야 할 지향이라고 생각했다.

10여 년 전 중장년 정책이 전무했던 시기에는 중장년 세대를 사회의 '문제'가 아니라 '자원'으로 바라보는 인식 전환과, 산발적으로 분산되어 제대로 된 지원에 한계가 있었던 상담·교육·일자리 등을 원스톱 서비스로 제공하는 일이 시급했다. 몇 년 동안 집중적으로 노력해 어느 정도 성과를 이루기도 했지만, 이제 한 발 더 나아가 전 생애적 및 전 세대적 관점과 창의적 나이듦이라는 비전으로 정책을 재편할 필요가 있다.

더불어 중장년 정책은 중장년만을 위한 것이 아니라 전 세대에게 영향을 미치는 정책임을 강조하고 싶다. 분절적 정책으로서 중장년기만이 아니라 중장년기 전후 시기인 청년기와 노년기도 동시에 고려하여, 서로 연계하고 조화를 이뤄 경계를 넘는 대담한 기획과 상상을 펼칠 때다. 지역마다 나이듦을 주제로 한

창의적 전시·체험 공간이 만들어지고, 초등교육에서부터 나이 듦·노화·장수에 관한 교육을 하고, 손주와 조부모가 함께하는 여행, 청소년과 노인이 만나는 체험학습, 성인 자녀와 부모 세대가 만나는 프로그램, 중장년 세대와 고령 부모 세대가 함께하는 프로그램 등 다양한 세대 연결 콘텐츠를 생각해볼 수 있다. 또한 중장년 세대의 지역 데뷔, 지역 곳곳에서 관계인구로 살아보기, 청년과 중장년의 커뮤니티 비즈니스 공동 창업, 해외 자원봉사 등 지역의 경계를 넘나드는 콘텐츠로 확장되기를 바란다.

고령화 시대에 걸맞은
새롭고 담대한
정책 네 가지

02

미국 서던캘리포니아 대학교 노인학대학 학장인 핀커스 코언(Pinchas Cohen)은 노화 영역에서 "모두에게 맞는 옷은 없다"라며 이것을 '개인 맞춤형 노화'라는 개념으로 설명했다. 성공적 노화와 관련해 그 누구도 똑같은 과정을 밟지 않는다는 뜻이다.[61] 획일적인 기존 노화 정책을 비판하고 고령화 사회에 개인 맞춤형 정책이 필요함을 적절한 비유로 풀어낸 말이다.

통계청 자료를 보면 2023년 우리나라 중위연령은 45.6세고, 2050년에는 57세에 육박하게 된다. 이런 관점에서 보면 '노후 준비는 언제부터 시작해야 하는 걸까? 이제는 노후 준비가 아니라 전 국민 생애 준비로 관점을 바꿔야 하는 것은 아닐까?' 하는 생각이 든다. 종종 뛰어가는 고령화 속도에 비해 정책은 기어가듯 느려서 답답할 때가 있다. 고령화 시대에 걸맞은 더 담대한 정책 상상력이 필요하다는 점을 전제로 우리 사회에서 시급히 검토됐으면 하는 사례를 제시하고자 한다.

첫째, 한국형 앙코르 법안이 필요한 때

'교육보험'을 기억하는가? 1958년 우리나라에서 최초로 만들어진 이 보험은 자식에 관한 교육열만큼은 세계 최고였던 우리 부모들의 학비 걱정을 덜어준 덕분에 그 인기가 대단했다. 금융상품은 사회 트렌드를 가장 빠르게 반영한다. 고령화 시대를 맞은 지금은 시니어를 위한 금융산업이 대세다. 그런데 현재 개인 퇴직 계좌나 연금은 기존의 은퇴 개념에서 출발했기 때문에 대대적으로 보완할 필요가 있다. 특히 새롭게 등장한 중장년 세대를 위해 전환기 교육보험과 같이 획기적 대안들이 나와야 하지 않을까?

중장년 전환기를 지원할 사회적 제도나 법과 관련해서는 마크 프리드먼의 제안이 돋보인다. 그는 구체적으로 '개인 목적 계좌', '앙코르 법안'을 제시했다.[62]

길어진 인생 주기에 맞춰 전환기에 여러 가지를 대비하려면 전문 자격증, 새로운 공부, 장기 여행·연수, 디지털 기기 등이 필요하며 여기에는 목돈이 들어간다. 이런 비용을 마련할 수 있도록 개인 퇴직 계좌처럼 세제 혜택이 있는 여러 장치를 개발해 전환기 비용 부담을 덜어주자는 게 핵심이다. 이미 IBM 같은 기업들은 직원들이 전환기에 대비해 교육비를 미리 저축할 수 있게 지원하는데, 일종의 평생학습 계좌 형식이다. 평생학습 계좌에 납입한 금액만큼 개인에게는 세액공제 혜택을 주고, 직원들의 평생학습 계좌를 지원하는 고용주에게도 세액공제 혜택을 준다.

앙코르 법안은 더 개혁적이다. 예를 들면 개인마다 전환기 비용이 필요한 시점에 1~2년 동안 미리 사회보장 연금을 받아 쓴 다음 나중에 다시 완전한 혜택을 받게 하는 등 사회보장제도를 개인의 상황과 특성에 맞춰 탄력적이고 유연하게 활용하자는 내용이다.

조금만 고민하면 더 많이 보인다. 학자금 지원도 그렇다. 우리 사회 학자금 지원은 청년에게 집중돼 있다. 전환기를 준비하려면 매우 다양한 교육을 받고 시간을 투자해야 하는데 이에 맞는 전환기 맞춤형 학자금 지원이 검토돼야 하지 않을까? 일부 직업군에만 있는 '안식년'을 모든 직업군으로 확대하는 일도 필요하다. 우리 사회에서 안식년 제도가 가장 잘 정착된 대학 교수직은 6년마다 유급 안식년을 시행한다. 국가 공무원에게도 안식년이 있지만 무급휴직이라는 점에서 차이는 있다. 물론 이를 두고 특혜라는 등 곱지 않은 시선도 있지만, 그래서 폐지하는 게 아니라 전 직군으로 확대하는 적극적 제안을 하자는 뜻이다. 휴식이든 재충전이든 자기 계발을 하는 그런 기간이 모두에게 필요하다고 생각하기 때문이다.

최근에는 유사한 개념으로 '퇴직준비 휴가제'나 '생애전환 휴가제' 같은 내용도 언급된다. 남서울대학교 이소정 교수는 전환기 개인의 실천이 포함된 밀도 있는 시간 투자가 필요하다고 전제하며 '생애전환 휴가제', '탄력근무제'를 도입하고, 자영업자에게는 영업시간 조정에 따른 수익 손실분을 지원하는 등 정책에서 배제되는 계층이 없도록 하는 방안을 제시했다.[63] 최종걸 《한국투자유치신문》 편집인은 "공공 조직에서는 은퇴 전 1년간 퇴직을 준비하는 시간을 주지만 일반 사기업에서는 퇴직 직전까지 그럴 기회가 없다. 은퇴자에게도 양극화가 나타난다. 이러한 불평등을 없애기 위해서라도 서울에 있는 기업들부터 은퇴를 준비하는 의무 위탁 교육을 법제화할 필요가 있다"라고 밝혔다.[64]

미국과 우리는 상황이 다르고 주제 자체가 매우 포괄적이고 방대하므로 세세한 내용을 따지자는 게 아니다. 내가 강조하고 싶은 점은 개별 사업이나 프로그램 수준을 넘어, 새로운 법과 제도를 마련하거나 현실에 맞게 개혁하는 데까지 생각이 미치지 못한 것은 아닌지 돌아보자는 뜻이다. 우리식 앙코르 법안을 주창해야 할 때가 아닐까?

노인복지, 그중에서도 특히 노인 일자리에만 15년 이상을 천착해왔던 사람으로서 중장년 문제를 보는 시각이 다양하다는 부분은 긍정적으로 본다. 하지만 우리나라에서 정년퇴직하는 분들은 8퍼센트밖에 안 된다. 건강과 경제력을 겸비하신 분의 비중이 8퍼센트 정도라는 뜻이다. 그다음에는 건강하지만 경제력이 없는 분, 경제력은 있지만 건강하지 못한 분, 또 건강하지도 못하고 경제력도 없는 분. 이렇게 구분할 수 있는 셈인데, 이에 맞게 다양한 정책이 상황에 따라 적합하게 시행돼야 할 것 같다. 여전히 70, 80이 다 되도록 노인 일자리 현장을 찾아다니는 분이 상당히 많은 게 현실이기 때문이다.[65]

"지적이고 활력이 높은 분들 중심인 것 같다, 기회가 고르게 가지 못한다, 저변이 확대되지 못하고 있다." 중장년 사업에서 이런 비판은 지속돼왔다. 이게 민간 조직이라면 크게 문제 될 일이 없다. 민간 조직은 기동성과 창의성을 기반으로 규모가 작더라도 의미 있는 모델을 만드는 일에 집중해도 좋다. 하지만 공공영역에서는 '시민 그 누구도 배제되지 않도록' 정책 간 협력을 담은 종합계획을 마련해야 한다. 하지만 현재 중장년 정책은 '따로 또 같이'에서 '따로'만 있는 듯하다. 어떤 단위에서 무엇을 어떻게 해야 할지를 정하는 로드맵과 컨트롤 타워가 없는 데서 생겨난 결과다. 단기간에 해결하기는 어렵겠지만 시급히 검토해야 할 과제를 생각해봤다.

먼저 정보 불균형을 해결하기 위해 '중장년 통합 온라인 포털(가칭)'이 필요하다. 오프라인 플랫폼으로 중장년 전용 공간을 만드는 일에는 상당한 진전이 있었다. 하지만 온라인 포털은 극히 일부 지역에서만 활용되고 있다. 정보의 편차와 불평등은 생각보다 크다. 디지털 기기에 익숙한 시니어라 할지라도 요즘 같은 정보의 홍수 속에서 나에게 맞는 정보를 찾아 활용한다는 일 자체가 큰 도전이다. 서울시가 정책 초기부터 집중해온 '50플러스포털'은 현재 중장년 세대를 위한 대표 포털로 자리매김했다. 하지만 전국의 중장년과 노인 세대가 활용할 마땅한 종합 온라인 플랫폼은 없다. 산발적으로 흩어진 모든 정보를 한곳에서 일목요연하게 검색하고 서로 연계까지 되는 '종합 온라인 포털' 구축이 필요한 이유다.

고용노동부는 개정된 '고용상 연령차별금지 및 고령자고용촉진에 관한 법률'에 따라 2020년 '재취업지원서비스' 제공을 의무화했다. 일면 진전된 면이 있기는 하지만 제공 의무 기업이 직원 1000명 이상으로 제한되어, 이에 해당되는 기업 수는 1000개 미만이며 참여 대상 인원도 5만여 명에 불과하다. 정책 초기라 어쩔 수 없는 측면도 있지만 여전히 대기업과 중산층만을 대상으로 했다는 비판은 피하기 어렵다. 더 시급하고 어려운 중소기업과 자영업자들을 위한 대책이 필요하다. 이를 위해 전국적으로 노후 준비 및 전직지원 관련 자격증을 취득한 사람들을 활용하여 이들을 재교육하고 공공 일자리와 연계해 '사업장으로 찾아가는' 지원을 고려해볼 수 있다.

더 획기적이고 근본적인 방향으로 보면, 누구나 나이 오십·육십 전후 전환기에 종합 상담을 받을 수 있도록 제도화하면 좋겠다. 생각해보라. 우리가 학교 입학 전 취학 통지서를 받고 전환기 건강검진 안내 문자를 받았던 것처럼, 50년을 무탈하게 살아온 시민으로서 축하·격려하는 말과 함께 이런 종합 안내를 받을 수 있다면 생각만 해도 든든하고 내가 낸 세금이 아깝지 않을 듯하다. 디지털 강국답게 온라인과 모바일을 활용한 챗봇 상담 등 의지만 있다면 방법은 무궁무진하다. 게다가 중장년들의 새로운 일자리까지 창출할 수 있으니 일석이조가 아닐까?

마지막으로 고령사회와 디지털 전환을 위한 정책을 언급하고 싶다. 2020년 〈대한민국 국가비전과 미래전략 보고서〉를 보면, 국가적으로나 세계적으로 고령화와 디지털화는 이미 주요 이슈가 됐고 코로나19 팬데믹을 거치면서 더욱 급속화하고 있다. 디지털 세상에서 가장 소외되고 배제될 수 있는 중장년층 이상 고령인구를 위해서 실효성 높은 대책을 신속하게 세우는 일이 중요하다. 이 역시 지방정부들 사이에서는 지원 내용과 대응 수위의 격차가 크기 때문에 중앙정부 차원에서 지원과 대책을 마련해야 한다.

중장년 세대의 디지털 기술 활용 능력도 중요하지만, 디지털 격차로 중장년 세대와 노년 세대가 일자리나 생계에 타격을 입지 않도록 하는 대책도 필요하고, 더 나이 든 노인 세대와 관련한 디지털 리터러시 문제도 해결해야 한다. 이 과정에서 중장년 세대가 노인 세대를 돕는 노-노 케어도 충분히 가능하다.

셋째, 기업의
앙코르 펠로십

2008년 어느 날 희망제작소 해피시니어팀 김신형 선생님이 "남 팀장! 이거 흥미롭지 않아요?" 하며 영문 자료 하나를 쓱 내미셨다. 김신형 선생님은 '행복설계 아카데미' 1기를 수료한 후 희망제작소 전문위원에 위촉된 분으로, 오랜 해외 근무 경험 덕에 비즈니스 영어가 탁월해 리서치에 큰 도움을 주신 분이다. 선생님이 내민 자료는 글로벌 기업 IBM에서 진행 중인 '앙코르 펠로십(Encore Fellowship)' 프로그램에 관한 것이었다.

요약하면 IBM은 2008년 8월부터 자사에서 퇴직을 앞둔 직원들을 비영리민간단체(NPO)에 파견해 그들의 전문 지식과 경험을 사회공헌 분야에서 활용할 수 있도록 하고 있다는 내용이었다. 주로 마케팅, 인력자원, IT, 회계, 개발, 연구 조사, 평가, NPO 거버넌스 등 전문 분야에서 일하면서 해당 NPO에도 도움이 되고, 퇴직 후에는 자연스럽게 앙코르 커리어를 이어갈 수 있게 체계적으로 지원한다고 했다. 행복설계 아카데미에도 NPO 실습 80시간이 포함돼 있었지만 맛보기 정도에 불과했기 때문에, 앙코르 펠로십을 접했을 때 나는 마치 사막에서 오아시스를 발견한 것처럼 흥분했다. 당장 김신형 선생님과 의기투합해 국내 환경을 반영한 새로운 콘텐츠를 만들었다. 우리는 이 기획서를 들고 국내 기업 두세 곳에 제안했지만 성사되지는 못했다. 의도는 좋지만 아직 우리 사회에서 퇴직과 NPO에 관한 인식이 낮아 당장은 추진하기 어렵다는 반응이었다. 언젠가는 이 기획을 꼭 실현해보리라 마음먹었고, 시간이 흘러 10년 후 서울시 50플러스 사업이 시작됐을 때 본격적으로 도전하게 됐다.

미국의 앙코르 펠로십은 인턴십과 유사하지만, 새로 훈련하는 견습생으로서 인턴과는 달리 이미 해당 분야에 관한 전문성을 바탕으로 경험을 전수한다는 점에서 일종의 존경의 의미를 담아 펠로(Fellow)라고 표현한다. IBM, 인텔, 휼렛 패커드(HP) 같은 글로벌 기업들이 후원자로 비용을 부담하며, 비영리기관을 발굴하고 퇴직자와 적절하게 매칭하는 전체 운영은 앙코르닷오르그 같은 민간기관과 파트너십을 맺어 진행한다. 펠로 프로그램은 은퇴자와 비영리기관 양쪽 모두가 시너지를 높이는 의미 있는 만남으로 평가받으며 지금까지 활발히 진행되고 있다. 초기에는 기업들이 사회공헌 사업 차원으로 참여했지만, 점차 기업의 인재 관리(HR) 차원으로까지 발전했다. 인텔은 인력 담당 부서 주관으로 인사관리 차원에서 비용 전부를 부담한다.[66]

기업에서 시작된 앙코르 펠로십 프로그램은 그 효과성이 입증되면서 미국 공공 영역으로 확대됐다. 산호세 시는 캘리포니아에서 세 번째로 큰 도시로, 실리콘밸리 IT 회사 경력이 많은 중장년 전문 인력의 전문성을 공공 영역에 연계하는 실험을 진행했다. 민간에서 축적된 IT 활용 능력, 광고 및 마케팅 등이 공공서비스와 융합했을 때 혁신을 촉진하고 효과성과 가치는 배가되리라 판단했기 때문이다. 2017년도 시정 업무에 앙코르 펠로 여덟 명을 배치하고 기술 프로그램 실행 가이드 작성, 세대 통합형 자원봉사 프로그램 기획, 전 도시적 자원봉사 관리 프레임워크 개발 등 프로젝트를 수행해 성과를 얻었다. 2019년도 샌프란시스코 시장실에서도 중장년 경력자를 펠로십으로 모집하는 등 미국 내 공공 영역에서 펠로십이 확산 추세임을 알 수 있었다.

국내에서는 서울시가 중심이 되어 '서울50플러스인턴십'이라는 이름으로 추진했다. '인턴' 하면 대다수가 영화 〈인턴〉을 떠올리며 낭만적으로 상상하지만, 사실 국내 중장년 인턴십은 절박한 현실에서 출발했다. 세계에서 가장 이른 나이에 퇴직하는 우리 사회에서 다른 분야로 이직하는 일은 어찌 보면 생존과 직결된 문제다. 하지만 낯선 조직문화, 소통 및 일하는 방식의 차이 등 장벽이 있기 때문에 기업과 당사자 모두에게 일종의 디딤돌이 필요했다. 서울50플러스인턴십은 2016년부터 시작했다. 3년 동안 통계를 보면 800여 명이 중소기업과 사회적기업 400여 곳에서 인턴으로 일한 후 이 가운데 약 50퍼센트가 관련 일자리로 연계됐다. 서울시 인턴십 모델은 다른 지방정부 및 민간 영역으로 확대되는 추세다. 엔턴십(Entrepreneur+Internship), 멘턴십(Mentor+Internship) 같은 복합어가 출현할 만큼 최근 들어 더욱 다양해지고 있다. 엔턴십이 주로 창업 분야에서 창업 기업과 연계되는 개념이라면, 멘턴십은 주로 스타트업 기업과 연계해 시너지를 창출하는 개념이다.

예의를 갖춘 적극적 태도는 나이와 관계없이 모든 이에게 호감을 줄 수 있다는 사실을 알게 됐다. 소기업 상품에 애정이 생겼다. 처음엔 그저 다시 일할 수 있는 기회라고만 생각했는데, 다양한 교육과 경험, 사람들을 만나면서 이런 과정 자체가 제2의 인생을 설계하는 전환점이 됐다.

서울시50플러스포털에서 인턴십에 참여했던 사람들의 후기를 보면 인턴십에는 일자리 그 이상의 의미가 있음을 알 수 있다. 물론 성공 경험만 있지는 않았다. 직무가 맞지 않는다거나 소통에 어려움을 겪는 등 난관이 많았다. 필요 이상으로 너무 조심하고, 빨리 적응하고 성과를 보여줘야 한다는 강박 때문에 적응하지 못하고 힘들어하는 중장년 인턴도 많았다.

그럼에도 많은 중장년 당사자는 현재 기업에서 추진하는 전직지원 프로그램이 인턴십 같은 방향으로 개편돼야 한다고 힘주어 말한다. 재정 여력이 있는 지자체는 공공 일자리 기금 등을 활용해서 인턴십을 추진하지만 상대적으로 재정 여력이 없는 지자체에서는 하고 싶어도 할 수가 없다. 그리고 언제까지나 공공기금으로 추진할 수도 없는 일이다. 미국 글로벌 기업들 사례처럼 우리 기업들도 고령화 사회를 대비하는 혁신적 인사관리, 사회적 책무 차원에서 한국형 앙코르 펠로십 모델을 만드는 데 앞장서기를 기대한다.

마지막으로 앙코르 펠로십의 의미가 조금 더 진화한 일자리 매칭 사업으로만 규정되지 않기를 바란다. 2022년《하버드 비즈니스 리뷰》에 따르면 지금 인류는 처음으로 다섯 세대(산업화 세대, 베이비부머, X 세대, 밀레니얼 세대, Z 세대)가 한 공간에서 일하는 현실을 맞닥뜨렸는데, 세대 간 상호 이해 부족으로 긴장감이 높은 편이라고 한다. 그리고 많은 조직에서 이런 현상을 해결하려는 노력이 부족하다고 일침하며 다양한 세대가 함께 일하는 문화가 얼마나 효과적 결과를 만들 수 있는지를 설명했다. 이런 점에서 나는 중장년 인턴십 같은 프로그램이 우리 사회에 만연한 연령 차별을 없애는 것은 물론, 다양한 세대가 공존하며 일하는 조직문화를 만들고 세대 간 편견을 조금이나마 줄일 수 있는 촉매제가 되기를 희망한다. 영화 〈인턴〉에서 로버트 드니로가 한 명대사를 기억하자. "경험은 결코 늙지 않아요!"

넷째, 중장년이 대학 캠퍼스를 구할 수 있을까?

"10~15년 안에 미국 내 4000개 대학 중 절반이 파산할 것이다." '파괴적 혁신'이라는 용어를 창안한 하버드 대학교 경영대학원 클레이튼 크리스텐슨(Clayton Christensen) 교수가 2013년에 한 예측이다. 온라인 교육 증가, 저출산 등으로 전통적 교육관이 빠른 속도로 소멸하리라는 경고였다. 10년이 지난 지금 이는 현실이 됐다. 미국뿐 아니라 전 세계 국가가 대학 무용론 위기에 직면했으며, 대학 신입생 수 50만 명이 무너진 한국은 '벚꽃 피는 순서대로 망한다'는 속설이 현실화하고 있다.

대학 신입생 수는 줄고 중장년 이상 고령 인구는 늘고 있는 현실에서 대학 캠퍼스를 구할 주인공으로 중장년 세대가 떠오른다. 아직 더 일하고 싶고 활동하고 싶은 40~70대가 새롭게 삶을 전환하고 재교육하는 데 대학 캠퍼스를 일종의 중장년 갭이어 캠퍼스로 활용하는 것이다.

스탠퍼드 대학교 DCI(Distinguished Careers Institute) 과정[67]에서도 영감을 얻을 수 있다. 스탠퍼드 DCI는 직업적 정체성이 사라지는 중년기에 다시 대학으로 돌아가 충분히 탐색하고 경험함으로써 개인과 사회에 긍정적 영향을 미칠 수 있다는 전제하에 설립됐다. "인생을 변화시키는 1년"의 과정은 중년 세대가 학생으로서 삶의 다음 장을 생각하고, 발견하고, 설계할 수 있게 해준다. 이 프로그램은 '새로운 목적 만들기', '커뮤니티 만들기', '신체적·정서적·영적 건강과 복지를 재정비하기'라는 서로 연결된 세 가지 축을 기반으로 짜여 있다. 이 전체 과정에서 중년 세대가 자연스럽게 학부생이나 대학원생과 상호작용 할 수 있는 수많은 기회가 생긴다. 또한 지역사회 커뮤니티 활동 등 인생 후반부에 영향을 미칠 수 있는 다양한 경험을 제공한다. 지역에서 고령화에 능동적으로 대응하는 새로운 고등교육 모델을 제시하는 셈이다. 앞서 소개한 일본 릿교대 세컨드 스테이지의 비전과 유사하다.

미국은퇴자협회에서 미국 시니어를 대상으로 '은퇴 후 가장 살고 싶은 곳'을 조사했을 때 '대학 옆'이라는 답변이 많았다고 한다. 이를 현실화한 모델들이 지금 미국 대학들에서 활발하게 운영되는 '대학연계형 은퇴자 공동체(UBRC)'다. 대학 진학률이 높았던 미국 베이비붐 세대의 고령화에 따른 자연스러운 산물

로, 캠퍼스 안에 은퇴자 전용 주거시설을 만들고 은퇴자들은 기

부금을 일정 금액 낸 후 대학 도서관과 식당 등을 이용할 뿐만 아니라 평생교육에 관한 욕구도 충족한다. 미국 UBRC는 지역 대학의 유지 및 발전과 지방 도시의 활력 증대, 풍요로운 은퇴 생활이라는 '1석 3조' 효과를 낳아, 2014년에는 100여 개였으나 앞으로 미국 대학의 10퍼센트인 400여 개가 구축되리라 전망한다.

국내에서도 관련 연구를 진행하고 있는데 이를 촉진하는 실질적 정책이 뒷받침돼야 한다. 이제 곧 다가올 미래에 대학은 살아남기 위해서라도 고령층을 받아들일 방법을 찾아야 한다. 또한 대학에서는 노인들에게 맞는 새로운 수업 방식도 연구해야 한다. 대학 캠퍼스는 더 이상 젊은이의 전유물이 될 수 없다. 세대 공존 캠퍼스가 될 날이 머지않았다.

그리고 또 다른 측면에서 나는 대학이 퇴직한 강사와 학자를 활용할 방안을 찾았으면 좋겠다. 고령 학자들이 수십 년 동안 쌓아온 경험과 자원을 사장하는 일은 큰 사회적 손실이기 때문이다. 갈수록 기술 장비에 의존하는 시대라지만, 오랜 내공과 숙련을 바탕으로 경험과 자원을 다음 세대에게 전수하고 멘토링하는 일은 여전히 중요하다.

담대한 오십을 위하여

고령화 렌즈로

바라본

정책 확장[68]

03

노인 세대 비중이 점점 늘어나면서 그들이 자신이 사는 지역에 어떻게 사회적·경제적·문화적으로 활기를 불어넣을지가 사회 전체에 중요한 변수로 작용할 것이다. 단기 처방을 넘어 새로운 전망과 포괄적 전략이 필요하다. 이미 세계 각국에서 '고령 친화 도시'에 주목하는 이유이기도 하다. 그런데 고령 친화 도시 하면 자칫 노인 세대만을 위한 정책으로 오해하기 쉽지만, 핵심은 '모든 연령을 위한 도시'다.

덧붙여 도로, 교통, 주택, 디지털, 의료 등 사회 전반의 인프라 개선도 중요하지만 노년 당사자가 바라본 일상 속 법과 제도를 개선할 필요가 있다고 말하고 싶다. 아는 만큼 보이는 법이라고, 나 역시 젊은 시절에 당연하게 여겼던 것들이 지금은 절대 당연한 게 아니었음을 느끼는 대목이 많다. 그중 상당수 부분은 우리 부모 세대가 그러했듯이 그저 개인적으로 받아들이고 겪어야만

하는 문제로 인지해왔다. 왜냐하면 커다란 정책에 비해 상대적으로 소소하고 일상적인 것들이라 여겼기 때문이다. 하지만 그 작고 소소해 보이는 일이 개인의 삶에는 엄청난 영향을 미친다. 대표적으로 갱년기 이슈가 그렇다.

갱년기 친화 기업 인증이 있다고?

2020년 대한폐경학회 조사에 따르면 우리나라 폐경기 여성 80.3퍼센트가 폐경 증상으로 어려움을 겪는다고 한다. 증상의 양상, 강도, 빈도, 지속 기간 등은 개인차가 있지만, 호르몬 고갈로 인한 갱년기 증상은 중년 여성 삶의 질을 크게 좌우한다. 그동안 우리 사회에서는 인류의 절반인 여성이 겪는 이 호르몬 전쟁을 철저하게 개인 문제로 간주해 크게 관심을 기울이지 않았다. 국내 폐경기 여성 연구는 주로 스트레스, 정신적·심리적 측면, 골다공증, 여성 만성질환 등 건강 문제에 머물러 있다. 미디어에서 다양한 정보가 쏟아지는 듯하지만 기능성 약품에 관한 것이 대부분이다. 그저 노화 과정 중 하나이니 '견뎌내야 하는 것', 나도 내 친구들도 모두 그렇게만 알고 있었다. 그러다 영국의 사례를 발견하고 부러움과 동시에 화가 솟았던 기억이 있다.

영국은 이미 10여 년 전부터 갱년기 여성의 고통을 국가적 이 슈로 인지해 다양하게 조사하고 대책을 수립했다. 영국 오픈 대 학교 조안나 브루이스(Joanna Brewis) 교수는 "영국에서는 90만 명 넘는 여성이 폐경으로 조기에 직장을 떠난다. 폐경기 여성의 조기 퇴직으로 인한 생산성 손실은 전 세계적으로 179조 이상" 이라고 말했다. 문제의 심각성을 인지한 영국 평등청(Government Equalities Office)은 구체적 조사와 지원책을 마련했다. 경영자에 게는 갱년기 여성 근로자에게 적절한 치료 프로그램을 제공하고 휴가를 주도록 권했다. 정부, 학계, 경영계, 노동계가 손잡고 '갱 년기 친화 기업 인증'도 만들었다. 화이자, AXA, 무디스, HSBC 영국, 디스커버리, 후지쯔 등 76개 기업이 인증을 받았다. 영국 노총(TUC)에서도 2013년 갱년기 여성을 위한 가이드를 발간했 다. 이 가이드에는 노조와 고용주가 해야 할 일, 직장 단위의 지 원책, 직장에서 적용되고 있는 실제 사례, 갱년기를 진단할 수 있 는 리스트, 직장 내 갱년기 여성 실태조사 방법 등을 담았다. 또 웨일스 노총(TUC)은 폐경 온라인 교육 코스를 만들어 노조 관계 자와 여성 근로자에게 제공한다.[69]

국내 현실은 어떨까? 김기찬《중앙일보》고용노동 전문기자 는 여성들이 출산과 육아라는 첫 번째, 두 번째 고개를 넘은 뒤 맞이하는 세 번째 고개가 바로 갱년기라고 밝히며, 정부에서는 여성의 경력 단절에 관한 연구나 출산·육아에만 지원을 집중하고 갱년기에는 무관심하다고 말했다. 이어 우리 사회에서는 갱년기 탓에 직장을 떠나는 여성이 얼마나 되는지 통계조차 없고 정부는 물론 학계, 경영계, 노동계도 갱년기로 인한 노동 손실이나 이를 방지할 대책 등을 언급한 적이 없다고 비판했다. 여성 임원이 아예 없거나 그 비율이 턱없이 낮은 이유, 정년퇴직하는 여성이 3.3퍼센트에 불과한 까닭을 짐작하게 한다.

10월 18일이 세계보건기구와 국제폐경학회가 지정한 '세계 폐경의 날'이라는 사실을 아는 사람이 몇이나 있을까? 정부와 기업을 탓하기에 앞서 당사자들의 책임도 말하고 싶다. 갱년기에 관한 사회적 인식이 바뀌고 정부와 기업이 나서도록 하기 위해서 당사자들이 더 목소리를 내야 할 때다. 우리는 앞으로 이렇게 촉구해야 한다. 꾸준한 운동과 균형 잡힌 식사, 이제 그런 얘기는 그만 듣고 싶다. 개인적 노력 말고 사회적 인정과 지원을 받고 싶다. 생애주기별 특성을 반영한 실질적 정책과 사회적 공론화가 필요한 때다. 갱년기를 생애전환기 필수 검진 항목으로 지정해서 전문의에게 충분히 상담받고 교육이 뒷받침되기를 희망한다. 병원, 보건소, 직장, 가정 등 각 단위별 세부 지침을 마련하고, 누구나 소외받지 않고 눈치 보지 않고 검사와 치료를 받을 수 있는 제도와 환경이 조성되기를 바란다.

절반의 확률,
우리는 어느 쪽일까?

"만약 당신이 85세까지 살아 있다면 둘 중 하나다. 알츠하이머병에 걸렸거나 아니면 그를 돌보는 사람일 것이다." 신경과학자인 리사 제노바(Lisa Genova)의 말이다. TV 프로그램에서 이 말을 듣고 정신이 번쩍 들었다. 친구 단톡방에서 초로기 치매에 걸린 동창 소식을 듣고 놀란 직후라 더 그랬는지도 모르겠다.

2050년 전 세계 치매 인구는 1억 명이 넘을 것이라고 한다. 초고령 장수사회에서 어찌 보면 당연한 수순으로, 이미 학계에서는 치매를 흔한 질병(Common Disease)이라고 정의하고 감기처럼 일상적 질환으로 받아들이라고 충고한다. 우리보다 앞서 이 문제로 골머리를 앓아온 일본은 기존 하드웨어 중심인 치매 대응에 한계를 절감하고 지금은 전 국민 대상 교육에 집중하고 있다. 특히 초중등 학생들에게 정기적으로 치매 교육을 한다. 노화나 치매와 가장 연관이 적어 보이는 어린이와 청소년에게 이런 교육을 한다는 발상 자체가 놀랍고 신선했다.

치매 환자지만 여전히 살던 곳에서 평범한 일상을 살아가는 사람들의 공통점은 '치매 커밍아웃'과 '기록·메모'였다. 이들은 주위에 자신이 치매에 걸렸음을 적극적으로 알렸을 뿐만 아니라 자립할 수 있는 준비를 꼼꼼히 하기 시작했다. 지난주에 무엇을 했는지, 오늘은 뭘 해야 하는지 등 일상생활에 필요한 모든 것을 자신만의 방식으로 메모하고 수시로 들여다봤다. 비록 조금 느리지만 모든 것을 스스로 하려고 노력했고, 매일 글을 쓰며 자신의 감정과 상태를 사람들과 공유했다.

치매 커밍아웃이 치매 극복의 세계적 추세라는데, 우리 사회에서 얼마나 실효성이 높을지는 의문이다. 유독 '정상 몸'에 대한 강박이 심한 사회 분위기에서 질병 경력 자체가 곧 그 사람의 정체성으로 대변되는 사례를 종종 봤다. 예를 들면 암 환자들은 완치돼도 '암에 걸렸던 사람'이라는 꼬리표가 계속 따라다닌다. 그러니 암보다 더 무섭게 느끼는 치매는 오죽할까? 하지만 전문가들은 쉬쉬할수록, 집 밖으로 안 나올수록, 환자 취급을 당할수록 병세는 더 빠르게 악화할 수밖에 없다고 충고한다. 이제 이 충고를 생각해봐야 할 때다.

절반의 확률, 우리는 잘 피해 갈 수 있을까? 설마하는 생각으로 마냥 미루면 누가 해결해줄까? 치매에 걸리더라도 누구나 중증으로 가기 전까지는 내가 살던 곳에서 일상을 유지하고 최소한 인간으로서 존엄성을 지키며 살 수 있는 대책이 필요하다. 나는 일본 후쿠오카현 오무타 시 사례에서 그 가능성을 봤다. 주민 대상 치매 교육으로 과도한 불안감 없애기, 실종 치매 환자 정보 공유 및 신고 모의훈련으로 위기 상황에 빠르게 대처하기, 의료진과 가족이 협업하기 등 오무타 시가 치매와 더불어 살 수 있는 마을을 만들기 위해 10년에 걸쳐 해온 노력에 주목해야 한다. 정부에만 의존할 일도 아니다. 모두가 안녕한 노년을 보내기 위해 인식을 바꾸고 목소리를 내고 제도를 만드는 일은 우리 세대가 해내야 할 과제다.

돌봄의 무게,
커뮤니티 회복을 통해

다수의 중장년이 고령 부모를 돌보느라 몸살을 앓고 있다. 크고 작은 사연 하나 없는 집이 드물다. 돌봄의 무게에 짓눌려 사는 지인들이 쏟아낸 하소연을 들어보면 이렇다. 노인장기요양보험 제도의 등급 판정을 받기가 매우 어렵다. 거동 불편, 치매 등 다양한 노인성 질환을 단박에 증명해낸다는 게 쉬운 일이 아니다 보니 무용담이 쏟아진다. 복잡한 지원 제도 중 우리 가족이 받을 수 있는 것이 무엇인지 일목요연하게 상담받을 수 있는 곳을 찾기가 어려운데 그나마 동주민센터에서 친절한 상담사를 만나는 게 가장 운 좋은 일이라고 한다. 지원 서비스 중 상당수가 시범사업이고 소수만 해당되어 체감률은 떨어진다. 조금만 찾아보면 우리나라도 이미 의료·복지·돌봄과 관련해 많은 제도와 인프라가 있음을 알 수 있다. 그런데 문제는 이런 것들을 잘 모르고, 너무 복잡하고, 제한이 많고, 대부분 시범사업이거나 소수에게만 혜택이 돌아간다는 점이었다.

결국 백방으로 뛰어다니다 알게 된 사실이 있다. 아직까지 노인 돌봄은 전적으로 가족의 몫이라는 점이다. 그것도 아주 긴 시간 동안! 남 일 같지가 않다. 혼자 사시는 팔순 아버지에게도 곧 닥칠 문제고, 아픈 몸 다스려가며 자연스럽게 노화를 받아들이자고 고상을 떨던 나도 솔직히 두렵다. 이 두려움의 실체는 부모 세대의 돌봄 현실을 적나라하게 직시했기 때문이고, 한편으로는 내 자식한테도 대물림하게 되지는 않을까 하는 걱정 때문이다. 의료기술이 발달해 평균수명은 연장됐을지 모르나 과연 나는 존엄하게 품격을 지키며 노후를 살 수 있을까?

삶이 길어진 만큼 누구나 1인 가구로 살게 될 시간도 있을 테고, 가족이든 지인이든 누군가에게 돌봄을 받는 일은 피할 수 없다. 실제로 이혼, 사별, 졸혼, 비혼, 직장, 경제적 문제 등 다양한 이유로 혼자 사는 고령 1인 가구가 빠르게 증가하고 있다. 내가 살던 곳에서 노후를 맞이하는 것은 모든 사람의 소망이다. 이를 정책적으로는 '커뮤니티 케어'라고 한다.

우리 정부도 2018년 11월 '지역사회 통합 돌봄 기본계획(1단계: 노인 커뮤니티 케어)'을 발표했다. 통합 돌봄 기반을 구축하기 위해 로드맵과 4대 중점 과제(주거, 건강·의료, 요양·돌봄, 서비스 통합 제공)를 제시했다. 2019년 6월부터 2년 동안 16개 시·군·구에서 지역 자율형 통합 돌봄 모형을 만들기 위해 선도사업을 추진했다. 정부가 제시한 커뮤니티 케어는 돌봄이 필요한 주민이 자택이나 그룹홈 등에서 각자 욕구에 맞는 복지 급여와 서비스를 누리고, 지역사회와 함께 어울려 살아가며 자아실현을 할 수 있게 하는 혁신적 사회서비스 체계다.

터무늬제작소 김수동 소장은 커뮤니티 케어가 정상적으로 작동하고 노년의 삶을 건강하게 지킬 수 있는 핵심으로 두 가지를 강조했다. '주거'와 '관계(공동체)'다. 선진국에서도 노후 주거를 위해 다양하게 시도했지만 결론은 시설도, 고급 실버타운도 아닌 내 집과 동네에서 이웃과 어울려 사는 것이었다. 이를 위해서는 더 늦기 전에 양적 공급을 위주로 한 주택정책에서 시민 삶의 질을 높이는 주거정책으로 전환해야 한다고 촉구했다. 더불어 시민들은 자발적으로 지역사회 공동체 활동에 참여해 호혜적 사회관계망과 자조 시장을 만들어야 한다.[70]

당장 2025년에는 65세 이상 노인 비율이 전체 인구 다섯 명중 한 명이 된다고 한다. 노인 돌봄이 매우 중요하지만 의료나 간병 체계가 이 고령화 속도를 따라올 수 있을지 의구심이 든다. 이럴수록 정책에 철학과 통합적 방향, 진정성과 디테일이 필요하고, 그만큼 시민들도 함께 노력해야 한다.

나는 우리 사회 다양성에 관한 사고를 전환하기 위해 임산부, 장애, 나이듦 등을 체험하는 프로그램이 더 많이 만들어지고 더 많은 사람이 참여하기를 바란다. 비록 일회성·전시성 체험일지라도 안 해보는 것보다는 훨씬 나을 것이다. 그리고 고령 친화 도시나 노인복지 정책도 중요하지만 일상에서 체감할 수 있는 에이징 문화가 만들어지기를 바란다. 당장 젊은 몸, 정상 몸에 맞춰 설계된 생활 곳곳의 시설, 공간, 물건 등을 찾아내 하나씩 개선하자는 뜻이다. 예를 들면 횡단보도 신호등 시간은 조금 더 길게, 거리 곳곳 벤치는 조금 더 많이, 무거운 철문을 조금 더 부드럽게, 높은 선반은 조금 아래로, 병뚜껑은 조금 더 손쉽게 열 수 있게 바꾸면 된다.

세대 간 정책은 분절적일지라도 모든 세대는 서로 이어져 영향을 주고받을 수밖에 없다. 상대적으로 가장 영향력 있고 자산이 많은 우리 세대가 모두를 아우르는 세대 연결자로서 역할을 해야 할 이유이기도 하다.

지역 소멸 해법, 중장년 관계인구로 살아보기

지역은 죽어가는데 아무런 처방도 없다가 이제 시한부 선고를 하고 감기약을 처방한다. 고향세로 우리 지역이 얻고자 하는 것은 재정 확충보다 '인구'다. 땅은 넓은데 사람은 없다. 출생률, 귀촌 인구를 늘려서 막아보자는 정책은 기대하지도 않는다. 대신 일상으로 초대해 '관계인구'를 넓히는 게 핵심이다.

2023년부터 시행된 '고향사랑 기부제' 도입을 앞두고 개최된 콘퍼런스에서 인구 소멸 위기를 겪고 있는 강원도 어느 군청 팀장의 짧은 발표는 진한 여운을 남겼다.

기존 귀농·귀촌 정책에 획기적 발상 전환이 필요하다는 목소리가 늘면서 새롭게 등장한 '관계인구'가 주목받고 있다. 관계인구란 체류 시간에 관계없이 지역의 팬, 상품 구매자, 투자자, 아이디어 제공자 등 다양한 방식으로 관계를 맺으며 꾸준히 지역에 참여하는 사람을 말한다. 우리보다 지역 소멸 문제를 먼저 고민해온 일본에서는 2016년부터 총무성에 특별위원회를 만들고 관계인구 정책을 본격화했다. 무작정 숫자를 늘리기에만 급급했던 정책에서 벗어나 '인구는 줄어도 인재는 늘린다'는 관점으로 전환한 셈이다.

도시와 농촌의 상생, 지역 활성화에 1700만 베이비부머의 역할이 중요하다는 분석도 이어진다.《베이비부머가 떠나야 모두가 산다》의 저자, 중앙대학교 마강래 교수가 강조하는 내용을 들어보자.

국가 소멸 위기를 해결하는 데 베이비부머들이 메가톤급 힘을 발휘할 수 있다. 베이비부머가 수도권에 800~900만 명 있고, 수도권에서 태어나지 않은 다른 지역 출신이 440만 명이다. 440만 명 중 10~20퍼센트만 귀향해도 도시 주택 문제, 지역 소멸 문제, 지역 경제와 연금 문제 등 한국 사회가 직면한 많은 문제를 해결할 수 있다.

관계인구 늘리기 측면에서도 상대적으로 다양한 전문성과 네트워크를 보유한 중장년 세대는 실질적 소비 주체이자 지역 경제의 투자자로 가능성이 충분하다. 이미 서울의 공공기관과 민간기관에서 중장년 대상 '농부 인턴십', '농어촌 워킹홀리데이', '지역 살아보기' 사업을 진행했는데, 참가한 지역과 참여자들 모두 만족도가 높았다. 시범사업 성격으로 진행되는 이런 사업들이 향후 전국적으로 힘 있게 확대되기 위한 지원이 필요하다.

2023년부터 시행 중인 고향사랑 기부제에도 주목할 필요가 있다. 고향사랑 기부제는 개인이 자발적으로 낸 기부금으로 지방재정을 확충하고 그 대가로 지역 특산품 등을 답례품으로 제공하면서 지역 경제를 활성화하고자 만들어졌다. 이 제도가 빠르게 정착하려면 시민들의 참여가 필수적인데, 중장년 세대는 자원 발굴, 상품 개발, 콘텐츠 마케팅, 기부금 모금 활동 등 지역 컨설팅 분야에서 참여 기회를 얻을 수 있다.

인구 소멸 위기를 겪는 지역이 89곳이라고 한다. 해당 지자체들은 발을 동동 구르지만 시민들의 체감도는 낮은 듯해서 안타깝다. 인구 소멸 문제를 해결하기 위해 기획자, 개발자, 사업가, 창업가, 디자이너, 건축가 등 다양한 분야의 사람들을 비롯해,

청년부터 시니어까지 머리를 맞대고 창의력과 상상력을 발휘할 필요가 있다. 이들이 집중적으로 이 문제를 풀어보는 시민참여형 아이디어 경진대회 같은 공론의 장이 열렸으면 좋겠다. 작지만 강한 연결, '관계인구로 살아보기'는 이제 개인적 차원을 넘어 정책적으로 다뤄져야 할 단계다.

세대연대기금과 사회적 상속, 두 세대가 만나야 하는 이유

2023년 7월 기획재정부는 결혼할 때 부모에게 증여받는 자금에 한해 공제 한도를 대폭 늘리는 방안을 밝혔다. 현 5000만 원에서 최대 4억 원까지 거론됐다. 세금 부담을 낮춰주면 젊은 세대가 결혼 생활을 시작할 때 좀 더 여유가 생겨서 출산율을 조금이라도 더 높일 수 있지 않을까 하는 게 정부의 판단이었다. 고령층 자산 비중이 3600조 원을 돌파하는 현실에서 고령층이 쌓은 자산이 소비와 소득 재창출 능력이 왕성한 젊은 층으로 원활히 이동해야 경제도 살아날 수 있다고 덧붙였다.[71]

그동안 소득과 자산 가격, 물가 상승 등을 반영해 상속세와 증여세 개편이 현실화돼야 한다는 얘기는 많았다. 하지만 부모에게 자본을 이전받지 못하는 청년층에 관한 대책은 있는지, 청년들의 양극화가 더 심화하고 고착하는 게 아닌지, 결과적으로

조부모와 부모의 경제력이 청년의 미래를 결정하는 현실을 암
묵적으로 인정하는 것은 아닌지, 기사를 보면서 마음이 복잡해
졌다.

단군 이래 가장 운이 좋다는 한국 사회 베이비붐 세대는 다른
연령대와 비교했을 때 상대적으로 사회 주류로 괜찮은 삶을 살
아왔을 확률이 높다. 그리고 이제 퇴직과 은퇴를 맞아 노년의 새
로운 대안적 모델을 만들기 위해 또 열심히 학습하고 활동한다.
그런데 지금 청년들의 삶은 너무 고달프다. 다양한 삶에 도전해
볼 기회조차 얻지 못하는 청년 세대를 위해 사단법인씨즈 이은
애 이사장은 중장년 세대의 각성과 참여를 촉구했다.

지금 청년 세대는 부모보다 훨씬 가난해지는 세대라고 얘기
하는데 모든 청년이 그럴 거라고 생각하지는 않는다. 베이비
붐 세대 중 상당수는 꼭 많은 돈이 아니어도 관계망이나 지
식 같은 사회적 자본이나 문화 자본을 자녀와 나눌 것이다. 그
런데 하위 몇십 퍼센트 청년은 그런 자본을 가족 안에서 전혀
상속받을 수 없는 상태다. 그 청년들의 문제에 관심을 쏟자.
사회 전환을 고민하는 어른들이 세대연대기금을 만들거나 공
간이나 경험을 나누는 계기를 만들자는 뜻이다. 다차원적 빈
곤을 겪고 있는 청년들의 문제를 물질적·정서적·관계적으로
해결하기 위해 사회적 유산이나 사회적 증여를 만드는 일에

실제로 2021년 서울연구원의 〈세대별 금융 및 실물자산의 합계 보유 자산 조사〉를 보면, 전체 세대 중 1차 베이비부머의 순자산이 4억 966만 원으로 가장 많은데, 이는 1985~1995년 생의 순자산 1억 3865만 원과는 배가 넘는 격차를 보여준다. 이런 이유로 베이비부머의 부를 청년 세대로 이전하는 방안에 관한 논의가 시작되고 있다. 전문가들은 '세대 연대 기금' 또는 '세대 승계 기금' 등을 만들어 청년 세대가 쓸 재원을 확보해주거나, 자녀에게 집을 넘겨주고 일부를 전세로 사는 '자가(自家) 전세제', 사회공공서비스에 종사하거나 지방으로 귀환한 베이비부머에게 증여세를 감면해주는 방법 등이 있다고 말한다.[72]

같은 맥락에서 자산 불평등과 부의 대물림을 완화하고 청년들의 출발선을 조금이나마 고르게 만들어주고자 '사회적 상속'도 논의되고 있다. 이미 국내외 학자들이 제기했고 정치권에서도 초벌적 검토를 하고 있지만 아직은 요원한 듯하다. 무엇이 됐건 두 세대가 만나 서로 윈윈 할 수 있는 이런 의제들이 속도를 냈으면 하는 바람이다.

'당사자성'이
열쇠다

지금까지 사례로 들었던 고령화 사회에 새롭게 부각된 사회적 의제들을 현실에서 이룰 수 있게 만드는 힘은 바로 '당사자성'이다. 당사자성이란 '자신의 문제는 자신이 해결한다'는 의지를 바탕으로, 생활의 질을 향상하고 권리를 지키기 위해, 지역의 일원으로 일하기 위해 이해당사자가 스스로 뭉쳐 직접 해법을 모색하는 움직임을 말한다.

우리 사회에서 당사자 운동의 개념은 1990년대 후반 장애인 운동에서 시작됐다. 그 이전까지 장애인 운동은 주로 보호자나 시설 중심으로 진행됐는데, 당사자 운동으로 전환되면서 이슈 자체가 달라졌다. 예를 들면 장애인들에게 가장 중요한 것은 이동권과 접근권이다. 그래서 이들은 '지금 이 공간에 휠체어가 들어올 수 있느냐 없느냐'와 같이 구체적 필요 사항을 요구하기 시작했다.

IMF 구제금융 사태 이후에는 청년 당사자 운동이 봇물 터지듯 쏟아져 나왔다. 청년 세대는 불안정한 노동, 주거, 금융, 건강 등 당장 개선이 필요한 문제에 관해 청년들의 힘으로 실질적 대안을 만들어보자는 취지로 여러 생활 조직을 만들어 실천했다. 청년유니온, 민달팽이유니온, 토닥토닥 협동조합, 집밥 운동, 룸

셰어링 운동 등이 대표적이다.

이렇듯 당사자가 주도하는 운동은 거대 담론을 지양하고, 매우 실천적이고 구체적이라는 특징을 보여준다. 특정 이념에 갇히지 않고 뚜렷한 위계질서를 강조하지 않는 자발적 커뮤니티의 다양한 실천이 당사자 운동의 기반이라 할 수 있다.

10여 년 전 서울시에서 최초로 중장년 종합계획을 수립할 당시 '기존 정책과 어떻게 차별화할까' 고민할 때 많은 관계자가 이구동성으로 얘기한 것도 당사자성이었다. 기존 노인복지나 노인정책에 '당사자가 보이지 않는다, 당사자의 시선이 결여돼 있다'는 비판이 많았기 때문이다.

이런 맥락으로, 정책 입안 과정에서 당사자성의 가치와 철학을 우선으로 고려해왔는지, 사업 기획부터 운영까지 전 과정에 당사자 참여가 보장되는지, 당사자들이 도전과 실험을 펼칠 플랫폼으로서 충분히 제 기능을 하는지, 당사자 운동의 기초가 되는 커뮤니티 활동에 충분히 지원하고 있는지 등 지금까지 정책을 운영해온 실태를 돌아볼 필요가 있다.

더불어 공공 영역에서도 당사자 운동을 포함해 민간 생태계를 활성화할 방안을 더 고민해야 한다. 공공 영역의 행정력과 자원, 시장 영역의 추진력과 자원, 그리고 시민사회의 상상력과 운동성이 결합해야 더 큰 임팩트를 만들 수 있기 때문이다. 실제로 서울시가 50플러스 정책 마스터플랜을 발표했을 때 많은 민간

단체가 응원과 동시에 걱정을 쏟아냈던 까닭도 공공 영역이 독식할 수 있다는 우려 때문이었다.

반면 민간 영역은 선명한 자기 정체성을 토대로 당사자들과 더 깊이 교감하며, 빠른 도전과 실험을 통해 구체적 해법을 제시하는 방식으로 경쟁력을 확보할 수 있다고 믿는다. "자신을 성공으로 이끈 방법을 계속해서 사용하는 것은 자멸로 이르는 길이다"라는 피터 드러커의 말을 새길 필요가 있다. 그러기 위해서는 시민사회 스스로 번창기의 '야성'을 키우기 위해 끊임없이 자기 혁신을 강조해야 한다.

최근 중장년 조직들 사이에서 연대 논의를 시작했다는 점이 매우 반갑다. 부족한 자원을 서로 보완할 수 있고 필요에 따라 거시적 이슈를 다룰 역량을 확보할 수 있어서다. 앞서 사례로 제시한 전환기 갭이어, 퇴직준비 휴가제, 사회보장제도 개혁, 갱년기 노동권 보장, 커뮤니티 케어, 존엄사, 사회적 유산 등 많은 사회적 논의가 사장되지 않고, 조속히 현실적인 제도적 방안이 마련될 수 있도록 정치력을 모아야 할 때다.

한편 새로운 노년 문화, 중장년 세대 문화도 당사자들의 힘이 모여야 만들 수 있다. 중장년 당사자의 삶이 변화하면 우리 사회 전체의 문화도 변화한다. 결혼이나 제사 같은 각종 경조사, 희생적 자녀 부양 등 관습적으로 내려오던 문화를 되돌아보고, 이를 현시대에 맞게 수정하는 집단적 노력은 우리 세대뿐만 아니라 우리 자녀 세대를 위해서도 중요하다.

    최근의 중장년 세대는 일자리 문제에만 관심을 두지 않는다. 다양한 욕구를 표출하고 그 해법을 찾기 위해 다각적으로 노력한다. '노년의 삶을 누구와 함께 살 것인가'를 고민하는 공동 거주 실험, '도시가 아닌 농촌에서 무엇을 하며 먹고살 것인가'에 관한 탐구, 일상에서 배움을 주고받는 학습 공동체 실험, 새로운 직업 세계 탐색, 전직 경력을 살린 새로운 분야 창업·창직 등 중장년 세대의 활동은 다양하게 변주되며 진화하고 있다. 이와 같은 변화의 흐름은 중장년 당사자 운동이 단순히 개인이 퇴직 후 삶을 고민하는 단계를 넘어 사회 공공의 가치를 지향하고, 새로운 노년 문화를 만드는 일상 운동으로 진화하고 있음을 보여준다는 점에서 매우 고무적이다.

이제는 스스로
증명해야 할 때

퇴사를 했다

2022년 4월 말에 퇴사를 했다. 사표를 쓴 날, 아들에게 서 꽃다발과 한우 세트를 선물 받았다. "내 걱정은 마시고, 열심히 달려온 만큼 적극적 삶을 가지시길"이라는 짧은 카드와 함께. 뭐든 '재미있게 살아야 한다'가 신조인 아들은 언제부터인지 엄마가 한숨이 잦아지고 축 처져서 회사에 다니는 모습을 지켜보며, 혹여 그게 자식 때문이라면 아예 그런 생각은 접으시라고, 위로인지 격려인지 툭툭 던지곤 했다. 아무튼 난생처음으로 아들에게 받은 꽃다발이 퇴사 기념이라니.

흔히 말하는 정년이 보장되는 '신의 직장'에 다니던 내가 퇴사한다는 소식에 놀란 지인들은 반응이 극과 극이었다. "대충 버티지. 후회 안 하겠어?"라며 안타까워하거나, "좀 경솔한 거 아니야?"라는 말에서는 '먹고살 만큼 벌어놨나 보네' 하는 행간을 읽기도 했다. 하지만 오랜 시간 생기 잃은 꽃마냥 시들시들 속앓이하는 나를 지켜보던 친구들은 "잘했다!"라고 응원하는 플래카드와 꽃, 케이크, 영상 편지로 깜짝 퇴사 파티를 열어줬다. 주변의 다양한 반응과 무관하게 나는 진심으로 담담했다. 모든 것을 쏟아부었기에 후회는 없었다.

퇴사하자마자 "이제 뭐 할 건데?"라는 질문 앞에서 나는 일관되게 "당분간 아무 계획도 세우지 않고 그저 몸과 마음이 가는 대로 놔두는 것"이 전부라고 말했다. 30년 직장 생활 중 이직은 몇 번 했지만, 오십 이후 퇴사는 차원이 다르다. 숱한 퇴직 교육과 컨설팅을 업으로 해온 나 역시 일반 중장년 퇴직자들과 상황이 크게 다르지는 않았다. 오히려 나는 퇴직 후 삶의 명암을 더 분명히 알고 있었다. 지금부터가 진짜 온전히 '나'로서, 내가 살아온 지난날을 평가받는 시간이 될 것임을.

퇴사 후 가장 먼저 느낀 감정은 '아, 봄에 퇴직하길 잘했어'였다. 부드러운 햇살과 봄바람이 심신을 어루만져주는 듯했다. 북한산 풍광이 한눈에 들어오는 카페에서 모닝커피를 마시며 햇살을 즐겼다. 평일에도 사람이 이렇게 많다는 사실에 놀라기도 했다. 해외에 사는 친구들이 한번 다녀가라고도 했고, 이런 기회에 책 한 권 내자고 제안한 분도 계셨다. 정말 감사했지만 모두 내키지 않았다. 에너지가 방전된 느낌이랄까. 그냥 아무것도 하기 싫고 사람들도 만나고 싶지 않았다. 웬만하면 뉴스도 피하고 꼭 필요한 일 아니면 컴퓨터 근처에도 안 갔다. 가벼운 산책과 집 정리, 가까이 사는 친구들과 주말 모임, 좋아하는 가수 덕질만으로도 크게 지루하지 않았다. 간간이 독서와 글쓰기, 강의를 하며 본업에 관한 감만 유지하려고 노력했다.

　명함 없는 채로 반년이 넘어가자, 나는 별 생각이 없는데 가끔 주변에서 난감해할 때가 있었다. 강의를 의뢰하는 담당자가 "호칭을 뭐라고 부르면 될까요?" 조심스럽게 묻기도 했다. 이메일 같은 개인정보를 따로 챙겨서 보내줘야 하는 불편함도 있었다. 퇴직 후 개인 명함을 만드는 사람을 많이 봤는데 왜 그런지 이해가 됐다. 가끔씩 "1인 연구소로 명함 하나 만드시죠"라는 권유를 받았지만 정중히 '노 땡큐'라 답했다. 자연인인 '나'로서 평가받는 지금 이 시간, 흔들리지 않는 멘털과 알맹이를 채우는 일에 더 집중하고 싶었기 때문이다. 내게 주어진 이 전환의 시간에 다시 채워 넣을 공간과 콘텐츠, 에너지를 만드는 일, 그것이 우선이었다.

　무계획이 계획이었지만 간절한 것 중 하나는 바로 '정리'였다. 모든 물건, 관계, 마음을 정리할 필요가 있었다. 무엇부터 해야 할지 잘 모를 때는 먼저 물건 정리를 추천한다. 나도 서재, 베란다, 부엌, 거실 순으로 집안 모든 공간과 수납장을 하나씩 살피며 날마다 조금씩 버렸다. 헐렁함이 주는 산뜻한 기분은 생각보다 강력했다. 핸드폰 속 주소록도 심플하게 정리했다. 사회적 직함이 있어야만 유지되는 관계부터 정리했다. 가장 중요하지만 소홀했던 '마음' 정리도 했다. 초고속으로 달려오느라 내 안의 크고 작은 생채기들을 돌아볼 시간을 놓쳤다. 어느 노랫말처럼 '어제의 나, 오늘의 나, 내일의 나, 빠짐없이 남김없이 모두가 나'다. 있는 그대로 온전히 나를 사랑하고 어루만지는 시간이 있어야 앞으로도 세파에 흔들리지 않고 나답게 살아낼 수 있지 않을까? 걱정과 불안이 스멀스멀 올라올 때면 걷기와 글쓰기로 채웠다. 그리고 한 번씩 징징거림을 받아줄 친구를 만나 풀었다.

새롭게 보이는 것들

마음에 공간이 생기니 늘 보던 사람과 사물들이 새롭게 보였다. 혼자 사시는 고령의 아버지도 그렇다. 오십에 접어들어 퇴사를 해보니 나는 그 옛날 아버지가 얼마나 일찍 퇴직하셨는지 실감이 났다. 아버지도 젊은 시절에는 대기업에서 잘나가던 샐러리맨이었다. 하지만 대기업의 살벌한 경쟁 속에서 지방대 출신이었던 아버지의 효용가치는 딱 만년 과장이었다. 사십 중반에 지방으로 전보 발령을 받은 뒤 몇 년 버티다 결국 오십이 되기 전, 갑자기 명예퇴직을 하게 됐다. 마땅한 대책도 없었기에 떠밀려 시작한 자영업이 화근이 됐다. 또박또박 안정적으로 나오던 월급으로만 사셨던 분이 아무리 작은 가게라도 경영을 한다는 것은 처음부터 쉽지 않았으리라. 평생 모아둔 돈을 야금야금 까먹다가 결국 부도가 났고, 이후 아버지의 노년은 꽤 오랫동안 고달팠다.

오랫동안 중장년 일을 해왔지만 내 부모 세대의 노후에는 상대적으로 무관심했음을 깨달았다. 생각해보면 아날로그와 디지털을 모두 섭렵하고 세상을 바꿔본 경험도 있는 우리 세대는 거침이 없었다. 우리가 내딛는 걸음이 곧 새로운 길이었다. 자녀를 양육할 즈음에는 공동육아, 대안학교, 홈스쿨링 등 할 수 있는 모든 것을 했고, 이제 우리가 노년기에 접어들 때가 되니 새로운 중장년 정책을 만들어 전용 공간도 확보하고 질 높은 노년을 위해 주거, 의료 등 모든 분야에서 목소리를 높인다. 나의 노후를 위해서는 이렇게 애를 쓰면서도 정작 부모 세대의 아픔에는 너무 늦게 목소리를 낸 듯해서 반성하게 됐다. 의료기술 발달로 수명은 늘었지만 아픈 채 오래 고달프게 살고 있는 고령의 부모들을 볼 때마다 짠하다.

나는 베이비붐 세대를 '낀 세대'라고 표현하는 것을 별로 좋아하지 않는다. 1960년대에 태어난 우리 세대는 다른 관점으로 보면 가장 운이 좋은 세대라고도 할 수 있다. 이를 뒷받침하는 연구[73]도 있다. 각종 사회보험 제도 혜택을 받은 첫 번째 세대이

며, 저소득층을 위한 사회보장제도 도입으로 어느 정도 사회안
전망의 혜택을 누릴 수 있게 된 세대이기도 했다. 또 노인장기요
양보험, 기초노령연금 도입 등으로 부모 부양 환경도 어느 정도
는 개선됐다. 우리 부모 세대는 최소 다섯 명 이상 자녀를 낳아
양육한 반면, 우리 세대는 출산 억제 정책으로 두세 명 정도로
줄었으니 자녀를 위해 희생한 세대라고 설명하기에도 다소 검
증이 필요하다. 게다가 아이러니하게도 내가 가장 감사하게 생
각하는 일 중 하나는, 학원·과외 금지라는 기막힌 타이밍에 청
소년기를 보낸 덕분에 상대적으로 입시 지옥의 매운맛을 덜 느
낄 수 있었다. 우리가 맞게 될 노년에 관해서도 정부나 지자체에
필요한 것은 집요하게 요구해 관철해내고, 그래도 부족한 것은
같은 뜻을 품은 사람들과 힘을 모아서 어떻게든 대안을 만들어
낼 테니 상대적 불안도 덜하다.

이런 생각이 이어지다 보니, 자연스럽게 마음속에서 꿈틀대
는 작은 에너지가 느껴졌다. 중장년 세대가 세대 간 연결자로 역
할을 할 수 있도록 어젠다를 재구성하는 일, 좀 거창한 표현일
수도 있지만 지금 우리 사회에서 꼭 필요한 일이라고 생각했다.
모두의 인생 전환에 꼭 필요한 한국형 갭이어, 나이듦에 관한 사
회적 인식 전환, 좋은 어른으로서 미래 세대와 연대하는 중장년
층의 활동, 세대 연결자로 지역에서 새로운 모델을 만드는 활동.
이런 과제들을 구체화하고 실천적 모델로 만드는 일을 다시 꿈

꾸게 됐다.

비전이나 이상과는 별개로 앞으로 무엇을 하건 기대치와 현실 사이에서 또다시 갈등할 수 있다. 하지만 이전 같은 혼란은 덜할 것 같다. 잠시 멈춤으로써 나는 조금 더 단단해졌다. 오히려 지금 내게 필요한 것은 알게 모르게 몸에 밴 체질과 마인드를 바꾸는 일이다. 강의 때마다 강조하던 '몸과 마음, 사회적 지위가 변화했음을 담담하게 받아들이고 단순하게 힘 빼며 사는 연습'은 나에게도 고스란히 적용된다. 그리고 어찌 보면 가장 중요한 '열심히' 못지않게 '즐겁게' 하기, 나만의 '겨를'을 만들기를 날마다 주문을 외듯 반복하고 있다.

우리의 삶으로 말해야 할 때

오래전 일본 시민사회 관계자들에게서 '한신·아와지 대지진'에 관한 이야기를 많이 들었다. 1995년에 대지진을 겪으며 일본 사람들이 뼈저리게 느낀 점이 있는데, 위기의 순간에 나와 우리 가족을 구해준 것은 다름 아닌 '이웃'이었다고 한다. 국가도 지자체도 아니고 바로 이웃과 공동체, 시민사회가 자신을 지켜줬다는 것이다. 아이러니하게도 끔찍했던 대지진 덕분에 일본 시민사회는 급속히 성장한 셈이다.

우리도 최근 코로나19 팬데믹을 겪으며 내 삶이 공동체와 얼마나 강하게 엮여 있는지 확인했다. 종종 끔찍하고 심란한 사회면 뉴스들을 보면서 깨달은 점도 비슷하다. '나의 좋은 삶이 나만의 의지와 노력만으로는 어렵다'는 사실이다. 사회 전체의 안전과 삶의 질, 행복의 총량을 늘리지 않으면 나의 좋은 삶도 요원해질 수밖에 없다는 사실을 절감하게 된다. 너무 거창해 보이지만 이를 이루려면 당장 내가 할 수 있는 일부터 시작하겠다는 마음이 모여야 한다.

유시주 작가는 "중장년의 자기 혁신은 한국 사회의 혁신으로 수렴한다"라고 말했다. 이 말에 나는 하나를 더 보태고 싶다. "중장년 세대의 가능성을 이제 증명해 보여야 할 때"라고. 그동안 기회가 있을 때마다 학력 수준이나 자산 규모 등의 통계 자료를 근거로, 지금의 중장년 세대는 인류가 맞이하는 기존과는 다른 첫 번째 노년층이라고 얘기해왔다. 힘없고 보호받아야 할 존재가 아니라 역량과 경제력을 겸비하고, 사회에 기여할 세대로서 가능성을 강조하기 위해서다. 그런데 이제는 그런 통계에 기대지 않고도 우리 중장년 세대의 잠재력을 증명해내야 할 때인 듯하다. 다음 세대에게 무언가를 전수할 수 있는 세대, 사회를 위해 무언가를 남길 수 있는 세대임을 말이다. 한국 사회가 공공자원을 투입해 중장년 정책을 만들고 중장년의 삶을 지원해야 하는 이유가 무엇인지, 우리의 삶으로 말해야 할 때다.

에필로그

1 필리프 아리에스 지음, 문지영 옮김, 《아동의 탄생》, 새물결, 2003, 227쪽.

2 《TIME》, 185(6), 2015.

3 '건강수명', 통계청 국가지표체계(https://www.index.go.kr/unify/idx-info.do?idxCd=5067).

4 Norman B. Ryder, 〈Notes on Stationary Population〉, 《Population Index》 41(1), 1975.

5 이태석, 〈노인연령 상향 조정의 가능성과 기대효과〉, 《KDI FOCUS》 제 115호, 2022.

6 "4·19 세대(신중년세대/그들의 빛과 그림자: 12)", 《한국일보》 1990년 4월 19일.

7 박영배, 〈신중년 소비시장의 부상〉, 신한종합연구소, 1995.

8 "[6075 新중년] [1] 나이에서 일곱 살 빼라… '6075(60~75세) 新중년' 출현", 《조선일보》 2013년 9월 9일.

9 김정근 외, 〈실버 세대를 위한 젊은 비즈니스가 뜬다〉, 《CEO Information》 제869호, 삼성경제연구원, 2012.

10 "온라인서 지르는 오팔 세대… 매출 40% 증가 쓱 점령했다", 《중앙일보》 2022년 4월 1일.

11 "Charting The Growing Generational Wealth Gap", 《Visual Capitalist》 2020년 12월 2일(https://www.visualcapitalist.com/charting-the-grow-

ing-generational-wealth-gap/).　

12　"세계서 가장 딱한 한국의 가장… 72세까지 일해야 쉴 수 있다",《조선일보》2022년 3월 11일.

13　"대한민국의 초고령 사회는 베이비부머에게 달렸다",《브라보 마이 라이프》2021년 9월 17일.

14　황남희 외,〈신중년의 안정적 노후 정착 지원을 위한 생활실태조사〉, 한국보건사회연구원, 2019.

15　조너선 라우시 지음, 김고명 옮김,《인생은 왜 50부터 반등하는가》, 부키, 2021, 369쪽.

16　남경아,〈한국 사회 중장년 활동 18년, 제도화 11년: 탐색과 모색〉,《중장년 포럼; '한국 중장년 사업, 새로운 물결'》, 사단법인씨즈, 2023년 4월 19일.

17　김용하·임성은,〈베이비붐 세대의 규모, 노동시장 충격, 세대간 이전에 대한 고찰〉,《보건사회연구》31(2), 한국보건사회연구원, 2011, 37쪽.

18　NPO는 비영리기구 또는 조직(Non-Profit Organization)의 약자로, 영리를 목적으로 하지 않고 사회 각 분야에서 자발적으로 활동하는 각종 시민단체를 뜻한다. 한국을 비롯한 세계 많은 나라에서 종종 비정부조직(NGO, Non-Governmental Organization)과 혼동하여 사용되기도 한다. 용어는 다르지만 이 둘은 국가(제1섹터)와 시장(제2섹터)에서 독립된 자율적 영역에서 조직화된 집단을 지칭한다는 점은 같다. 한국에서는 2000년 4월 '비영리민간단체지원법'이 제정되면서부터 '비영리민간단체'라는 용어가 공식화됐다.

19　〈중장년 퇴직자의 비영리단체 참여에 관한 연구〉,〈조기 퇴직자의 전직지원제도에 관한 연구〉,〈퇴직자의 사회공헌 활동을 위한 NPO기관 수요조사〉,〈중장년층의 일과 사회적 공헌에 대한 인식〉,〈퇴직자와 직장인의 퇴직 및 사회공헌 활동에 대한 인식조사〉 등 연구보고서 총 5종이 발간됐다.

20　희망제작소에서 2008년부터 시작한 '해피시니어 어워즈'는 희망씨앗상, 새삶개척상, 행복나눔상 등 세 개 부문으로 나누어 매년 세 명을 선정해

시상했다. 수상자 선정의 공정성과 투명성 확보를 위해 각 부문 전문가 다섯 명을 심사위원으로 위촉했다. 심사위원 전원 합의 원칙하에 후보자의 최근 수년간 공적을 살펴 활동의 지속성, 활동의 사회적 의미 및 파급력, 사회혁신성 등을 주요 심사 기준으로 삼아 선정했다.

21 앙코르닷오르그가 주관하고 애틀랜틱 자선 재단(The Atlantic Philanthropies)과 존 템플턴 재단(The John Templeton Foundation)이 후원하여 목적상(Purpose Prize)을 시상한다. 2006년부터 매년 60세 이상 시니어 활동가 후보들을 대상으로 수상자 다섯 명을 선정하여 상금 10만 달러를 수여한다. 또 상금을 수여하지는 않지만 목적상 펠로들을 별도로 선정하고 있다.

22 이은진, 〈KDB 시니어 사회공헌활동 지원사업 10주년 성과 및 효과성 연구〉, 사단법인함께만드는세상/사회연대은행, 2022.

23 남경아, 《50플러스세대》, 서울연구원, 2017, 65~78쪽 재구성.

24 〈서울시50플러스재단 및 50플러스캠퍼스 설립 및 추진 실행연구〉, 〈50플러스세대 인생이모작 삶에 대한 욕구조사〉, 〈50플러스재단 설립 타당성 검토 연구〉, 〈서울시 50플러스세대 인생이모작 실태 및 욕구조사〉

25 2024년 3월 기준, 50플러스캠퍼스 네 곳과 50플러스센터 열두 곳이 운영되고 있다(https://50plus.or.kr/).

26 이석환·권진·김윤영·민혜영, 〈서울시50플러스 캠퍼스 이용실태와 개선방안 연구〉, 서울시50플러스재단, 2022, 4쪽.

27 〈2021 연차보고서〉, 서울시50플러스재단, 2022, 89쪽.

28 "'컬렉티브 임팩트'로 문제 해결하는 시대 왔다", 《조선일보》 2020년 10월 19일.

29 송인한, "대학 '갭이어' 제도는 세계적 추세, 다양한 경험 쌓을 필요", 《중앙일보》 2022년 7월 4일.

30 강지웅 외, 〈서울형 갭이어 지원방안 기초연구〉, 서울시청년허브, 2018, 10쪽.

31 조혜수, "어른의 갭이어", 《전성기 매거진》, 라이나전성기재단(https://

www.junsungki.com/magazine/post-detail.do?id=1801&group=WORK).

32 "The Case for Taking a Midlife Gap Year", 《FURTHER》, 2020년 11월 6일(https://further.net/midlife-gap-year).

33 "The rise of the luxury midlife gap year", 《The Times》 2022년 8월 18일 (https://www.thetimes.co.uk/article/the-rise-of-the-luxury-midlife-gap-year-jfbts6ddq).

34 "5060 퇴직남 우울증에 빠지다… 우울·불안장애 치료 19만 명", 《조선일보》 2023년 2월 7일.

35 폴 어빙 엮음, 김선영 옮김, 《글로벌 고령화 위기인가 기회인가》, 아날로그, 2016, 180~181쪽.

36 배영순·최호진·허새나, 〈100세 시대 새로운 생애주기 제안〉, 《희망리포트》 2015-02, 희망제작소, 2015, 17쪽.

37 배영순·최호진·허새나, 위의 논문, 2015, 18쪽.

38 "정년연장의 역설, 정년퇴직은 줄고 되레 조기퇴직만 늘었다", 《중앙일보》 2019년 10월 7일.

39 마르씨 알보허 지음, 김경희·김신형·홍혜련 옮김, 《앙코르 커리어 핸드북》, 서울시50플러스재단, 2017.

40 강소랑 외, 〈서울시 50플러스세대 실태조사: 심층 분석 보고서〉, 서울시50플러스재단, 2020.

41 "인증 사회적기업 3000개 넘어… 종사자 6만 명", 《이로운넷》 2021년 9월 8일.

42 임경선, "나와의 싸움부터 우선 이기세요.", 《한겨레 매거진 ESC》 2011년 1월 6일.

43 이희수, 〈학습 관계망이 중요한 50플러스세대〉, 《50플러스 리포트》 3호, 서울시50플러스재단, 2021.

44 박상욱, 〈한국 젊은이, 영국 시니어를 만나다〉, 희망제작소, 2010 및 〈영국 탐방자료집: 다른 학습은 가능하다〉, 수원시평생학습관, 2012 참조.

45 남경아, 앞의 책, 2017 참조 후 재구성.

46 2015년 방영된 SBS 창사 25주년 특별기획 〈바람의 학교〉는 학업 중단 위기에 놓인 학생 열여섯 명이 제주도에 마련된 시설에 모여 특별 교육을 받는 모습을 찍은 4부작 리얼리티 프로그램이다. 전국에서 온 학생들이 멘토·선생님 열 명과 함께 30일 동안 '바람의 학교'에서 동고동락하며 펼쳐지는 일상과 변화의 과정을 담았다.

47 정광필, 《미래, 교육을 묻다》, 살림터, 2018, 155쪽.

48 〈50+커뮤니티 원탁토론회 결과 자료집: 6개의 질문과 100인의 대화〉, 서울시50플러스재단, 2018.

49 보건복지부와 한국생명존중희망재단이 발표한 〈2022 자살예방백서〉를 보면, 2020년 자살자 수는 1만 3195명으로 전년 대비 604명(4.4%) 줄었다. '인구 10만 명당 자살 사망자 수'인 자살률 역시 25.7명으로, 전년 대비 1.2명(4.45%) 감소했다. 전체 자살 사망자 가운데 남성은 68.9%로 여성(31.1%)에 견줘 두 배 이상 많았다. 연령대별로는 50대 자살자 수가 2606명으로 가장 많았고, 40대(2405명), 60대(1937명)가 뒤를 이었다.

50 "[100세 인간] ⑩ '100년을 살아보니… 마음만은 이팔청춘'", 《연합뉴스》 2022년 10월 9일.

51 김웅철, "은퇴 후 성공적 '지역 데뷔'를 위하여", 《매경프리미엄》 2013년 11월 25일.

52 "마을의 쵀반장 늘청 씨, 1인 자립경제 실현하다", 《한겨레》 2014년 12월 16일.

53 "부모보다 가난해지는 최초의 세대… '믿을 건 나밖에 없다'", 《문화일보》 2021년 6월 28일.

54 박지연, 〈앙코르닷오르그의 제너레이션투제너레이션〉, 《50플러스 리포트》 9호, 서울시50플러스재단, 2018.

55 박상욱, 앞의 글, 2010.

56 강현선, 〈해외 평생교육 사례: 독일편〉, 《희망리포트》 14호, 희망제작소,

2013.

57 성승현, 〈시민이 만드는 청년의 집, 터무늬 있는 집〉, 《청년 주요의제 이슈 브리프 N개의 연결》 2호, 청년허브, 2022.

58 서울시 '한지붕세대공감'은 대학생의 주거 마련을 돕는 사업이다. 대학가 나 청년이 많이 사는 곳에서 시니어들이 남는 방을 학생에게 시세보다 저 렴한 값에 빌려준다. 서울시50플러스 서부캠퍼스에서는 시니어와 청년 을 상담하고 매칭해주는 '코디네이터'를 양성하고 보람일자리와 연결해 서 시행했다.

59 《중장년 포럼; '한국 중장년 사업, 새로운 물결'》, 사단법인씨즈, 2023년 4월 19일.

60 이기영, 〈50플러스정책을 선도하는 서울시에 바라는 점〉, 《50플러스정책 동향리포트》 2023년 1호, 서울시50플러스재단, 2023.

61 폴 어빙 엮음, 김선영 옮김, 앞의 책, 2016, 69쪽.

62 폴 어빙 엮음, 김선영 옮김, 앞의 책, 2016, 183~186쪽.

63 이소정, 〈노년기 삶의 재정립을 위한 노후준비〉, 《베이비부머를 위한 비전 과 정책 방향》, 대통령직속 저출산고령사회위원회, 2022, 193쪽.

64 최종걸, 〈은퇴자를 위한 정책도 대책도 없는 재앙을 막으려면〉, 《50플러 스 리포트》 특별호, 서울시50플러스재단, 2021.

65 《중장년 포럼; '한국 중장년 사업, 새로운 물결'》, 사단법인씨즈, 2023년 4월 19일.

66 코제너레이트(앙코르닷오르그) 앙코르 펠로십 프로그램(https://encore.org/fellowships/) 참조.

67 스탠퍼드 대학교 DCI 과정(https://dci.stanford.edu/dcis-mission-and-vision/).

68 남경아, 《경향신문》 오피니언(인생+/겨를)에 연재된 칼럼 중 일부 인용 및 재구성.

69 김기찬, "'갱년기인가 봐' 조롱받는 여성들… 매년 179조가 날아간다",

《중앙일보》2022년 1월 25일; "Menopausal symptoms forcing one in 10 women in the UK to quit their job – survey",《Sky News》2022년 5월 2일 참조.

70 김수동, "노후를 위한 집도, 커뮤니티도 없는 커뮤니티 케어",《경인일보》2018년 11월 21일.

71 "'아빠, 결혼자금 2억까지 해준다고요?'… 청년 자산 늘리기 나선 정부",《매일경제》2023년 7월 4일.

72 "'민족중흥' 이룬 베이비붐 세대에 마지막 남은 3가지 소명",《조선일보》2023년 9월 30일.

73 김용하·임성은, 앞의 논문, 2011, 47쪽.